Japanese Pop Culture

ジャパニーズ・ポップカルチャーのマーケティング戦略

川又啓子　三浦俊彦　田嶋規雄 [編著]
Keiko Kawamata　Toshihiko Miura　Norio Tajima

千倉書房

ジャパニーズ・ポップカルチャーのマーケティング戦略
—世界を制した日本アニメ・マンガ・コスプレの強さの秘密—

目次

第2部　JPCの展開戦略
―いかに世界の文化となり，マーケティング戦略を革新するか？―

第5章　メガマーケティングによる JPC の正当化戦略
— JPCE を活用したイベント・マーケティング
への示唆— 109

第6章 英独仏の潜在的旅行者によるジャパニーズ・ポップカルチャーに対する情報探索行動……141

第9章　日本人の美意識と JPC

―日本の美意識，美術・芸術感，社会意識が生み出した JPC ―

第4部　JPC とマーケティング戦略
―いかに JPC はマーケティングを革新したか？―

序　章

なぜ今「ジャパニーズ・ポップカルチャー（JPC）」に注目するのか

1．世界に広がる JPC と JPCE

⑴ 空手・女子形 と 陸上・男子走り幅跳びの共通点

　2021年新型コロナウイルス感染症の拡大により，さまざまな意見が交錯する中での開催となった東京オリンピック。開会式における各国選手団の入場行進が話題になった。入場行進曲には，日本の有名ゲーム音楽（株式会社スクウェア・エニックスによる『ドラゴンクエスト』,『ファイナルファンタジー』他）が使われて，国名のプラカードはマンガの吹き出し風のデザインが施されていたのである（遡れば，2016年リオデジャネイロ大会での閉会式には，当時の安倍晋三首相が『スーパーマリオ』のコスプレ（？）で登場したわけだが）。

　さて，空手・女子形スペイン代表サンドラ・サンチェス・ハイメ選手と陸上・男子走り幅跳びギリシャ代表ミルティアディス・テントグル選手は，当該種目での金メダリストであるが，それ以外の2人の共通点が何かご存じだろうか。サンチェス選手は『ドラゴンボール（鳥山明原作マンガ）』の影響で空手を始め（日刊スポーツ［2021］），テントグル選手は『ONE PIECE（ワンピース）』の大ファンで，試合本番の入場時のポーズは主人公ルフィの「ギ

ア2（ギア・セカンド）」だったそうだ（Sponichi Annex［2021］）。つまり，答えは，ジャパニーズ・ポップカルチャー（以下，JPC）である。

現在，JPCは海外でも若い世代を中心に人気を集めているが，外務省［2016］によれば，マンガやアニメのような日本のソフトパワーの世界的な広がりは，日本人の想像を超えた規模に拡大しているという。各国でJPCの魅力を発信するさまざまなイベントが開催されており，これらを通してJPCに触れ，ファンになったことで，日本語や日本文化に興味をもったという事例は数多くあり，日本に対する理解や信頼を深めるための重要なツールの一つになっているとのことである。

インターネットに目を転じれば，1999年8月には"Pokémon（ポケモン：ポケットモンスター）"が，検索サイトライコス（Lycos）の1位になり，"Dragonball"も4位だった（加藤［1999］）。また，2002年には"Dragonball"が1位になっている（Kahney［2002］）。前出の2人の金メダリストに限らず，現在オリンピックで活躍している若い世代は，幼少期に日本のアニメやマンガに触れている可能性が高い。

(2) ジャパニーズ・ポップカルチャー（JPC）とは何か

「日本のポップカルチャー」とは，日本を代表する文化の一つとして成長した，マンガ，アニメ，映画，ゲーム，ライトノベル，音楽，テレビ番組等を指し，「訴求力が高く，等身大の現代日本を伝えるもの」とされているが（外務省［2016］），本書ではこれらを総称して，ジャパニーズ・ポップカルチャー（JPC）と呼ぶことにする。

白石［2013］は，日本の出版社が積極的な海外展開を進めていなかった時代に，どうやってアジアやアメリカに日本のマンガやアニメのファンが現れたのかを文化人類学の視点から研究して，①個人的関係，②アニメのテレビ番組，③情報通信技術（ICT）の発展，④アニメやマンガを消費，配布（紹介，出版），生産（翻訳）するアクティブな消費者（プロシューマー）の4要因を識別した。そのなかで，④の役割を担った活発な消費者は，日系人や日本で学びコンピュータサイエンスを専攻した学生であったという。冒険的

ゲートキーパーからローカルなグループに尊敬されて影響力をもつ初期採用者へと，個人的な関係に沿って伝播して，ローカルなファンは，消費するだけのファンではなく，翻訳，紹介，出版もしており，起業した地元翻訳出版社とは同一人物の場合が多いことを見出している。

　今日のJPCの隆盛が，IPホルダー（出版やアニメ制作会社，テレビ局等）の海外展開戦略の成果ではないとすれば，JPCはどのようにして世界的に普及し受容されていったのだろうか。本書は，有力なコンテンツであるJPCに着目し，創造，展開，消費の側面から，JPCのマーケティング戦略について検討することを目的として編まれた本である。

2．ジャパニーズ・ポップカルチャー・イベント（JPCE）の現状

(1) JPCE は世界中でどれくらい開催されているのか

　内閣府の集計によれば，マンガ，アニメ，コスプレなどのJPCをテーマにしたジャパニーズ・ポップカルチャー・イベント（以下，JPCE）は全世界で毎年200以上開催されている（**図表0-1**）。また，米国の情報を中心に構成されるアニメ情報サイトでは，アニメ関連のイベントだけでも世界で500以上開催されている（AnimeCons.com［2021］）。

(2) JPCE の起源による分類

　インターネットの登場はJPCを体験する場となるJPCEの増加に寄与してきたが，その起源はおおむね，①少数のファンによる草の根型（Japan Expo／フランス・パリ，DoKomi／ドイツ・デュッセルドルフ，AnimeExpo／米国・ロサンゼルス），②現地出版社，日系企業等によるJPCを活用したプロモーション型（Manga Barcelona／スペイン・バルセロナ，Hyper Japan／英国・ロンドン），③自治体主導型（Leipziger Buchmesse, Manga-Comic-Con／ドイツ・ライプツィヒ），④その他（世界コスプレサミット／日本・名古屋）に分類される（訪問先

リストは**図表 0-2** を参照）。

図表 0-1　海外で開催される JPCE の数

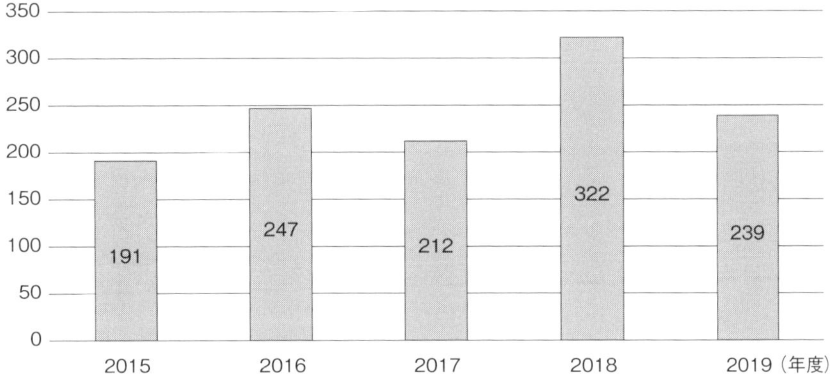

出所：内閣府「クールジャパン戦略：イベントカレンダー」
注：2018 年度の増加は明治維新 150 周年の周年行事によるものと思われる。

図表 0-2　訪問先 JPCE 一覧

#	日付	JPCE	開催地
1	2015/7/2	Japan Expo	Paris, France
2	2015/7/3	Kampai Night	Paris, France
3	2016/2/13	Japan Expo in Thailand	Bangkok, Thailand
4	2016/3/19	Leipziger Buchmesse	Leipzig, Germany
5	2016/6/30	Anime Expo	LA, USA
6	2016/8/7	世界コスプレサミット	名古屋，日本
7	2016/8/13	Comiket 90	東京，日本
8	2017/3/23	Anime Japan	東京，日本
9	2017/5/6	Comitia	東京，日本
10	2017/11/26	Hyper Japan	London, U.K.
11	2018/5/19	DoKomi	Düsseldorf, Germany
12	2018/11/1	Manga Barcelona	Barcelona, Spain

①**草の根型**

Japan Expo，AnimeExpo や DoKomi に代表される「草の根型」とは，当初は草の根のファン・イベントとして始まった（消費者生成型）JPCE である。現在は大規模イベント化しており，集客力の面で世界最大規模の米国・ロサンゼルスで開催される AnimeExpo は来場者数約 30 万人，フランス・パリの Japan Expo は約 25 万人となっており，JPC は高い集客力を有するコンテンツであることが分かる（**図表 0-3**）。

②**プロモーション型**

①草の根型が消費者主導であるのに対して，「プロモーション型」とは企業等の組織体がプロモーション活動の一環として開催するイベントである。主催者は地元企業ばかりではなくロンドンの Hyper Japan のように日系企

図表 0-3　草の根型 JPCE（米国・ロサンゼルス，AnimeExpo）

出所：イベント会場にて著者撮影。

6

図表 0-4　プロモーション型 PCE（スペイン・バルセロナ，Manga Barcelona）

出所：イベント会場にて著者撮影。
注：Manga Barcelona では在バルセロナ日本国総領事館もブースを構えている。

業の場合もあるが，スペイン・バルセロナの Manga Barcelona は，同市を含むスペイン・カタルーニャ地方の出版社，書店，流通業者の組合によって設立された FICOMIC が 1995 年から主催している―25 周年の 2019 年に Saló del manga de Barcelona から Manga Barcelona に改称された。同市には 1981 年から続く Saló Internacional del Còmic de Barcelona もあるが，『ドラゴンボール』がスペインに紹介されたことを契機に，コミックからマンガを独立させて，Saló del manga de Barcelona を開始した。現在では Manga Barcelona が 15 万人を集めるスペイン最大の JPCE になっている（**図表 0-4**）。

③自治体主導型

　JPCE の中でも「自治体主導型」の成功例と考えられるのが，ドイツ・ラ

イプツィヒ市で開催される Leipziger Buchmesse（Leipzig Book Fair）の一部
である Manga-Comic-Con（MCC）だ。主催は市の外郭団体のような位置づ
けであるが，①草の根型，②プロモーション型とは異なり，その目的は子ど
も達の読書習慣を醸成することであるという。日本の感覚ではマンガと読書
は結びつかないが，MCC 視察時にインタビューをした担当者によれば，マ
ンガを文学の一種と捉え，読書習慣の入口と位置づけていた。また，MCC
はコスプレイヤーにも人気のイベントだが，コスプレは「パフォーミング・
アート」とのことだった。ドイツ国内における経済の東西格差は深刻だと聞
くが，東独地域のライプツィヒで 10 万人規模の来場者（ブックフェア全体で
20 万人）があることは瞠目すべき成果であるとされている（**図表 0-5**）。

図表 0-5　自治体主導型（ドイツ・ライプツィヒ，Leipziger Buchmesse）

出所：イベント会場にて著者ら撮影。

3．本書の構成

　次章から始まる本文は，JPC の創造，展開，消費，そして JPC のマーケティング戦略という 4 部で構成されている。

　まず，第 1 部（JPC の創造戦略）は，JPC を代表するマンガとアニメを取り上げて論じる第 1 章「日本マンガ・アニメの創造戦略―鉄腕アトムから，「鬼滅の刃」まで―」（三浦論文），日本の創作文化を研究するタイ出身の若手研究者による第 2 章「参加型創作文化の形成と発展」（石川論文），コスプレを「共感」という視点から捉え直す第 3 章「キャラクターへ共感するコスプレイヤー」（黒岩論文）から構成される。

　つぎに，第 2 部（JPC の展開戦略）では，第 4 章「JPC の世界での展開―― JPCE の発展プロセス」（田嶋論文）と第 5 章「メガマーケティングによる JPC の正当化戦略」（川又論文）で，JPC の普及を推進する場となった JPCE に関する考察が展開される。さらにアフターコロナを見据えた，JPC を活用したインバウンド促進戦略への示唆に富む，第 6 章「英独仏の潜在的旅行者によるジャパニーズ・ポップカルチャーに対する情報探索行動」（中川論文）ならびに第 7 章「JPC を活用したインバウンド戦略」（田嶋論文）が続く。

　そして，第 3 部（JPC の消費者行動）では，文化と消費者行動の視点から，第 8 章「マンガ・アニメの消費者行動」（三浦論文）と第 9 章「日本人の美意識と JPC」（三浦論文）で，いかに JPC は消費者・市場から評価されたかについて論じる。

　最後の第 4 部（JPC とマーケティング戦略）では，第 10 章「JPC マーケティングの体系」（三浦論文）で，JPC マーケティングの一つの体系を提示する。そして，第 1 部から第 4 部の議論を受けて，終章「JPC はいかにマーケティングを革新するのか」（田嶋論文）で，JPC による従来のマーケティングを革新する可能性を提起する。

　本書は，JPC の創造，展開，消費，マーケティングに関する研究書である

が，JPC に関心がある読者ばかりではなく，一般のビジネスパーソンも想定している。JPC のマーケティングがマーケティング一般にも示唆を与えられることができれば幸甚である。

　なお，本書は JSPS 科研費（科学研究費補助金）の助成（JP15K01964，JP16K03943，JP17K02123，JP18K11875，JP20K12435，JP20K01969，JP21K12486）ならびに青山学院大学総合文化政策学会の出版助成を受けたものである。

【参考文献】
外務省 ［2016］「ポップカルチャーで日本の魅力を発信！」『わかる！国際情勢』Vol. 138 ［2016 年 1 月 7 日］https://www.mofa.go.jp/mofaj/press/pr/wakaru/topics/vol138/index.html（2021 年 8 月 22 日閲覧）
加藤仁 ［1999］「ネットの検索語ランキング，現実の流行先取り——米「ポケモン」夏から首位に。」（日本経済新聞 1999 年 12 月 11 日 33 面）
白石さや ［2013］『グローバル化した日本のマンガとアニメ』学術出版会。
内閣府 ［2021］「クールジャパン戦略：イベントカレンダー」https://www.cao.go.jp/cool_japan/event/event.html（閲覧日：2021 年 8 月 22 日）
日刊スポーツ ［2021, 8/5］「清水希容が敗れたサンドラ・サンチェス「ドラゴンボール」で空手と出会い」https://www.nikkansports.com/olympic/tokyo2020/karate/news/202108050001170.html（2021 年 10 月 30 日閲覧）
AnimeCons.com ［2021］"Anime Convention Schedule" http://animecons.com/events/（2021 年 8 月 22 日閲覧）
Kahney, L. ［2002］「2002 年，ライコスで最も検索された言葉は日本アニメ「Dragonball」」『WIRED NEWS』https://wired.jp/2002/12/19/2002 年，ライコスで最も検索された言葉は日本アニ／（2021 年 10 月 30 日閲覧）
Sponichi Annex ［2021, 8/2］「幅跳び王者は日本のアニメ好き「ドラゴンボール，NARUTO，ワンピースが好き」https://www.sponichi.co.jp/sports/news/2021/08/02/kiji/20210802s00056000348000c.html（2021 年 10 月 30 日閲覧）

第 1 部

JPC の創造戦略
――いかに JPC は生まれたか？――

第 1 章

日本マンガ・アニメの創造戦略
——鉄腕アトムから,「鬼滅の刃」まで——

はじめに

　序章で見たように，世界を席巻している日本のマンガ・アニメであるが，いかにそれらが日本で創造され，JPC（ジャパニーズ・ポップカルチャー）として世界で評価されるようになったのだろうか。

　本章では，日本マンガ・アニメの特質について，その創造の仕組み，世界で評価された強さのポイントについて分析する。

　まず第 1 節で，日本マンガの特質について，戦前漫画や米仏コミックとの比較，米仏日のフォーマット（提供形式）の違い，日本マンガの歴史的展開などから明らかにし，続く第 2 節で，日本アニメの特質について，一般的アニメーションや米国アニメーションとの違い，米日のフォーマット（提供形式）の違い，日本アニメの歴史的展開などから明らかにする。そして第 3 節で，これら日本マンガと日本アニメが一体となった連続的なものであることを，作者，企業，消費者の視点から考察する。

　世界の若者たちに感動・共感を与える素晴らしいストーリーを創造した日本マンガと日本アニメについて，その強さの秘密を明らかにする。

1．日本マンガの特質：漫画からマンガへ

　もともと「漫画」と「マンガ」という二つの表記法の違いは曖昧であったが，その違いについて，ストーリー漫画を「マンガ」と表記するようになったのは，手塚治虫が自叙伝『ぼくはマンガ家』（［1969］，毎日新聞社）を書いてからといわれる（日下［2001］）。手塚は，自分が従来の古い漫画家たちと異なり，マンガ家であることを主張したが，例えば，石ノ森章太郎も「日本の"漫画"が"マンガ"に変わってしまったのは，手塚治虫という不世出の天才が出現したからだ。面白おかしいだけではなく，人生の悲喜劇を奥行きのあるストーリーで表現するメディアに変えたからである」（手塚治虫［1994］『マンガの心』光文社，カバーの言葉）と述べている（日下［2001］）。

　以下では，現在の日本マンガの特質について，「戦前漫画との違い」「米仏コミックとの違い」「日本マンガを生み出した環境」について考察する。

(1) 戦前「漫画」と戦後「マンガ」の違い

　戦前漫画と戦後マンガの違いを明快に説明しているのが，上記で見た手塚の自叙伝である（手塚［1969］：cf. 大塚［2003］；竹内［2005］）。

　そこでは，両者の違いを，「構図」「ストーリー」から比較する。

①構図

　「構図」は，戦前漫画（田河水泡「のらくろ」，など）を平面図的・舞台劇的な視点と捉え，舞台上で上手下手から役者が出て来てやり取りするのを，客席の目から見た構図であった。この構図に大いに不満を抱いていた手塚が戦後マンガに採り入れたのが，映画的手法の構図である。自身が学生時代に見たドイツ映画，フランス映画などを参考に，クローズアップやアングルの工夫に始まり，アクションシーンやクライマックスなどの重要シーンでは，戦前漫画が 1 コマで済ませていたものを，何コマも何ページも動きや顔を捉えて描いた。コマ割りを含む構図の革新が，戦後マンガの一つの大きな特徴

である。

②ストーリー

「ストーリー」は、戦前漫画では、オチがついて笑わせるだけのものが多かった。ここも不満だった手塚は、泣きや悲しみ、怒りや憎しみの多様なテーマを採り入れ、ラストも必ずしもハッピーエンドでない多様な物語を作った。これら「構図」と「ストーリー」は連動していることを手塚は見抜いており、「構図の可能性をもっとひろげれば、物語性も強められ、情緒も出るだろうと、まえまえから考えていた」と述べている（手塚［1969]）。ここにも好きだった独仏映画の影響が見られ、単なるオチで笑わせる漫画から、登場人物の悲喜劇を構図豊かに描く独仏映画のようなストーリーを漫画の中に取り込んだわけであり、ここにも戦後マンガの一つの大きな特徴がある。

③映画的手法

構図とストーリーの革新を中核とした手塚の手法は「映画的手法」ともいわれ、手塚によって戦後マンガの映画的手法が確立した（西上［1969]；大塚［2003]；竹内［2005]）。手法には多様なものがあり（フォーカス、ティルトなど32技法：竹内［2006]）、中でも、「視点変化によるスピーディーなコマ運び」「クローズアップ表現」「フレイムの変化の妙」が3要素といわれる（竹内［2005]）。それら技術的手法によって得られる映画的手法の価値の中核は、同一化技法と考えられる（竹内［2005]）。

同一化技法とは、読者と作中人物の視点を同一化することであり、部分表示型（例：葉書を持つ手だけを描き、葉書を読む主人公に読者が同一化）、身体消失型（例：読者に指を立て詰問する男の絵だけを描き、詰問される登場人物［絵にはいない］に読者が同一化）、モンタージュ型（例：2コマ1組で、最初のコマの登場人物に同一化し、2コマ目のシーンを自分も見た気になる）がある（竹内［2005]）。手塚の長編デビュー作で出世作の『新寶島』（手塚［1947]育英出版）では、同一化技法が多用され、読者は主人公のピート少年や船長、また悪役の海賊になった気になって、自らマンガが織りなすドラマの空間を

生きる（竹内［2005］）。映画で，主人公や悪役に徐々に思い入れが高まり，映画に入り込んで自らが演じている感覚になるように，同一化技法による登場人物への同一化が映画的手法の中核であり，それを最初に漫画に持ち込んで完成させたのが手塚と言える。

⑵ 米仏コミックと日本マンガとの違い

　漫画／マンガのことを欧米ではコミック（comic）と言うが，代表的なのがアメリカのアメリカン・コミック（アメコミ）とフランスのバンド・デシネ（bande dessinée：BD）である。

　米仏コミック（アメコミやバンド・デシネ）と日本マンガの違いは，「色」「コマ割り」「ストーリー」の面から比較できる。

①色

　「色」は，米仏コミックがカラーなのに対し（日下［2001］；小野［1998］），日本マンガは墨一色（一色刷り）である（竹内［2006］）。日本マンガが墨一色なのは，墨絵の伝統の反映ともいわれる（西洋絵画はカラーが基本だが，日本には墨絵もある：竹内［2006］）。墨一色で描かれるのは線画であり，これが日本マンガの基本である（cf. 斎藤［1995］）。手塚は，漫画以前／漫画（本章でいう"マンガ"）の違いを，筆で描くか／ペンで描くかと述べており，作家の目標が芸術的な絵なのか／物語なのか，と言い換えられる（竹内［2006］）。すなわち，手塚が始めたストーリー漫画（＝マンガ）では，色彩などによる絵としての芸術性よりも，物語（ストーリー）を表現することが大事であり，その結果，筆で芸術的な絵を描くのではなく，ペンで線画を描いて物語を伝えたのである。

　日本マンガと対照的なのがフランスのバンド・デシネで，フランス語圏で漫画（バンド・デシネ）は「第9芸術（le neuvième art）」といわれるように（芸術の順序は1番から，建築，彫刻，絵画，音楽，詩，舞踊，映画，テレビなどといわれる：古永［2010］），話の展開より絵のクオリティ／芸術性が重視される（古永［2010］）。

②コマ割り

　「コマ割り」は，米仏コミックがコマ割りによる時間的ダイナミズムがあまりないのに対し，日本マンガはコマ割りの妙が時間的ダイナミズムを生む。アメコミは一画面（コマ）に複数時間が詰め込まれ，例えば，スパイダーマンが誰かと話すコマで，2人の間に多数の吹き出しがあり会話応答が詰め込まれており（小野［1998］），物語展開に合わせた時間的ダイナミズムが感じられない。バンド・デシネは，物語の展開よりも絵のクオリティを重視するので，続きが読みたくなるコマ割りのダイナミズムへの配慮が欠けている（古永［2010］）。一方，日本マンガは，一画面（コマ）に一つの時間が基本なので（小野［1998］），画面（コマ）数は多く，さらに，言葉のない沈黙や登場人物の息づかいも間（ま）として描かれ，ページ数は増える。ただ，コマ多用でコマ当り時間が短くテンポを生み，読者は物語の時間経過とともに読み進められ読みやすい。そこに同一化技法も相俟って，登場人物の感情の動きも感じながら読め，感情移入もしやすい。

③ストーリー

　「ストーリー」は，米仏コミックがストーリー性が低いのに対し，手塚以降の日本マンガはストーリー性が高い（cf. 竹内［2006］）。アメコミはストーリーはあるが，スーパーヒーロー物が多く（2大漫画出版社の DC コミックスのスーパーマンやバットマン，マーベルコミックのスパイダーマンやキャプテンアメリカ，など）[1]，単純な勧善懲悪のストーリーが多い。バンド・デシネは，芸術としての絵という視点が第一なので，ストーリーの重視度は低い。一方，日本マンガは，戦前漫画との比較で見たように，ストーリーが多様で（悲喜劇，非ハッピーエンドなど），奥行きも深い。芸術的な絵としてではなく物語としてマンガを捉えており，映画的手法や1コマに一つの時間のコマ割り技法によって，全体を一つのストーリーとして見せる技術も備えている。

　「ストーリー漫画」（＝マンガ）という用語は，50年代前半から使われ始めた（竹内［2016］）。手塚は，「ストーリー漫画」とは，戦後自分が始めた形式で，特徴として，「画面の構成（映画的な立体構成を主体に多様なカメラア

ングルを創造）」「アイデア（登場人物に多様な性格を付与）」「ストーリー性（起伏を持たせた）」「作者の主張（必ずしも笑いを必要とせず，悲劇的要素・センチメンタリズム・ヒューマニズムなどを含んだ作者の主張で全編を包含）」をあげている（手塚［1961］；cf. 竹内［2016］）。

(3) 日本マンガを生み出した環境

　戦前漫画を構図とストーリーで革新し，米仏コミックをコマ割り，ストーリーで凌駕する日本マンガは，物語（ストーリー）を第一に考え，その多彩なストーリーを映画的手法などで読者に感情移入させながら伝えるという特徴を持つことが理解された。

　このような日本マンガを生み出した環境について，「米仏日のフォーマット（提供形式）の違い」「日本におけるマンガ週刊誌の歴史的展開」という二つの面から分析する。

①米仏日のフォーマット（提供形式）の違い

　提供形式のフォーマットは，米仏日で大きく異なる。

アメリカ

　アメコミは，多くの場合，32 ページの薄い月刊誌（"コミックブック" と呼ばれる）で，1 冊に単一タイトルである（増田［2018］；小野［2005］）。

　アメコミのメインストリームといわれるスーパーヒーロー物のコミックブックは，（新聞漫画の再録でなく）オリジナル作品として最初に登場したのは，1938 年の「スーパーマン」といわれ，その後 30 年代末から 40 年代にかけて「バットマン」「キャプテンアメリカ」などが続々と登場し，国民から熱烈に歓迎され，1 雑誌 1 タイトルというコミックブックのフォーマットが確立した（小野［2005］）。漫画の原稿および登場キャラクターの権利は出版社に属し，各出版社は，同一のスーパーヒーローの物語を，多様なライター（原作）とアーティスト（作画）の組み合わせで多数のコミックブックを出版でき，それが今日に続いている（小野［2005］）。

フランス

　バンド・デシネは，書き下ろしの単行本（A4・ハードカバー・48 ページ："アルバム"と呼ばれる）が多く，1 冊に 1 タイトルである（原［2013］）。

　バンド・デシネは，19 世紀前半にスイスの作家ロドルフ・テプフェールが発明したといわれるが（当時はバンド・デシネという言葉は存在せず：原［2013］），バンド・デシネの最初期のヒット作として，エルジェの「タンタンの冒険」［1929］がある（最初は新聞掲載，その後，単行本化）。作家は，一年に一冊あるいは数年に一冊のペースで作品を発表する（古永［2010］）。一般的なバンド・デシネは，10〜13 ユーロ（1,300〜1,690 円）で，読者層は大人の男性が圧倒的に多く，絵をじっくり見る，見せるという側面が強い（原［2013］）。

日本

　日本マンガは，週刊誌 1 冊に複数タイトル，毎週連載の連続ものというフォーマットが基本で，米仏と大きく異なる。1959 年 3 月 17 日，日本初の少年週刊誌「週刊少年サンデー」（小学館），「週刊少年マガジン」（講談社）が 2 誌同時に創刊され（澤村［2020］），今に続く日本マンガのフォーマットが始まった（それ以前は，「少年」（光文社）などのマンガ月刊誌が，複数タイトルを連載：澤村［2020］）。

　週刊誌連載というフォーマットの確立が，物語（ストーリー）を第一に考える日本マンガの特徴を生み出し，世界的評価を勝ち得た大きな背景である。アメコミのスーパーヒーロー物では，キャラクターの権利は出版社が持つため，作家（ライターやアーティスト）は，出版社の考えた組み合わせで，物語作成や作画を分担するだけである。バンド・デシネでは，出版できるのが多くて年に一度なので，物語の創造性を発揮する機会が少ない。一方，日本マンガは，「サンデー」「マガジン」以来，多くのマンガ週刊誌が発刊され，作家は自分オリジナルの物語で挑戦する機会も多く，毎週連載で毎回次号を期待させる物語を創造する力がなければ脱落する大変厳しい世界である。このような日本的フォーマットが，物語（ストーリー）を第一に考える日本マンガの基礎的環境を作り上げた。

②日本におけるマンガ週刊誌の歴史的展開

　物語（ストーリー）を第一に考える日本マンガを生み出したマンガ週刊誌の歴史的展開について，「出現の背景」「二つの戦略分岐点」を分析する。

マンガ週刊誌出現の背景

　50 年代末に少年マンガ週刊誌が出現した背景には，「当時の週刊誌ブーム」「マンガの市民権獲得」という二つの理由がある（みなもと [2017]）。

・週刊誌ブーム

　週刊誌ブームは 50 年代半ばから起こり，「週刊朝日」（22 年創刊）などが売り上げを 2 倍，3 倍と増やし，「週刊新潮」（56 年創刊）などの大人向け週刊誌の創刊につながる中，「少年版の週刊誌」を作ろうという機運が高まり，59 年の「サンデー」「マガジン」の創刊に結実した（みなもと [2017]）。創刊時，「サンデー」はスポーツ・まんが・テレビ・科学が 4 本柱，「マガジン」は最新スポーツ・科学ニュース・まんが・読物が 4 本柱で（澤村 [2020]），マンガ週刊誌というより，少年向け週刊誌であった。

・マンガの市民権獲得

　市民権を得た背景には，市場拡大が大きい。団塊の世代（47〜49 年生まれ）が小中学生になり，親が買うだけでなく，自分の小遣いからも買えるようになり市場が拡大し，出版社の意識も変わった。以前は，マンガなど低俗なものは，大手出版社は出さない風潮があり，小学館は，漫画などエンタメ系の娯楽作品専門出版社として集英社を創設し（26 年），講談社も同様に光文社を創設した（45 年）。マンガ＝低俗という意識もあったので，少年向け総合週刊誌として創刊されたが，小学館（サンデー）・講談社（マガジン）という大手出版社がマンガを中核とする週刊誌を創刊してマンガは市民権を得（みなもと [2017]），その後の多くの出版社のマンガ週刊誌の創刊につながった。

二つの戦略分岐点

　毎週連載のマンガ週刊誌が大手出版社から陸続と創刊され，日本マンガ発展の基礎は作られたが，物語（ストーリー）を第一とする日本マンガの特徴の獲得のためには，次の二つの戦略分岐点がある。

・マガジンの戦略

一つ目の戦略分岐点は，「マガジン」の戦略である。

59 年に「サンデー」と同時スタートだが，「サンデー」がトキワ荘メンバー（寺田ヒロオ，藤子不二雄，手塚治虫など）を押さえたので，創刊時に目玉のマンガ家は少なく，創刊号部数はサンデー 30 万部，マガジン 20.5 万部と劣勢であった（みなもと［2017］）。編集方針も「サンデー」が当時のマンガ界常識の「子ども向け」で，（マンガがわかる人材も少なかったので）企画やアイデアをマンガ家に任せる寛容なものであった（プライドの高いトキワ荘グループには適合）。一方，「マガジン」はターゲットを団塊の世代に定め，創刊当時 10〜12 歳のこの世代は思春期に差し掛かる頃で，「子ども向け」が合わなくなっていた。「マガジン」は思春期読者に向けて，少し大人っぽい紙面を考え，編集部は「こういうマンガを描いて欲しい」とマンガ家に強くリクエストする編集方針であった（みなもと［2017］）。

「マガジン」は，大人の鑑賞にも堪えるストーリーマンガを作ろうとしたが（澤村［2020］），小学生向けの「コメディ，ギャグ，さわやか路線」の「サンデー」に対する対抗戦略でもあった。中核の一つが，「原作・作画分離方式」である（澤村［2020］）。絵のうまさとストーリーのセンスを兼ね備えた作家は少ないので，いいストーリーを創造したい「マガジン」は，原作・作画の分離でこの問題に対処した。代表的成功例が，「巨人の星」（梶原一騎原作・川崎のぼる作画：66 年 4 月より「マガジン」連載）である。内田編集長が主導し，ターゲットの団塊世代が高校卒業くらいの 60 年代半ば，小説家を目指す当時 30 歳の梶原一騎を訪れ，「野球に人生を懸けた，一人の男の半生を描く大河野球漫画」を依頼した（みなもと［2017］）。大人向けのヒューマンドラマという依頼に意気を感じた梶原が，思いを主人公に込め，「星飛雄馬（ヒューマンから由来）」というキャラクターを創造し（みなもと［2017］），さいとう・たかをの弟子の川崎のぼるが作画を担当し，国民的大ヒットとなった。作画が川崎に決まったのは，梶原の第 1 話原作ができてからと言われ（みなもと［2017］），ストーリーを重視する「マガジン」の戦略が表れている。ストーリー重視の作品が青年層に評価された「マガジン」は，読者層を上の

年代に広げ，「巨人の星」「無用ノ介」「あしたのジョー」の 3 本柱が読者を集め，70 年 3・4 号で 150 万部を突破した（澤村［2017］）。

　ターゲットをヤングアダルト層に上げ，彼らの鑑賞に堪えうるストーリーマンガを重視したことが，物語（ストーリー）を第一に考える現在の日本マンガの流れを基礎づけた。

・ジャンプの戦略

　二つ目の戦略分岐点が，「ジャンプ」の戦略である。

　69 年に集英社が出した「週刊少年ジャンプ」(68 年は月 2 回刊行の「少年ジャンプ」という名称) は，当時のリーダー誌「マガジン」が少年より上の世代を狙って成功したのと差別化し，より若い少年へとターゲットの王道回帰を図った（澤村［2020］）。ただ，当時の 5 大誌（サンデー，マガジン，キング（63 年創刊），ジャンプ，チャンピオン（70 年創刊））の中で後発だったので，ビッグネームを手当てできず，新人起用策をとった（澤村［2020］）。最初に成功した新人が，永井豪「ハレンチ学園」と本宮ひろ志「男一匹ガキ大将」（共に週刊化前の 68 年連載開始)である。「ハレンチ学園」はちょっとエッチなギャグマンガで少年層に大歓迎されたが，「男一匹ガキ大将」は，不良を従え日本一の番長になるストーリー性から，少年だけでなく，全共闘世代の大学生からも大いに支持された（澤村［2020］）。

　「ジャンプ」の戦略の特徴の一つが，消費者の声を聴くことである。同誌のコンセプトの「友情・努力・勝利」は，長野創刊編集長が行った，少年誌中心読者の小学校 4, 5 年生向けのアンケートで,「一番あたたまることは？」に「友情」,「一番大切に思うことは？」に「努力」,「一番うれしいことは？」に「勝利」が突出して多い回答だったことが背景にある（澤村［2020］）。消費者の声を聴くことを,戦略的にシステム化したのが「アンケート至上主義」である。読者アンケートは他誌も行うが,「ジャンプ」は活用が徹底する。「連載は 10 回を目標に開始」「5 回目くらいまで読者支持率が上昇カーブなら，10 回以降の続行を考え始める」「下降カーブなら，10 回の完結へ向けてストーリーをまとめていく」「まとめ具合で 1, 2 回の延長はあるが，だらだらと連載が続くことはない」などの内容が，第 3 代西村編集長の回想録に

あり（澤村［2020］）[2)]，読者アンケートを連載戦略に直結させる。

　戦略のもう一つの特徴が，「専属制度」である。内容は，①マンガ家は「ジャンプ」編集部と専属契約を結び，他誌に執筆しない，②「ジャンプ」編集部は，原稿料とは別に契約料を支払う，③マンガ家は「ジャンプ」編集部以外と執筆交渉はできない，である。読者支持率を得られないマンガ家には他誌に移れない厳しい制度であるが，プロ野球の育成制度にも似て，売れるマンガ家にするため編集者は運命共同体となって育てる（澤村［2020］）。マンガ家と編集者は，浦沢直樹と長崎尚志のように共同体的要素はあったが（cf. 川又［2008］），「ジャンプ」は，「担当者制度」としてシステム化した（岡田［2017］）。ジャンプ編集部では，マンガ作品すべてに担当編集者がおり，1編集者は，連載中のマンガ家 1〜2 名，連載の準備段階中の 5 名，新人 20名ほどを担当する。人気マンガ家の新連載は編集長と副編集長で担当を決めるが，持ち込みや投稿する新人マンガ家の場合，最初に接した編集者に担当する権利が与えられる。編集者にとって，才能ある新人マンガ家を数多く発掘し，育てることが最も重要な仕事である（岡田［2017］）。

　後発の「ジャンプ」は新人作家を発掘する必要から，68 年の新人漫画賞（マンガ雑誌初の新人マンガ賞）以来，多くの新人漫画賞を行っており，現在，月例新人賞の「JUMP 新世界漫画賞」，年 2 回の「手塚賞」（ストーリー漫画）・「赤塚賞」（ギャグ漫画）などがある[3)]。新人漫画賞で発掘した才能を，専属制度や担当者制度で鍛え上げる仕組みを作ったことにより，「ジャンプ」は，物語（ストーリー）を第一に考える日本マンガのトップランナーになった（94年末発売の 95 年 3・4 号で 650 万部の歴代最高記録を達成）。

　以上の結果をまとめると，**図表 1-1** のようになる。

図表 1-1　日本マンガの特質

（1）戦前漫画と戦後マンガの違い

	戦前漫画	戦後マンガ
a. 構図	舞台劇的	映画的
b. ストーリー	単純（ハッピーエンドなど）	多様（悲喜劇, 非ハッピーエンドなど）

（2）米仏コミックと日本マンガの違い

	アメリカ	フランス	日本
a. 色	カラー	カラー	墨一色
b. コマ割り	1コマに複数時間	コマと時間の関係を特に意識せず	1コマに一つの時間（時間的ダイナミズムを生む）
c. ストーリー	単純（勧善懲悪など）	ストーリーより, 絵を重視	多様（悲喜劇, 非ハッピーエンドなど）

（3）米仏日のフォーマット（提供形式）の違い

	アメリカ	フランス	日本
a. 形式	薄い（32頁）・月刊誌	48頁・A4ハードカバー・単行本	厚い（400〜500頁）・週刊誌中心
b. タイトル数	1冊1タイトル	1冊1タイトル	1冊複数タイトル
c. 話の連続性	1話完結	1話完結	毎週連載の連続もの
d. 名称	コミックブック	アルバム	マンガ雑誌（週刊誌・月刊誌）

（4）マンガ週刊誌出現の背景

	時代背景
1. 週刊誌ブーム	50年代半ばの大人向け週刊誌ブームを受け, 次は子ども向けの機運
2. マンガ市民権獲得	漫画＝低俗という意識が, 子ども市場拡大・大手出版社参入で変化

（5）2つの戦略分岐点

	戦略内容	戦略目的
1. マガジン	原作・作画分離方式	大人の鑑賞にも堪えうるストーリーマンガを志向
2. ジャンプ	アンケート至上主義	消費者（読者）の声を連載戦略に直結
	専属制度	マンガ家育成を担当者制度でシステム化

２．日本アニメの特質：アニメーション（animation）からアニメ（anime）へ

　日本では，アニメとはアニメーションの略語と考えているが，世界では，「アニメ（anime）」と「アニメーション（animation）」は別物である。90 年代以降，英仏スペインなどの記事で anime という新しい単語が使われ始め，例えば，カナダやアイルランドなど英語圏の DVD 販売店に入ると，「animation」と「anime」の棚が別々である（津堅［2014]）。anime の棚に日本アニメだけがあり，世界でアニメ（anime）というと，日本アニメのことである。

　以下では，日本アニメの特質について，「一般的なアニメーションとの違い」「アメリカのアニメーションとの違い」「日本アニメを生み出した環境」について考察する。

(1) 一般的アニメーションと日本アニメの違い

　アニメーション（animation：英語・仏語，animación：西語など）とは，コマ撮りによって，動かない素材（絵・人形など）を少しずつ動かして撮影し，動かない素材を動くように見せる映画の一分野であり（cf. 津堅［2011]），世界中に存在する。

　このような一般的アニメーションと日本アニメの違いについて，「対象年齢」「世界観とストーリー」の二つの面から比較する。

①対象年齢

　「対象年齢」は，一般的アニメーションはほぼすべて子ども向けで，未就学児からせいぜい小学生までである（津堅［2014]）。日本でもアニメーションは作られており，大正時代に日本で初めて作られた時には，「桃太郎」「兎と亀」など昔話が題材のものが多く（津堅［2014]），子ども向けと言える。

　一方，現在の日本アニメは，対象年齢が広い（津堅［2014]）。スタジオジブリ作品のように，幅広い年代層がターゲットの作品があるだけでなく，幼

児向け，小学生向け，中高生から大学生・青年層などヤングアダルト層向け，成人向け，など各年代向けの作品がある（津堅［2014］）。「必ずしも子ども向けでない」というのが日本アニメの特徴であるが，中でも，70 年代以降，「宇宙戦艦ヤマト」（74 年放送開始）や「機動戦士ガンダム」（79 年放送開始）に代表されるヤングアダルト層向け作品が人気を博し，世界でも評価されるようになり（津堅［2014］），ヤングアダルト層向けアニメーション＝日本アニメと捉えられる。

②世界観とストーリー

「世界観とストーリー」は，対象年齢の違いが基礎にある。一般的アニメーションは子ども向けなので，童話原作の因果応報などわかりやすいストーリーや，「ポパイ」「トムとジェリー」など勧善懲悪やギャグなどの単純なものが中心となる。

一方，日本アニメは，63 年の日本初の連続テレビアニメ「鉄腕アトム」（手塚治虫原作：フジテレビ）において，すでに世界観とストーリーを重視する日本アニメの原点が生まれていた（山口［2004］）。世界観とはストーリーの基となるもので，物語全体の設定に関する基本的考え方と言える。マンガでもストーリーを重視していた手塚は，アニメ制作でも，当時の日本アニメがリミテッド・アニメーションというフルアニメーションに絵の動きで負けるものであったこともあり，世界観とストーリーの重視にさらにこだわった（山口［2004］）。

このような伝統の下，70 年代以降に隆盛を見たヤングアダルト層向け作品では，世界観やストーリーがさらに作り込まれた。ヤングアダルト層向け日本アニメのポピュラーな作品群のロボット物では，巨大ロボットが登場し，戦争や民族問題などを描写しながら，キャラクターの葛藤や成長，恋愛模様などが盛り込まれる（津堅［2014］）。登場人物の心理描写や精神的成長が描かれ，正義 vs. 悪という単純な勧善懲悪を越えた深みのあるストーリーに，思春期にある中高大学生・青年のヤングアダルト層は感情移入し，作品にのめり込む。海外の日本アニメファンのヤングアダルト層も同様である。対象

年齢が高いので，メカニックや武器の複雑な設定が可能で，「宇宙戦艦ヤマト」で広く知られたワープ航法などの SF 性の高い設定も含め，世界観・ストーリーにさらに深みを加えている（津堅［2014］）。

(2) 米国アニメーションと日本アニメの違い

米国アニメーションと日本アニメの違いは，一般的アニメーションと日本アニメの違いと同様，米国アニメーションが子ども向けで，ストーリーもハッピーエンドで終わるわかりやすいものが多い一方，日本アニメは，ヤングアダルト層向けに対象年齢を上げており，この年代が感動・共感するように，世界観・ストーリーが複雑に作り込まれる。米国アニメーションと日本アニメの違いは，さらに，「原作とキャラクター」の面でも見られる。

①原作とキャラクター

米国アニメーションを代表するディズニーでは，「シンデレラ」や「くまのプーさん」など童話原作の翻案オリジナル作品がかなりの数を占める。「アナと雪の女王」はオリジナル作品であるが，アンデルセンの童話「雪の女王」からインスパイヤ（触発）されたとエンドクレジットにあるように，童話原作に近い。童話や昔話などが原作の基本となっている結果，登場するキャラクターも，定番のメンバーが多い。

一方，日本テレビアニメでは，マンガ原作のものが多い（ライトノベル原作もあるが，ラノベもヤングアダルト層向けであり，ストーリーは作り込まれている）[4]。マンガ原作なので，常に新しいキャラクターが創造され，「シンデレラ」や「くまのプーさん」を何度もリメイクするディズニーとの違いは明白である（一部キャラクターに集中するアメリカの特徴は，アメコミにも言え，実写映画だが，マーベルコミックや DC コミックスのオールスター映画の「アベンジャーズ」「ジャスティス・リーグ」では，還暦を軽く超えたスーパーヒーロー達が，いつも同じメンバーで活躍する：cf. 増田［2018］）。

(3) 日本アニメを生み出した環境

　世界の一般的アニメーションより高年齢のヤングアダルト層までターゲットを広げ，彼らが共感する世界観やストーリーを創造し，常に新たな人気キャラクターを輩出するのが，日本アニメの特徴であることが理解された。

　このような日本アニメを生み出した環境について，「米日のフォーマット（提供形式）の違い」「日本アニメ（テレビアニメ・劇場公開アニメ）の歴史的展開」という二つの面から分析する。

①米日のフォーマット（提供形式）の違い

　提供形式のフォーマットは，米日で大きく異なる。

アメリカ

　アメリカは劇場アニメの国といわれ（増田［2018］），劇場公開アニメーション映画が中核である。37 年の世界初のカラー長編アニメーション映画「白雪姫」以来，近年の「アナと雪の女王」まで，ディズニーは多くの大ヒット作品を作り出しており，アニメーションと言えばディズニーの毎年の劇場公開作という意識が定着している[5]。

　アニメの表現形式は，フルアニメーションが基本である。アニメーションは 1 秒間に 24 コマの絵が入り，フルアニメーションでは 1 コマ毎に絵が変わる「1 コマ打ち」（1 秒 24 枚）または 2 コマ毎に絵が変わる「2 コマ打ち」（1 秒 12 枚）を行うが（cf. 日本動画協会人材育成委員会［2019］），ディズニーはこれが基本である。

　CG（コンピュータグラフィックス）は，3D（3 次元）CG が基本である。現在世界のアニメーションの主流は 3DCG で（アメリカだけでなく，中国や台湾も：角南［2018］），ディズニーの「アナと雪の女王」「トイ・ストーリー」も 3DCG であり，ターゲットの子ども層に好評を博している。

日本

　日本はテレビアニメの国といわれ（増田［2018］），63 年 1 月 1 日，日本初の連続テレビアニメ「鉄腕アトム」（フジテレビ）が放送されたとき，毎週

1回，1話30分，毎週同時刻放送という日本テレビアニメのフォーマットが始まった（「鉄腕アトム」は，毎週火曜18：15〜18：45：津堅［2014］）。日本でのテレビアニメは，以前から，「トムとジェリー」などアメリカ製があったが，1話5〜10分の毎日放送（帯番組）であった。欧米では現在もテレビアニメは，ほとんどがこのやり方である（津堅［2014］）。5分や10分では複雑なストーリーは作れず，1話30分の毎週放送というフォーマットが，世界観とストーリーの秀逸さが世界から評価される日本テレビアニメを作り出した大きな背景と考えられる。

　アニメの表現形式は，「鉄腕アトム」の最初からリミテッド・アニメーションである。フルアニメーションは1秒間に12枚か24枚の絵が必要で，30分番組でCMなど除いた25分で15,000〜20,000枚がディズニー的決まりだったが（津堅［2014］），予算がない手塚は「絵を動かすな」と指示を出し（宮崎［2019］），少ない枚数（10分の1の1,500枚程度）で予算内に収めるリミテッド・アニメーションで対応した（津堅［2014］）。アメリカ開発の「リミテッドスタイル」（手足だけを動かし，身体全体が動くように見せる手法）や，手塚考案の「バンクシステム」（喜怒哀楽の表情，上半身・全身・手足口耳から，雨・風・ビルなどに番号を振り，棚に絵の銀行を作り，組み合わせて使用）によって，飛躍的に枚数・予算を削減した（竹内［2006］）。現在も，日本テレビアニメはリミテッド・アニメーションが基本で，1秒8枚の絵を使うことも多く，かえって動きにスピーディーな印象を与える（増田［2018］）。

　CGは，3DCGを使わない。日本では，テレビアニメも劇場公開アニメも2Dが基本で，2Dアニメには伝統の職人技があり，それを見込んで日本の制作会社に2Dアニメの依頼が世界から来る（角南［2018］）。2Dアニメでは，CGも使われるが，基本は，手描きである（増田［2018］）。かつて世界のアニメーションは，アニメーターが手で原画を描き，それを動画に起こし，セルに転写・彩色し，背景と合わせるセルアニメが基本だったが（数土［2017］），近年，多くの国でフル3DCGに変わった。一方，日本だけは，（セルへの直接彩色はなくなったが，）手描きの原画・動画がいまでも基本である（数土［2017］）。労働環境の問題はあるが（増田［2018］），アメリカはじめ世界が

同質的な 3DCG を作る中（どの国も同じ CG ソフトを使用：数土［2017］），日本だけが職人技の手描きの 2D アニメにこだわることで，日本アニメの差別的優位性を高めている。

②日本におけるアニメ（テレビアニメ・劇場公開アニメ）の歴史的展開

　世界観やストーリーを大事にし，常に新たなキャラクターを生み出す日本アニメについて，「テレビアニメ出現の背景」「（劇場公開アニメも含めた）三つの戦略分岐点」について分析する。

テレビアニメ出現の背景

　60 年代前半に日本でテレビアニメが出現した背景には，「豊富な原作マンガ」「テレビメディアの発展」という二つの理由がある。

・**豊富な原作マンガ**

　テレビアニメの基となる原作マンガは，50 年代末にマンガ週刊誌が始まった日本では，それ以前のマンガ月刊誌も含め，膨大な数のマンガがあり（マンガ出版部数は群を抜き世界一：山口［2004］），物語（ストーリー）を第一に考える伝統からレベルも高く，アニメ化するマンガに事欠かなかった。「鉄腕アトム」の成功に続いて，続々と人気マンガがアニメ化され，63 年 10 月に，月刊マンガ雑誌「少年」連載の「鉄人 28 号」（横山光輝原作：フジテレビ）が，63 年 11 月に，「マガジン」連載の「8 マン」（平井和正原作・桑田次郎作画：TBS）が放送開始され，共に絶大な人気を得た（山口［2004］）。人気マンガを基にテレビアニメ化する場合，アニメの視聴者は原作マンガの読者であることも多くヒットの可能性が高いので，アニメ版製作者も視聴率が見込め，積極的に展開した（津堅［2014］）。

・**テレビメディアの発展**

　53 年に始まり，3 種の神器として急成長したテレビが，テレビアニメ出現の基礎を作った。58 年に「東洋のディズニー」を目指した東映動画（現・東映アニメーション）が初のカラー長編マンガ映画「白蛇伝」を劇場公開し，59 年に「サンデー」「マガジン」が創刊され，アニメーション制作，マンガ出版，テレビ放送の三つの流れが偶然にも足並みを揃えたことが日本アニメ

の発展に大きく貢献した（細萱［2018］）。

　テレビ局側は，番組の品揃えとして安く早く面白いアニメを期待し，さらに民放はスポンサーがつかないと放送できず，視聴率がとれないと容赦なく打切られるので，アニメ番組間で熾烈な闘いが行われたことも，日本テレビアニメのレベルを高めた（山口［2004］）。

（劇場公開アニメも含めた）三つの戦略分岐点

　毎週放送のテレビアニメが大手キー局から陸続と放送され，日本アニメ発展の基礎は作られたが，ヤングアダルト層をターゲットに，世界観とストーリーを大事にする日本アニメの特徴の獲得のためには，次の三つの戦略分岐点がある。

・宇宙戦艦ヤマトの戦略

　一つ目の戦略分岐点は，74年10月6日に放送開始された「宇宙戦艦ヤマト」（松本零士監督：讀賣テレビ）である（山口［2004］；澤村［2020］）。日本アニメは，「鉄腕アトム」などで60年代半ばから第1次ブームが起こり，60年代末には「巨人の星」「アタックNo.1」など少年少女向け週刊マンガ雑誌が原作のアニメが好評を博した。「巨人の星」はマンガとしてはストーリーの質を上げ，より上の世代も狙ったが，アニメとしては，「鉄腕アトム」以来の少年少女がターゲットであった。

　子ども中心のアニメから，中高生や大学生・青年などのヤングアダルト層を惹きつけるアニメジャンルを開拓し，第2次ブーム（70年代半ば～80年代半ば）を作り出したのが，「宇宙戦艦ヤマト」である（山口［2004］）。ガミラス星やイスカンダル星などの宇宙を舞台にした壮大なドラマに，沖田艦長・古代進・森雪などの人間ドラマ，さらに波動砲やワープ航法などSF的設定も満載され，当時のヤングアダルト層の心をつかんだ。この流れは，79年放送開始の「機動戦士ガンダム」（富野喜幸監督：名古屋テレビ，テレビ朝日系列）などに引き継がれ，ヤングアダルト層向けのアニメが，日本アニメの中で確固たる地位を築いていった。両作品は，共にマンガ原作を持たず（「宇宙戦艦ヤマト」は，松本零士がテレビアニメより少し遅れて月刊マンガ誌「冒険王」に連載），テレビアニメオリジナル作品であり，マンガ原作以外の日本

アニメということで，日本アニメの幅を広げた。

・新世紀エヴァンゲリオンの戦略

　二つ目の戦略分岐点は，95 年 10 月 4 日に放送開始された「新世紀エヴァンゲリオン」（庵野秀明原作・監督：テレビ東京）である。14 歳の少年碇シンジが，世界人口の半分を失った未来で，特務機関 NERV 総司令の父・ゲンドウの命の下，巨大な人型兵器エヴァンゲリオン初号機のパイロットとなって展開するストーリーは，綾波レイ，惣流・アスカ・ラングレー，葛城ミサトなどとの人間ドラマを含め，セカイ系（主人公たちの日常の関係性が，社会や国家などの中間項を挟まずに，世界の危機などの大問題に直結している作品群：cf. 東［2007］）という新たなジャンルを作り，当時のヤングアダルト層に絶大な人気を博し，第 3 次ブーム（95 年〜）を牽引した。「新世紀エヴァンゲリオン」の再放送は，97 年にテレビ東京の深夜枠で放送され高い視聴率をとったが，この 90 年代から深夜アニメ（深夜帯に放送されるアニメ）が青年向けに広がり始め[6]，ヤングアダルト層をターゲットとする日本アニメが番組放送時間の面でも拡大した（近年では，2019 年の「鬼滅の刃」も，東京メトロポリタンテレビジョンなどで，土曜 23：30〜日曜 0：00 の放送）。

・攻殻機動隊・ポケモン・千と千尋の神隠しの戦略

　この 90 年代後半からの時期は，もう一つの大きな戦略分岐点であった。

　「新世紀エヴァンゲリオン」と同じ 95 年には，11 月に「GHOST IN THE SHELL ／攻殻機動隊」（士郎正宗原作・押井守監督）が劇場公開された。草薙素子（通称「少佐」）が中心の内務省直属組織「公安 9 課」の活躍や人間ドラマを，義体の電脳をハッキングする近未来的設定とも相俟って，ヤングアダルト層に大変な人気を博したが，国内だけでなく，翌 96 年に劇場公開されたアメリカでも人気となり，同年 8 月にはビルボード誌のビデオ週刊売上チャートの 1 位になるなど（杉山［2006］），日本アニメの価値を世界に知らしめた。

　98 年 7 月には，テレビアニメ「ポケットモンスター」の劇場版第 1 作「劇場版ポケットモンスター ミュウツーの逆襲」が公開され大ヒットしたが，翌 99 年には，「Pokémon The First Movie」として，アメリカの 3,000 以上

の劇場で公開され，週間興行成績 1 位に輝くなど大ヒットした（四方田 [2006]）。タイム（TIME）誌が同年発表した「最高の人物 1999」でピカチュウが 2 位になるなど，日本アニメの世界での声価をさらに高めた。

01 年 7 月には，「千と千尋の神隠し」（宮崎駿原作・監督：スタジオジブリ制作[7]）が公開され大ヒットしたが（20 年に「劇場版「鬼滅の刃」無限列車編」に抜かれるまで，日本映画の歴代興行収入 1 位），翌 02 年には，「Spirited Away」というタイトルで全米公開され，03 年，第 75 回アカデミー賞（長編アニメーション映画賞）を受賞し（02 年には，ベルリン国際映画祭で最優秀賞の金熊賞も受賞），日本アニメの評価をさらに盤石にした。

以上をまとめると，**図表 1-2** のようになる。

3．日本マンガと日本アニメの連続性

日本マンガと日本アニメの特質について，米仏などと比較しながら考察したが，最後に本節では，両者の連続性について分析する。

以下では，「原作としてのマンガ」「企業のメディアミックス戦略」「ファン消費者の意識」の 3 点から考察する。

(1) 原作としてのマンガ

日本マンガと日本アニメの深い関係は，日本テレビアニメのヒット作のほとんどがマンガ原作であることから明らかである。63 年の「鉄腕アトム」（少年原作）に始まり，60 年代の「オバケの Q 太郎」（サンデー原作），「魔法使いサリー」（りぼん原作）など，テレビ局が雑誌の人気マンガを次々にテレビに取り込んだ（細萱 [2009]）。マンガ家自身もアニメ制作に積極関与することもあった（61 年設立の手塚治虫の虫プロ，63 年設立のトキワ荘グループのスタジオ・ゼロなど：細萱 [2009]）。マンガ連載とアニメ放映が同時並行となることもあり，原作にないオリジナルエピソードを挿入し調整を図った（細萱 [2009]）。その後も，70 年代の「マジンガー Z」（ジャンプ原作），「キャンディキャンディ」（なかよし原作），80 年代の「タッチ」（サンデー原作），「め

図表 1-2　日本アニメの特質

（1）一般的アニメーションと日本アニメの違い

	一般的アニメーション	日本アニメ
a. 対象年齢	子ども（未就学児～小学生）	ヤングアダルト層（中高大・青年）中心
b. 世界観・ストーリー	単純（因果応報など）	複雑（葛藤・成長などの心理描写，メカなど複雑設定）

（2）米国アニメーションと日本アニメの違い

	アメリカ	日本
a. 全般的	子ども向け・単純ストーリー	ヤングアダルト層向け・複雑ストーリー
b. 原作	童話原作の翻案オリジナル	基本はマンガ原作
c. キャラクター	定番キャラクターを何度もリメイク	常に新しいキャラクターを輩出

（3）米日のフォーマット（提供形式）の違い

	アメリカ	日本
a. 劇場／テレビ	劇場アニメーション中心	テレビアニメ中心
b. 提供形式	年 1 回など（テレビアニメは 5～10 分の毎日放送）	毎週 1 回，1 話 30 分，毎週同時刻放送
c. アニメ表現形式	フルアニメーション	リミテッド・アニメーション
d. 次元数	3D（3 次元）	2D（2 次元）
e. CG ／手書き	3DCG 中心	（CG を使うものの）手書きが中心

（4）テレビアニメ出現の背景

	時代背景
1. 豊富な原作マンガ	マンガ週刊誌が豊富で原作に事欠かず，マンガのファンはテレビアニメも視聴
2. テレビメディアの発展	53 年放送開始のテレビは高度成長期に急拡大し，番組品揃えとしてのアニメに期待

（5）三つの戦略分岐点

	意義	戦略内容
1. 宇宙戦艦ヤマト	第 2 次アニメブームを牽引	ヤングアダルト層向けアニメジャンル開拓
2. 新世紀エヴァンゲリオン	第 3 次アニメブームを牽引	セカイ系というアニメジャンル開拓
3. 攻殻機動隊・ポケモン・千と千尋	日本アニメを世界に認めさせる	ビルボード，TIME，アカデミー賞などで評価

ぞん一刻」（ビッグコミックスピリッツ原作），90 年代の「名探偵コナン」（サンデー原作），「ONE PIECE」（ジャンプ原作），00 年代の「NARUTO −ナルト−」（ジャンプ原作），「けいおん！」（まんがタイムキララ原作），10 年以降の「ハイキュー !!」「鬼滅の刃」「呪術廻戦」（ともにジャンプ原作）に至るまで，テレビアニメはマンガ原作が定番である。

　海外でもマンガとアニメは manga-anime と一体的に捉えられており（澤村 [2020]），両者の関係は深い。ただ，海外の場合，普及の順番は逆で，まず日本のテレビアニメが放映され（90 年代初頭，フランスの子ども番組の 9 割は日本のテレビアニメ），アニメが評判を得ると原作マンガも普及する流れであった（澤村 [2020]）。

(2) 企業のメディアミックス戦略：
　　起点としてのマンガ

　日本マンガと日本アニメの連続性は，企業のメディアミックス戦略からも明らかである。マンガのストーリーとキャラクターが人気を得ると，そこを起点に，テレビアニメ，劇場アニメ，ゲーム，2.5 次元（舞台・ミュージカル）などへ広がり，同時に玩具や食品・日用雑貨品などのキャラクター商品も導入され，全体として大きなメディアミックス戦略が展開される（澤村 [2020]）。これは，マンガ家と出版社だけの関係であった週刊誌マンガの時代から，テレビ局やスポンサー企業なども加わり大きなビジネスとなったテレビアニメ化が一つの契機と考えられる。63 年の「鉄腕アトム」のテレビアニメ化の際には，手塚は直接製菓会社数社にセールスに赴き，明治製菓で全枠提供の即断即決を得たが，スポンサーとなった明治は，アトムシール付きマーブルチョコレートが爆発的にヒットし，宿敵森永を抜いて 1 位の座についた（山口 [2004]）。キャラクターの商品化権によるビジネスは「鉄腕アトム」が先駆者で，製作費の赤字を埋めるため手塚は熱心に取り組んだ（山口 [2004]）。

　メディアミックス戦略は，アニメ製作が，広告収入方式から製作委員会方式に変わってさらに進んだ。広告収入方式は，90 年代まで見られ，企業スポンサー料から広告代理店が 2 割程度の手数料，テレビ局が電波料として

多くをとった残りを，アニメ制作会社（虫プロなど）に制作費支給して作る方式である（著作権は制作会社にあり，制作費の不足分は著作権の二次利用で補填：福原［2018］）。ただ，自社のスポンサー料でできたアニメなのに著作権がない企業には違和感があり，95 年に大ヒットした「新世紀エヴァンゲリオン」のテレビアニメが製作委員会方式だったこともあり，この方式が一気に広まった（福原［2018］）。テレビ局，DVD 販売会社，元請制作会社，出版社，広告代理店，玩具会社などが出資者として製作委員会を作り，著作権を管理して，2 次利用（番組販売，キャラクター商品販売，DVD 販売，ゲームソフト販売など）を取り仕切る方式であり（福原［2018］），多くの出資者が著作権の 2 次利用で利益を得ようとするので，メディアミックス戦略がさらに進み，今日，劇場アニメ映画もほとんどがこの方式である[8]。

⑶ ファン消費者の意識

　日本マンガと日本アニメの連続性は，ファン消費者（読者・視聴者）の意識からも明らかである。今日，多数のメディア（マンガ，アニメ，ゲーム，舞台，実写映画，小説など）でメディアミックス戦略が展開される中，消費者は，それらで共有される世界観とキャラクターをメディアプラットフォームを意識することなく消費している（須川［2018］）。キャラクター商品やファンのコスプレなども同様であり，「鬼滅の刃」のファンの消費者には，「ジャンプ」のマンガも劇場アニメもコスプレもダイドードリンコ鬼滅コラボ缶も，すべて炭治郎と禰豆子を中心とした「鬼滅の刃」の世界観とストーリーに連なるものとして愛おしい。

　近年のインターネットと SNS の普及の中，さらに新たな展開がある（須川［2018］）。一つの例が，キャラクターの SNS アカウントである。子ども向け番組「ひらけ！　ポンキッキ」のキャラクターのガチャピンが Twitter でつぶやくと，ファンはガチャピンと日常的に交流でき，ガチャピンのリアル感が増す。もう一つの例が，モバイルゲーム「Pokémon GO」である。MR（Mixed Reality：混合現実（拡張現実 AR の発展版））技術に基づき，ポケモンのキャラクターが目の前の道路に画面を通して出てくると，自分がゲームやアニメの

図表1-3　日本マンガと日本アニメの連続性

理由	内容
1.　原作としてのマンガ	日本マンガと日本アニメは同じ原作 海外でも，manga-anime として一体的に認識
2.　企業のメディアミックス戦略	マンガを起点に，アニメも含めたメディアミックスがテレビアニメ化で浸透 製作委員会方式の採用で，この流れがさらに強化
3.　ファン消費者の心理	マンガ・アニメなどのプラットフォームを意識せず，同様なものとして消費 キャラクター SNS アカウントや MR ゲームで，この意識がさらに強化

世界に入り込んだ感覚を持つ。これらは，消費者に「2.5 次元」（アニメ・マンガ・ゲームなどの 2 次元［虚構］世界と，接触可能な 3 次元［現実］世界との中間世界）の感覚を与えるもので（須川［2018］），多数のメディアのコンテンツを一体化して捉えた上に，自分自身もそこに一体化していく新たな展開を見せている。

　以上をまとめると，**図表 1-3** のようになる。

おわりに

　本章では，世界を席巻している JPC の中核である日本マンガ・日本アニメについて，その特質を分析する中から，世界で評価されている強みに迫った。

　分析の結果から，日本マンガ・日本アニメは，米仏はじめ諸外国のような子ども向けの単純なストーリーではなく，ヤングアダルト層（中高大・青年層）が感動・共感する世界観とストーリーを創造して，世界の若者たちの圧倒的な支持を得たのだと理解された。そして，このような革新的なマンガ・アニメを生み出した背景として，59 年以来のマンガ週刊誌による，1 冊複数タイトル・毎週連載の連続ものという日本マンガフォーマットの確立，63 年以来のテレビアニメによる，1 話 30 分・毎週同時刻放送の連続ものという日本アニメフォーマットの確立が，環境条件として大変大きかったことも理解された。

　マンガ・アニメが好きな人が多く，才能を戦わせる場（プラットフォーム：マンガ週刊誌，テレビアニメ，コミケ等）があれば，人と場の相互作用の好循環が期待される。このようなエコシステムとも言うべきものを作り上げたところが，日本マンガ・日本アニメの成功の秘密と考えられる。

1) アメリカン・コミック（アメコミ）のジャンルとしては，①新聞連載漫画（ピーナッツやブロンディなど），②スーパーヒーロー物（メインストリーム・コミックスと呼ばれる），③オルタナティブ・コミックス（単独の作家が原作・作画を行い，制作スケジュールは不定期）の三つがある（小野［2005］）。
2) アンケート至上主義は，その後，多少改善・洗練され，① 10 週，15 週，20 週の連載原則（アンケート結果が悪いと打ち切るタイミング），②見切り 3 回原則（打ち切られた作家も 3 回までは連載可能），③②で連載不可となった作家は，「ヤングジャンプ」など関係誌や月刊誌で，新たな作品でチャレンジさせる，④③でもヒットしない作家は契約解除（他誌に移動可能），となっている（澤村［2020］）。
3) マンガ業界全体としての新人発掘の仕組みとして，75 年に始まり，現在，年に 2 回，東京で開かれるコミックマーケット（コミケ）がある（数土［2017］；中野［2007］）。毎回，数十万人のファンが集まり，作品を頒布するブース出展者が 1 万数千人の巨大な同人誌即売会である（数土［2017］）。膨大な二次創作市場を形成し，プロを目指す無数の若きクリエーターが集い，切磋琢磨する場になっており，業界としての新人発掘・育成のプラットフォーム／インキュベーターと言える。07 年に始まるイラストコミュニケーションサービス pixiv は，コミケの機能をネット上に移したようなもので，何百万ものユーザーが創作した膨大な数のマンガ，イラスト，小説が掲載されており（数土［2017］），新人発掘・育成の仕組みがネットにも広がる。
4) アメリカのアニメーション映画の場合，新人脚本家から送られる多数の脚本を，製作プロデューサーが部下のリーダー（Reader）に下読みさせ，彼らのレポートから取捨選択するが，日本の場合，マンガやライトノベル原作によるアニメ映画が多いので，日本アニメの製作プロデューサーは，出版業界に企画開発（コスト込みの作業）をアウトソーシングしていると言える（福原［2018］）。
5) アメコミ（マーベルコミック，DC コミックス）のスーパーヒーロー物の映画化は，基本的に実写映画であるが，2018 年公開の CG アニメ映画「スパイダーマン：スパイダーバース」では，スパイダーマンが初めてアニメ化された（第 91 回アカデミー賞長編アニメーション映画賞受賞）。
6) 90 年代に始まる深夜アニメは，放送時間帯が 23 時以降で，ターゲットは大人に絞った作品が中心であった（岡田［2017］）。深夜アニメの特徴は，放送終了後に DVD の販売で収益をあげることで，子ども向けアニメがキャラクター商品のライセンス料で収益をあげるのとは違った新たなビジネスモデルを作り上げた（岡田［2017］）。

7）宮崎駿のスタジオジブリ作品は，ディズニーに最も近いビジネススタイルといわれる（津堅［2014］）。日本の戦後アニメは，手塚治虫の虫プロが主導して，ディズニーとは異なる方法論（リミテッド・アニメーション，毎週30分の連続もの，など）で展開され，当時ディズニーの作法に最も近かった東映動画（現・東映アニメーション）も，ディズニー的長編アニメーション制作から徐々に離れ，虫プロ的なテレビアニメに参入した（津堅［2014］）。当時東映動画にて，会社の方針に不満だった宮崎駿と高畑勲が，スタジオジブリ設立（1985年）に参加し，「カリスマ的な巨匠の下で，数多くの手足のスタッフを抱え，数年に1本のペースで長編アニメを専門的に制作し，著作権管理を徹底し，キャラクターグッズ販売等にも積極的」という，ディズニー的なビジネススタイルを作り上げ（津堅［2014］），日本アニメの幅を広げた。これは，近年の新海誠（16年「君の名は。」，19年「天気の子」）などにつながっている。

8）製作委員会方式は，日本独自の方式である。ハリウッドメジャースタジオの日本支社が自主的に映画を作ろうとして製作委員会方式でやろうとしたら，本社から「自信があるならなぜ自分で出資してやらないのか」と言われた（増田［2018］）。日本でも映画業界全盛の頃は映画会社の100％出資であったが，テレビの影響で60年代から斜陽になり，70年代後半に製作委員会的な多数の出資者を集めた方式が始まり，95年の「新世紀エヴァンゲリオン」がこの方式で大ヒットし，定着した（増田［2018］）。

【参考文献】

東浩紀［2007］『ゲーム的リアリズムの誕生―動物化するポストモダン2』講談社。

大塚英志［2003］『アトムの命題―手塚治虫と戦後まんがの主題』徳間書店。

岡田美弥子［2017］『マンガビジネスの生成と発展』中央経済社。

小野耕世［1998］「日本マンガの浸透が生み出す世界」『日本漫画が世界ですごい！』たちばな出版，76-91頁。

――［2005］『アメリカン・コミックス大全』晶文社。

川又啓子［2008］「マンガ・コンテンツの商品開発：マンガ家・浦沢直樹」『京都マネジメント・レビュー』第13巻，京都産業大学マネジメント研究会，131-146頁。

日下翠［2001］「日本漫画研究序説」『韓日言語文化研究』第2巻第1号，韓日言語文化研究会，83-98頁。

斎藤亘彦［1995］「はじめに「線」ありき」『別冊宝島EX マンガの読み方』宝島社，26-37頁。

澤村修治［2020］『日本マンガ全史―「鳥獣戯画」から「鬼滅の刃」まで』平凡社。

須川亜紀子［2018］「オーディエンス，ファン論（ファンダム）―2.5次元化するファンの文化実践」小川昌弘・須川亜紀子編著『アニメ研究入門［応用編］―アニメを究める11のコツ』現代書館，118-142頁。

杉山知之［2006］『クール・ジャパン―世界が買いたがる日本』祥伝社。

数土直志［2017］『誰がこれからのアニメをつくるのか？―中国資本とネット配信が起こ

す静かな革命―』星海社。

角南一城［2018］「アニメのグローバル展開―『君の名は。』の海外展開を事例に」日本
　　商業学会第 68 回全国研究大会（於：日本大学），基調講演資料。

竹内一郎［2006］『手塚治虫＝ストーリーマンガの起源』講談社。

竹内オサム［2005］『マンガ表現学入門』筑摩書房。

―――［2016］「ストーリーマンガ―長編の物語が誕生」竹内オサム・西原麻里編著『マン
　　ガ文化 55 のキーワード』ミネルヴァ書房，20-23 頁。

津堅信之［2011］「アニメとは何か」高橋光輝・津堅信之編著『アニメ学』NTT 出版，3
　　-12 頁。

―――［2014］『日本のアニメは何がすごいのか―世界が惹かれた理由』祥伝社。

手塚治虫［1961］「児童漫画」坪田譲治・城戸幡太郎・乾孝・関英雄・菅忠道編『親と教
　　師のための児童文化講座，第 3 巻　子どもの心をどうつかむか』弘文堂，228-238 頁。

―――［1994］『マンガの心：発想とテクニック』光文社。

―――［2009；原著は 1969］『ぼくはマンガ家』毎日ワンズ。

―――［2012；原著は 1947］『新寶島オリジナル版』講談社。

中野晴行［2009］『マンガ進化論―コンテンツビジネスはマンガから生まれる！』ブルー
　　ス・インターアクションズ。

西上ハルオ［1969］「「新宝島」研究」手塚治虫・西上ハルオ編著『ジュンマンガ』文進堂，
　　7-85 頁。

日本動画協会人材育成委員会［2019］『アニメーション用語辞典』立東舎。

原正人［2013］『はじめての人のためのバンド・デシネ徹底ガイド』玄光社。

福原慶匡［2018］『アニメプロデューサーになろう！―アニメ「製作」の仕組み』星海社。

古永真一［2010］『ＢＤ―第九の芸術』未知谷。

細萱敦［2018］「マンガとアニメーション」夏目房之介・竹内オサム編著『マンガ学入門』
　　ミネルヴァ書房，147-151 頁。

増田弘道［2018］『政策委員会は悪なのか？：アニメビジネス完全ガイド』星海社。

みなもと太郎［2017］『マンガの歴史 1』岩崎書店。

宮崎克［2019］『TV アニメ創作秘話―手塚治虫とアニメを作った若者たち』秋田書店。

山口康男［2004］『日本のアニメ全史―世界を制した日本アニメの奇跡』テン・ブックス。

四方田犬彦［2006］『「かわいい」論』筑摩書房。

第2章
参加型創作文化の形成と発展

1. はじめに

　日本の社会には，古くからアマチュアの創作文化が存在している。同じ趣味や嗜好を持つ人々の間に存在する創作文化である「同人文化」は，一世紀以上前から日本に根づいている。同人文化の参加者は，既存の出版流通システムを使わずに通常の郵便制度を利用したり，少人数で集まったりして，創造的な作品を作り，他者と共有し，協力してきた。かつて同人文化は，主流メディアのマスカルチャーと比較して，サブカルチャーとみなされていた。そのため，同人文化は，創作の「草の根運動」として，支配的なマスメディアのコミュニケーション・プロセスの中で受動的と思われたオーディエンスの能動的な行動（対抗）と考えられた。

　また，どの時代においても，表現したい人々は，自ら創作した「作品」を発表する「場」を求めている。1975年より開催されている世界最大規模の同人誌即売会「コミックマーケット（以下，コミケ）」の誕生は，アマチュア同人作家のプロデビューの投稿先のマンガ雑誌の方針転換や休刊が契機となった。コミケの黎明期は紙が主な媒体であったが，インターネットが普及した21世紀というデジタル時代に入ってからも衰えず，参加者を維持しており，「場」としての役割を果たし続けている。一方，ソーシャルメディアやモバイル技術の普及により，人々が簡単にアクセスできる新たなデジタル・

プラットフォームが誕生したことで，誰もが発信者（送り手・作り手）になれるようになった。それが同人文化の可能性を開花させ，新しい創作方法や流通プロセスなどを生み出し，新たな「参加型創作文化」が形成され，バーチャルにおける「場」が発展してきた。

　しかし，バーチャルの場が生まれたからといって，リアルの場が必ずしも置き換えられることはない。むしろ，互いにメリットとデメリットを補っている状況である。具体的な例として取り上げると，Twitter などで自分の商品を紹介し，通販で販売している作家は，コミケにも参加している人が少なからずいる。SNS では味わえない対面と祝祭的な雰囲気を感じられるからである。

　「場」と「作品」を分析すると，日本のポピュラー文化（JPC を含む）は，（他国のように企業ではなく）消費者が主体となっており，設立・維持し続けていることが理解されている。企業の論理にとらわれることなく自由に表現できる場を求めたからこそ生まれた「参加型創作文化」は，日本の JPC の礎と言っても過言ではないだろう。

　本章は，日本における参加型創作文化の形成と発展を，とりわけ「場」という視点に着目して述べることを目的とする。次節以降では，リアルな世界で行われている同人誌即売会である「コミックマーケット」と，ニコニコ動画から生まれた「歌い手」の事例を取り上げて，日本の創作文化における「場」と「作品」について説明する。さらに，「腐女子」「インフルエンサー」としての著者自身の体験を述べることによって，日本の創作文化の現場に触れ，最後に本章のまとめとして「参加型創作文化モデル」を提示することとしたい。

2．リアル世界の「場」における創作活動： コミックマーケットと同人誌

(1) 同人誌と同人誌即売会

①同人誌とは何か

　まず，「同人誌」という言葉を整理する。「同人誌」は「同人雑誌」の略であり，同人が作った創作物のことで，「同人」と「雑誌」の合成語である。「同人」とは，「同じ趣味を持つ人々」を意味する「同好の士」を語源とする短い言葉であり，クラブや協会を意味する集合名詞の場合もある。

　「同人誌」という用語はかつて文学や美術，学術的な分野でよく使われていたが，現在では，特にアニメやマンガなどの JPC で広く使われている。また『デジタル大辞泉』によると，「主義・目的・傾向などを同じくする仲間が集まって編集・発行する雑誌」という意味である。いずれも 1 人ではなく，2 人以上で同じ嗜好を持つ者が集い，一緒に創作活動を行い，その創作物として「同人誌」が生まれたと考えられる。さらに，「雑誌」という言葉が使われているものの，紙媒体とは限らず，CD，DVD，ゲーム，音楽（「同人音楽」と呼ばれることが多いが）なども含まれる。

　このように同人誌にはさまざまな種類が存在しているが，大別すると以下の三つに分類できる。一つ目は一次創作（一次創作物，創作，オリジナル，原作とも呼ばれる），二つ目は二次創作（二次創作物，パロディとも呼ばれる），最後が「n 次創作」である。簡単に説明すると，「一次創作」とは，プロおよびアマチュアのクリエイター（創作者）によって作られたオリジナル作品である。「二次創作」とは，一次創作派生作品のことを指し，一次創作物の物語や世界観，設定，キャラクターなどを基にして作られた作品である。また，原作がマンガであるからといって，二次創作物もマンガとは限らず，小説，イラスト，ゲームソフト，音楽，コスプレ等も二次創作物と呼ばれている。そして，その二次創作から派生する作品を意味する「三次創作」という

言葉もたびたび使われている。さらに，近年ソーシャルメディアにおける創作作品は，一次創作と二次創作を合わせ創作されたものや，三次・四次創作もあるため，濱野［2012］は「n 次創作」という言葉を提言した。彼によれば，n 次創作とは「一次創作物が二次創作物の構成要素となり，その二次創作物が三次創作物の構成要素になり…（以下，同様）（490 頁）」という意味で，特に，ニコニコ動画における作品にはよく見られる現象である。

②同人誌即売会

　同人誌は「サークル」と呼ばれる同好の士によって作品として作られ，肉筆回覧誌（ノートやスケッチブック等に手書きの絵や文章を載せる媒体）で知り合いだけに回覧される時期があった。その後，家庭用プリンターの普及で印刷が手軽になり，少部数でも印刷会社に依頼できるようになると，制作した同人誌を多くの人に見せることができるようになった。作品は同人誌を扱っている書店経由で販売することもできるが，制作者がサークルとして同人誌即売会に参加する理由は，同じ嗜好の他サークル参加者と出会い，交流し，読者と対面できる等のメリットがあるからだと考えられる。同人誌即売会とは，作品の愛好者が集い，交流する場であるが，日本では，小規模（数十サークル）からコミケのように 3 万以上のサークルが参加する大規模の同人誌即売会が，東京だけではなく地方でも開催されている。

　次項からは同人誌即売会でも世界最大規模のコミケを取り上げて，日本の創作文化の特徴について説明する。

(2) コミックマーケット（コミケ）の歩み

　冒頭で述べたようにコミケが誕生した一つのきっかけは，ある雑誌の休刊で，それは 1966 年末に創刊されたマンガ専門誌『COM』（虫プロ商事）である。コミケの初代代表である霜月たかなか氏は『コミックマーケット創世記』の中で，『COM』が当時のマンガ愛好者から注目された理由は，雑誌の中にある「ぐら・こん（グランドコンパニオン）」という巻末にある読者向けコーナーの存在であったという（霜月［2008］，27-29 頁）。それは新人の投稿マ

ンガが採点され，「自己表現」という形で若い世代のマンガ創作を志す読者を刺激することになった。この『COM』を通じ 1967〜1970 年の間に，マンガ研究会が全国に生まれていった。採点による評価は，第 1 章で述べた大手出版社によるマンガ生産システムにも見られ（週刊誌の読者アンケート），興味深い点である。

　しかし，1973 年には廃刊した。『COM』を失ったマンガ愛好者たちは新たな活動の場を探し始め，1972〜1975 年にかけて多くのマンガ愛好者がさまざまな形で起こり，活発化することにつながった。その運動の中から，1975 年 4 月にマンガ批評集団「迷宮」が結成され，彼らによって現在の世界最大規模の同人誌即売会となるコミケが誕生した。

　1975 年 12 月 21 日に第 1 回コミックマーケット（正式標記は「第 1 回コミック＝マーケット〈WINTER〉」）が，虎ノ門日本消防会館会議室で開催された。参加者は 700 人と推定されており，サークル数は 32 スペースという小規模なイベントであった。なお，本章では煩雑さを避けるため，「コミックマーケット」を「C」と略し，開催回数を後に記述するように記載する。例えば，C5 とは「第 5 回コミックマーケット」を意味する。

　このような小規模なイベントとしてスタートしたコミケは，2020 年で 45 周年を迎えた。臨時開催のコミケスペシャルを除き，1975 年（C1）〜1983 年（C25）は年に 3 回（春，夏，冬）に行われたが，1984 年（C26）より春をやめ，年に 2 回夏と冬に開催することになった。

　コミケにとって最大の危機は，1980 年代末に発生した，宮崎勤による東京・埼玉連続幼女誘拐殺人事件である。これ以前に「オタク」という言葉が広く知られていたとは言えないが，この事件をきっかけに，社会的に「オタク」のイメージは「忌むべき存在」（アルト［2021］，290 頁[1]）となる。マンガや同人誌が取り締まりの対象となり，コミケは会場を借りられない等の問題が起こった。ところが，**図表 2-1** を見ると C31-39（1987 年〜 1990 年）頃に，特定ジャンルのブームがおこりコミケが急激に成長したことが分かる。

　その後，21 世紀に入ってから，オタクの怖いイメージが一変し，特に，政府の「クールジャパン政策」の推進によって，世界へのソフトパワーとし

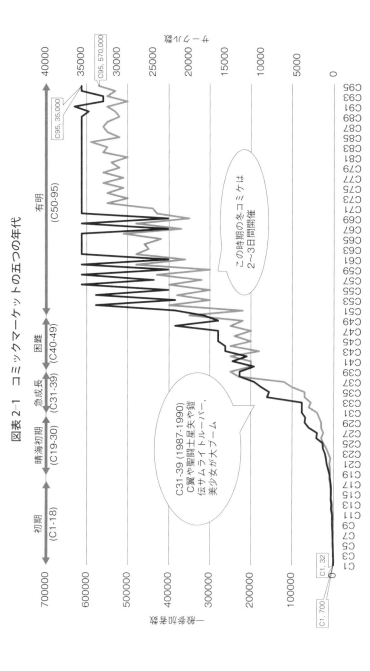

図表 2-1　コミックマーケットの五つの年代

注：C1（1975年12月21日）からC95（2018年12月29日～31日）までのコミックマーケットにおける一般参加者とサークル参加者の数（コミックマーケット準備会, 2019）[2]。

ても注目されるようになる。そして，近年は夏冬とも東京国際展示場（東京ビッグサイト）で3日間開催することになり，サークル参加数は3万を超え，一般参加者も毎回50万人を超えた世界最大級の同人誌即売会となった。

2020年に予定されていた東京オリンピック・パラリンピックの準備に伴い，同年5月2日から5日に開催されるはずであったC98は，新型コロナウイルス感染症拡大のため初の中止となった。その結果として，インターネット上ではリアルで参加できない参加者のため「エアコミケ」が開催された。

なお，コミケの中にはいくつかの参加形態があるが，おおむね三つから構成されている。まず，受け手である一般参加者，作り手（作品・表現）であるサークル参加者（企業参加者・コスプレ参加者等も含む），そして，運営（場の作り手）であるスタッフ参加者である。運営面では，法人取引を扱う「有限会社コミケット」と，運営の中枢である「コミックマーケット準備会（以下，準備会）」がある。準備会はボランティアを中心に組織されているが，ボランティアという性質上，対価なしにコミケという「場」を作る作業に携わっている。2019年には，ボランティアのスタッフ参加者は，3,000人以上といわれている。そして，コミケは参加者にとっての「ハレの日」であることを願っているという。次節ではこのような参加・運営形態をとるに至ったコミケの理念（エートス）について述べる。

(3) コミケにおけるエートス（参与観察の結果から）

同人誌即売会の中でも，コミケはその大きさや歴史の長さだけではなく，コミケが持つ「エートス」，すなわち，「理念」に特徴がある。まず，C86の『コミケットマニュアル』によると，コミケは「同人誌を中心としてすべての表現者を受け入れ，継続することを目的とした表現の可能性を広げるための「場」である」という（コミックマーケット準備会［2013］，2頁）。コミケの理念について公式サイト等にも書いているように「コミケットに『お客様』はいません」という。つまり，全員が「参加者」である。

ここで強調したいのは，上記のような理念が，コミケにとどまらず，同人誌業界全体にも共通していることである。営利目的で法人により行われてい

る即売会を除き，他の即売会も，この「非営利的に」「表現したい人のための場作り」「お客様ではなく全員参加者」という理念を導入することが多くみられる。これは海外で行われている米国 COMICON 等との大きな違いとも言える。また，著者が修士論文を執筆した際に，スタッフとして参加していた『自主制作漫画誌展示即売会「COMITIA」』（以下，コミティア）もその一つであった。2009 年に著者が参加形態についてコミティア代表の中村公彦氏にインタビューしたときに，次のように語っていた。

　　即売会というのが皆で作ろう，参加者皆で作りましょうという思想のもとに始まっているからですね。で，それはよく言うけど，スタッフと，サークルと，一般参加者はそれぞれの役割があって参加する。お客さんではありませんよという。ずっとやってきている。それはもうコミックマーケットが始まった時からそうだった。それを一番衝いているかな
　　　　　　　　　　　　　　　　　　——コミティア代表中村氏へのインタビュー

　中村氏のインタビューにもあったように，コミケは同人文化の「場」を作っただけではなく，その理念が近代日本の同人文化のエートスとなり，新たな参加型文化を作り上げたと言える。さらに，コミケや同様の理念を導入している即売会に参加したサークル参加者や一般参加者も，その理念を尊重しており，同人活動は営利より表現したいという目的を語る人が多い。そして，この理念は，ニコニコ動画等バーチャルの「場」にまで広がりを見せた。

3．バーチャル世界の「場」における創作活動：ニコニコ動画の「歌い手」の「作品」

　本節では，バーチャルの「場」の事例として，ニコニコ動画の事例を取り上げて，バーチャルとリアルを行き来する「歌い手」の存在に着目する。その歌い手がどのようにニコニコ動画を利用し，「作品」を創作したのかについて述べる。

(1) ニコニコ動画とは

　ニコニコ動画（以下，ニコ動）とはドワンゴ社が 2006 年 12 月 12 日にリリースしたサービスである。主なサービスは動画の共有であるが，ユーザーのニーズに合わせ，他のサービス（ニコニコ静画，ニコニコ大百科等）も展開している（2021 年 11 月 13 日現在，21 種類のサービスを提供）[3]。ニコ動が人気になったのは，ユーザーのコメントが表示される「擬似同時」と呼ばれる他ユーザーとの同時体験の錯覚（濱野［2012］）とボーカロイドの初音ミクの登場といわれている。初音ミクとニコ動の人気に火が付いた件で「卵が先か，鶏が先か」の議論は今でも続いているが，著者は，"in the right place at the right time"，すなわち，お互いちょうどいいタイミングに誕生したと考えている。

　図表 2-2 は，主要なプラットフォームの立ち上げ時期を示している。ニコニコ動画の歌い手と直接関係のあるプラットフォームは，ニコニコ動画の他，アニメイトホールディングスの子会社が運営しているイラストコミュニケーションサービスサイト「ピクシブ」，そして，クリプトン・フューチャー・メディア社が運営するコンテンツ投稿サイト「ピアプロ」である。

(2) ニコニコ動画から生まれた歌い手

　「ニコニコ動画の歌い手」とは，ニコ動の「歌ってみた」カテゴリーに自分の歌声を投稿している人々を指す通称である。本項で，歌い手を事例として取り上げる理由は，歌い手達が間違いなく，日本のソーシャルメディア黎明期の参加型創作文化を作ってきたからである。

　まず，ニコニコ動画歌ってみたランキングの「歌い手データベース」[4] を確認すると，TOP10 ランキングの歌い手は既に歌手デビューをしていた（メジャーデビューを含む）（2017 年 11 月 5 日時点）。また，歌い手のインタビューによると，特にニコ動初期は，オタク文化や同人文化と関わりが強いところもあり，金銭や売名のためではなく，遊びや表現したい，作品を愛しているからこそ派生作品を作ったなど，つまり，コミケに近いエートスを持ってい

図表 2-2　日本における主なクリエイター向けバーチャルプラットフォーム

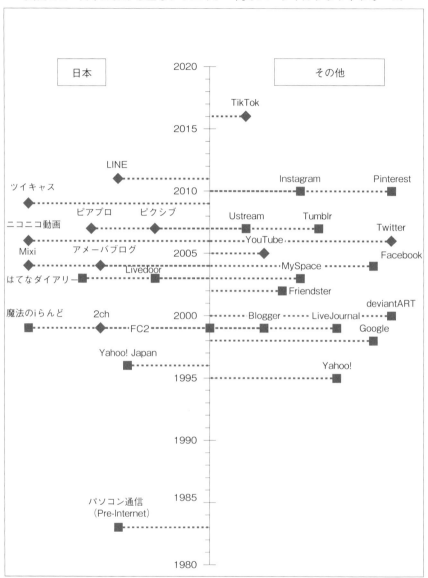

注：左側が日本企業によるプラットフォーム，右側には他国由来のプラットフォームが並んでいる。中央（FC2）
　　は，社名は明かされていないが，本社は米国である。◆は「ニコニコ動画の歌い手」に関連が強いプラッ
　　トフォームである。

た。その状況の中で，歌い手が自分の顔を出すと，「有名になりたい」等と批判され叩かれる人もあったという。そのため，ほとんどの歌い手は既にあった絵を借りたり，絵師に絵をもらったり，または，頼んで絵を描いてもらったりする。したがって，歌い手は実際の顔ではなく，マンガの絵を使うことが一般的である。

　しかし，「ニコニコ動画の歌い手」と聞いて，ご存じの読者は何人いるだろうか？著者は2010年から10年間かけて，歌い手について研究してきたが，最初の5年間はほぼ全員が首を横に振った。なぜなら，2014年までは歌い手がプロデビューをすると，歌い手から卒業して別の名前でデビューする人も少なくないからである。また，歌い手が黒歴史だと認識する人もあった。そのため，歌い手は社会からあまり認識されていなかったと考えられる。2015年あたりからインターネットで活動する歌い手が徐々に認知され始め，自分が歌い手をやっていたという人もよく見られるようになった。現在のユーチューバーのように大きく知られていないが，日本のソーシャルメディア黎明期の参加型創作文化創造の一端を歌い手が担ってきたことは間違いない。最近（2018年以降）は，歌い手の話をすると，「歌っているユーチューバー？」という返事をもらうことが多くなってきた。実際に，ニコ動から生まれた歌い手には，他のプラットフォーム（ツイキャスやユーチューブなど）で活躍する者もいるが，本節では，ニコ動を場とした創作活動を中心に扱うこととしたい。

⑶ ニコ動における創作活動：歌い手の作品『千本桜』

　2015年大晦日の夜，日本の有名な演歌歌手である小林幸子は，長く輝く白い衣装を身に着け，『NHK紅白歌合戦』で『千本桜』[5]を歌った。この番組でボーカロイド（以下，ボカロ）曲が使われたのは初めてのことであった。この曲は，2011年9月17日にニコ動で投稿された黒うさP氏（Whiteflame）の初音ミクオリジナル曲である。明治維新期の日本をテーマにした作品で，ボカロの姫様である初音ミクの歌声を起用したうえ，オリジナルの歌と歌詞に加え，大正浪漫のイラスト（一斗まる氏），ギタリスト（hajime氏），そして，

動画師（三重の人氏）がコラボレーションして作り上げた作品である。

　ニコ動で初投稿されてから，オンライン・オフラインを問わず人気の高い作品となり，ジョイサウンドのカラオケ年間ランキングでは，2012 年から 2014 年まで 3 年連続でトップ 3 にランクインしている[6]。さらに，2021 年 11 月 13 日時点のニコ動サイト内で検索すると，「千本桜（黒うさ P）」のタグで 8,386 作品が登録されていた。

①オンライン派生作品の進行：『千本桜』発表からの 3 日

　著者がニコ動サイト内の検索を利用し，黒うさ P 氏が『千本桜』を投稿した初日から 3 日間にわたって，『千本桜』から生まれた派生作品数を分析した結果である（※検索時点（2017 年 6 月 27 日）既に削除された作品は除く）[7]。

　2011 年 9 月 17 日 19:00，黒うさ P 氏が『千本桜』を投稿した 3 時間 17 分後に，別のユーザーが「【ニコカラ】千本桜（on vocal）」（カラオケ版・歌声入り）を投稿した。そして，同じユーザーから 30 分後には，「【ニコカラ】千本桜（off vocal）」（カラオケ版・歌声なし）バージョンが投稿された。その日の派生作品は二つで終わった。翌日（9 月 18 日）になると，ニコニコに投稿された派生作品は，「踊ってみた」1 作品と「歌ってみた」7 作品の計 8 作品であった。その 2 日後（9 月 19 日），3 日後（9 月 20 日）には「踊ってみた」16 作品，「歌ってみた」27 作品の派生作品が投稿された。合計すると，4 日間で 53 本の派生作品が投稿され，そのうち「歌ってみた」では合計 39 本の動画が投稿された。2 日後（9 月 19 日）からは，これまで投稿された「歌ってみた」の動画やオリジナル動画等をベースに「合わせてみた」や「合唱」の作品も投稿された。これらは，二次創作から三次創作，さらには「濱野氏の「n 次創作」」の事例であると考えられる。

②歌い手と他のユーザーのコラボレーション

　前項のような「n 次」創作活動の中でも，著者は歌い手が他のユーザーと行うコラボレーション（以下，コラボ）に着目した。コラボは，創作の質を上げることを目的とすることだけではなく，お互いのファンを呼び込み，す

なわち,「集客力」を高めることも極めて重要である。インターネット上では,時間と空間が限られているテレビやラジオと異なり,少しの技術やツールの知識があれば,誰でも作品を投稿することができる。しかし,ありふれた作品の中で,自分が作った作品を見てもらう,評価してもらうことは簡単ではない。コラボはそのユーザーの得意なところを生かし,より質の高い作品を作ったうえに,各ユーザーが SNS を通し,ファンに新しいを投稿したことを宣言し,より多くのリスナーの目に届くことができる。一石二鳥である。

ニコ動の投稿者は動画の説明文に自分と一緒にコラボし,創作者の役割と名前を書くのが一般的である。著者は動画の要素を,「見える部分（オリジナルから借用）」「聞こえる部分（自分の歌声）」,「見えない部分（編集部分）」に分類し,派生作品の53作品を分析した。その結果として,大半の歌い手は,ボーカルとカラオケ音源を混ぜて（ミックスして）くれる「Mix 師」,および音声や動画のエンコード（圧縮）する技術に優れている「エンコード師」に作業を依頼することが多いことが分かった。そして3人の歌い手は作品を制作した際に,**図表 2-3** のように技術を担当してくれるユーザーをシェアしていることも分かった。

より詳しく歌い手の創作過程を知るため,著者は歌い手3名にインタビューを実施した。ミックスの技術によってかなり作品の質が左右されるために,Mix 師選びは極めて大事であるという。さらに,動画をそのまま「借りる」（※ニコ動では他の動画から切り抜き・一部利用を「借りる」と呼ぶ）ことも多いが,自分で絵を描いたり,ピクシブで絵師を探したり,一緒にコラボすることもある。そのため,「見えない部分」の技術だけではなく,「見える部分」もこの「借り・コラボ」の過程も生まれる（**図表 2-4**）。

③歌い手の作品制作の 3 段階＋有料化へ

これまで歌い手の作品制作過程は3段階（**図表 2-5**）で構成されていることが分かった。

まず,「自作」である。もしすべて自分ができるのであれば,すべて自分で作る。次に,「借りる」という段階である。既にニコ動や他のサイトに存

図表 2-3　三人の歌い手が Mix 師とエンコード師をシェアしている

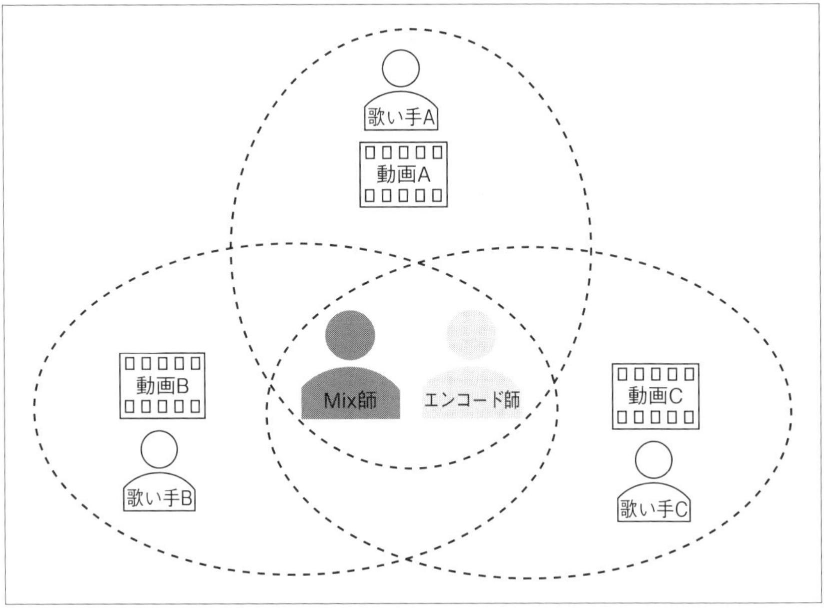

在している部分があれば，それを借りて，工夫して自分の作品にする。例えば，ある歌い手は，ボカロ P が投稿した動画や歌詞，メロディー等をそのまま利用するが，歌声だけは自分に替える。そして，最後の段階は，「コラボ」であり，まだ誰も作っていないもの，または，借りられない技術的な部分は別のユーザーからコラボ依頼をし，一緒に作品を作る段階である。

　しかし，2015 年以降，もう一つの段階が徐々に増えてきた。ツイッター等をみると，Mix 師の依頼有料化等の投稿もよく見かけるようになった。この傾向は動画の収益化やリアル世界での仕事依頼と関連していると著者が分析した。歌い手の場合は有名になると，プロデビューすることも多くなり，職業化につながっているのである。しかしながら，特に，「見えない部分」を提供している技術者（Mix 師やエンコード師等）は，自ら動画を投稿することもあまりなく，「親作品」として収益を分けてもらう機会も少ないため，有料化の動きが明確になってきた。

図表 2-4　動画の上に「借りる」とコメントを書く他のユーザー[8]

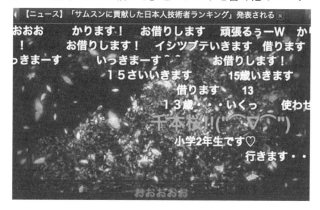

図表 2-5　歌い手の作品制作の 3 段階

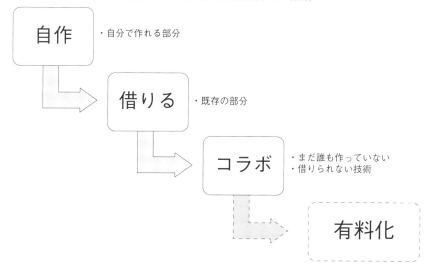

　この有料化の動きに関しては大きく分けて二つの影響があると考えられる。利点としては，これまで二次創作やファン文化のインターネット参加者はよく「無料労働（Free Labor）」として批判されてきたが，この有料化は活

動を継続する資金になる。一方で，新しくこの創作文化に参加したい人にとっては，以前よりコラボをするのにハードが高くなった。

４．リアルとバーチャルの接続：歌い手の活動（参与観察の結果から）

　本節では，前述のように制作された作品が，バーチャルの「場」であるニコ動から，どのようにリアル場に接続されていったのかを説明する。歌い手は，大きく分けて二つのリアルの活動がある。一つは「同人文化的活動」，もう一つは「アイドル的活動」である。

(1) 同人文化的活動

　歌い手は，他のジャンルのサークル参加者同様，コミケをはじめ，音系の即売会「M3」等同人誌即売会にサークルとして参加したり，同人誌を取り扱う店舗（アニメイトや Toranoana 等）に作品を委託したりすることが多い。ニコ動で投稿している歌い手はどのようにリアルの「場」であるコミケに参加しているのであろうか。

　最新の C99（2021 年）によると，歌い手はコミケのジャンルコードの中で「デジタル（その他）」に所属しており，サークル参加者として参加している。主な作品は音楽 CD や DVD であるが，携帯ストラップ，タオル，ペン，バッグ，ポラロイド写真などのグッズも配布している。

　図表 2-6 は，著者が C80（2011 年）の夏コミケで購入した歌い手同人 CD・DVD・グッズの例である。左の写真には，いくつかの歌い手・サークルの同人 CD・DVD が写っており，奥にはタオルと，歌い手サークルのロゴが入った紙袋がある。右の写真は，三つの携帯ストラップで，一つ一つに歌い手の名前が書かれている。

図表 2-6　C80（2011年夏）の歌い手同人 CD・DVD，グッズなど（著者撮影）

⑵ アイドル的活動

　一方，歌い手はアイドル的な活動も行っている。ライブコンサートから握手会，誕生日会，カフェ，バー，舞台の役者等，芸能界のアイドルと似ている行動である。また，日本では，ライブハウス文化のおかげで，数百人規模のライブコンサートを行うための設備やインターネットのチケット予約システムも整っている。著者は，以前歌い手のライブを予約しようとしたが，500人規模のライブで予約システムが開始してから10分もかからず，完売したことは何回もあった。

⑶ リアルとバーチャルの接続に際しての困難を乗り越えて

　このようにリアルとバーチャルを接続し，活動の場を広げた歌い手であるが，これまでいくつかの困難を乗り越えてきた。特に，歌い手がコミケに参加しはじめた頃（2010年）は，ニコ動を視聴し，歌い手のファンになって

はじめコミケに参加した若者も多かった。すると，何人かがアイドルへ会い
に行くような感じで，サークル参加者である歌い手をカメラで写真を撮影し
たり，握手を求めたりしていた。すると，人気の歌い手サークルは長蛇の列
になり，CD を買った後も，移動せずずっと眺めていたファンも何人かいた。
「コミケにおけるエートス」の項で述べた通り，コミケでは「全員が参加者」
であるため，このようにアイドルとして扱うのはあまり望ましくないと
Twitter 等で批判が殺到し炎上した。しかし，その後，歌い手側もきちんとファ
ンにコミケについて教育するようになり，コミケに参加する前から，生配信
番組やブログ等でコミケの基本知識や理念等を詳しく呼びかけていた。

　また，これまでマンガの絵等をずっと使っていたため，美化しすぎた場合
の批判を受けた時もあった。

　最後に，プロデビューした際に，歌い手で作ったアイデンティティをその
まま引き継ぐかどうかという問題である。歌い手を完全に卒業する人もいれ
ば，本当の顔を出さないまま芸名もニコ動時代の歌い手名を使っている人も
いる。また，デビューすると，ファンとの距離感は歌い手と時代と同じにす
るか否かも課題になっている。有名な歌い手がプロデビューすると，ファン
の間では，「嬉しいけど寂しい」のようなコメントが目立った。特に，2015
年頃までは，プロデビューすると，生配信や動画投稿も激減し，親しい歌い
手とのコラボもなくなるケースが多かった。

　しかし，最近はかなり変化が見えてきた。日本のアイドル界はユーチュー
ブ等のインターネットの活動を徐々に受け取るようになり，歌い手もリアル
とバーチャルの場を両立するようになったのである。

5．おわりに（参加型創作文化モデル）

　最後に，日本の参加型創作文化モデルを提案したい。本章では，はじめに
日本の創作文化における表現の「場」についてどのような経緯で形成してき
たかを説明した。とりわけ，コミケが理念を作ったことにより，日本の同人
文化のエートス（理念）が「表現」と「平等」に重点を置いてきたことを述

べた。また，その理念も，そのあとから生まれたニコ動の創作文化に広がった。しかし，ニコ動は同人文化だけではなく，独自の文化も誕生させた。それは，これまでの同人文化とメインストリームメディアのマスコミとはまた異なる形である。

　図表 2-7 は，メインストリームメディアと草の根運動である同人文化を政治的，経済的，文化的に表すモデルである（左）。歌い手の例を取り上げると，ニコニコ初期の歌い手はもともと下辺三角形に存在していた。ニコ動上で動画を共有し，他人からコメントをもらい，コラボ等もニコ動内でやっていた。遊び重視でお金と関係はなかった。すると，リアル世界のライブ等やインターネット上の職業化が進むことにより，下から上辺三角形に近づいていった。これまで平等が重視してきた参加者が，アイドル化して，プロ歌手の収入に届かなくとも，歌い手として生計が成り立ち，さらに，利益より表現や遊びを重視するユーザー生成メディアにも利益中心のコマーシャルメディアにも参加している。人によっては，完全に歌い手という名から卒業し，上辺三角形であるアイドルや歌手として歩み始めた。しかし，歌い手として継続している人もいる。また，デビューした事務所によっては，気軽にネット上でファンと交流できないケースもあった。そのため，デビューしたすぐは上辺三角形でコマーシャルメディアに出演していたものの，ファンのほとんどはネットにいるため，結果的にニコ動や他のプラットフォームに戻るケースも多くみられた。また，近年上辺にいるアイドルらもコミケに参加す

図表 2-7　日本における創作文化モデル（左）と日本における参加型創作文化モデル（右）

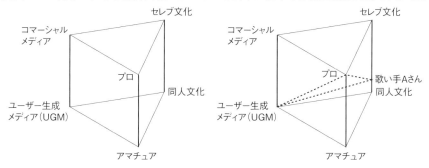

ることもいる。上から下の場に参加するのは，場の文化を理解してから参加
する必要があるが，難しさは下から完全上になるとはかなり違った。ほとん
どの場合は，プロ（生計が成り立つ）以外は，UGM と同人文化よりが多い。

　右側の図をみるとわかるように，歌い手Ａの活動データに基づいて，著者
が三角形を描いたものである。歌い手Ａはプロデビューしたそのままイン
ターネットを中心とした活動をし，ファンとの生放送等も変わらずに行って
いるが，コマーシャルメディアにもあまり出演していないが，ライブ等グッ
ズ，動画等で生活が成り立っている。このように下記のモデルは，歌い手に
限らず，現在の参加型創作文化活動のフレームワークとして応用できる。

　本章では，ニコ動の歌い手を例として取り上げたが，この変化は歌い手の
み起こっている現象ではない。人気のユーチューバーやゲーム実況者，
TikTok 投稿者等も含め，現在のバーチャルプラットフォームでは，よく起
こる現象である。実は，リアルの場であるコミケでも「セミプロ漫画家」等
も話題になったことがあった。しかし，バーチャルプラットフォームの場合
は，ジャンルがより幅広く，数もより多く，ペースも加速している。最初は
気楽にユーチューブに投稿し，ある時期は，収益を得て生活できるレベルま
で至ったこともたびたび見られた。また，創作の場がインターネットになっ
たことによって，コラボが促進され，①創作の生産性も上がり，②客もつき
やすくなり，結果として，プロのためのインキュベーションとしての役割を
果たしている可能性がある。コミケの場合，参加者同士の交流はあったが，
限られている場所と時間のため，コラボのプラットフォームとしては少し限
定的になる。

　このようにメディアの変化は，創作文化の形成と発展に影響を与えたと同
時に，日本の場合，既存の同人文化も，その場の文化形成および発展に影響
を与えてきた。したがって，同じプラットフォームであっても他国とは異な
る「日本の参加型創作文化」が生まれた。2021 年 10 月に Facebook 社が
メタバースという次世代のインターネットの計画を発表し世界中の注目を集
める。メタバースをはじめ，このような新しい仮想空間ができた暁には，日
本の参加型創作文化はどのように形成して発展していくかはこれからの楽し

みである。

1）「1989 年に宮崎勤が東京郊外で 4 人の幼女・女児を誘拐，殺害するという事件が起きた。この猟奇的な事件の動機を説明しようと躍起になった日本のマスコミは，宮崎の散らかった部屋にホラー映画やアニメや漫画のビデオが数千本もあることに注目し，彼を「オタク殺人者」と定義する。（中略）いまや日本中の人がオタクの存在を知ったのである。と同時に，それは忌むべき存在となった。その結果，彼らは何年も影の存在となる。」（アルト［2021］，290 頁）

2）図表 2-1 は，コミックマーケット公式サイトに掲載されている「コミックマーケット年表」，コミックマーケット 30 周年史『コミックマーケット 30's ファイル』『コミックマーケットとは何か？』，およびコミックマーケット準備会共同代表市川孝一が C77（2009 年 12 月 30 日）に開催された「コミックマーケットシンポジウム『日本発コンテンツの創出と海外への浸透が産む日本への理解』」の発表資料をもとに作成している。5 年に一度の特別な日に開催される「コミックマーケットスペシャル」の情報は除いてある。

3）ニコニコサービス一覧 https://site.nicovideo.jp/service_list を参照。

4）ニコニコ動画歌ってみたランキング　歌い手データベース http://nicodb.jp/u/bgm/alllist/1（2017 年 11 月 5 日閲覧）

5）『千本桜』の動画は，『初音ミク』千本桜『オリジナル曲 PV』
https://www.nicovideo.jp/watch/sm15630734 を参照。

6）JOYSOUND 平成カラオケ年表 2010 年代（平成 22 年〜30 年），株式会社エクシング
https://www.joysound.com/web/s/karaoke/feature/heisei/10s/（2022 年 2 月 13 日閲覧）

7）データはニコニコ動画内の検索機能を利用した。検索結果は，人気の「千本桜（黒うさ P）」動画 8,386 本。
https://www.nicovideo.jp/tag/ 千本桜（黒うさ P%29?sort=f&order=a（2017 年 6 月 27 日閲覧）

8）【ニコカラ】千本桜（off vocal）https://www.nicovideo.jp/watch/sm15633620 からのスクリーンショット（2017 年 6 月 27 日閲覧）

【参考文献】
アルト，マット著，村井章子訳［2021］『新ジャポニズム産業史 1945-2020』日経 BP。
コミックマーケット準備会［2013］『コミケットマニュアル　C86 サークル参加申込セット版』「コミックマーケットの理念と実相」
https://www.comiket.co.jp/info-c/C86/C86comiketmanual.pdf（2021 年 7 月 1 日閲覧）
霜月たかなか［2008］『コミックマーケット創世記』（朝日新書 150），朝日新聞出版。

濱野智史［2012］「CGM の現在と未来：初音ミク，ニコニコ動画，ピアプロの切り拓い
　　た世界：5．ニコニコ動画はいかなる点で特異なのか：『擬似同期』『N 次創作』
　　『fluxonomy（フラクソノミー）』」『情報処理』第 53 巻第 5 号，489-494 頁。

COLUMN ①

「ギフトちゃん」の
視点から

1.「腐女子」誕生☆☆

　ここでは，著者目線から日本の創作文化をどのように見えるかを語る。まず，私のアイデンティティを紹介すると，タイの北部生まれの三人兄妹の末っ子で，姉は日本の少女マンガのファン，兄は日本の少年マンガのファンだった。その影響で，言葉が話せないうちから，私は日本のポピュラー文化（特に，マンガ，アニメ）と一緒に育ってきた。『パーマン』『オバケのQ太郎』『ドラえもん』『一休さん』等を子どもの頃に見ていたことは，今も鮮明に覚えている。

　そして，小学校4年生（1997年）の時に私が自分の好きなジャンルとの運命の出会いがあった。CLAMP先生の『聖伝-RG VEDA-』，天城小百合先生の『魔天道ソナタ』を初めて読んだときから，「主人公が男と男？？」と疑問に思いながら，なぜかストーリーもキャラクターも好きで忘れられなくなったのである。しかし，タイではマンガは子供のものと思われているため，マンガに対する検閲が厳しく，卑猥なシーンはもちろんカットされていた。そのため，主人公が女になった？男のまま？両方？という疑問を抱えたまま，中学3年生になり，いつも読んでいるマンガ雑誌の読者コーナーに，タイ初「やおい（BL）[1]」愛好者サークルのメンバー公募を見かけた。チェックすると，全部私が好きなマンガであることを知り，それでこれまで読んでいたものはBL系で自分が腐女子[2]であることが判明した。サークルに入ったものの，田舎に住んでいたため，バンコクの集会には行けず，文通でやり取りをしていた。タイも日本のようなマンガや小説の肉筆回覧誌のコピーが手紙で届いた。

　バンコクのチュラロンコン大学に入学した初日，出会った友人は腐女子であった（学部で二人しか腐女子がいなかったのに），彼女は絵師で私は小説を書く，二人でサークルとウェブサイトを作った。2000年代初頭はタイの同人誌即売会の黎明期であり，年に1～2回イベントがあった。日本のマンガを扱う出版社主催イ

ベントにサークル参加者コーナーが設けられ，そこで私は初のファンタジーオリジナル小説(18禁)を配布した。思った以上の反響で後日も通販をするようになった。

　ところが，大学を卒業し，2006年来日した直前には，タイのマンガ・アニメの暗黒時代に入った。過激すぎるマンガや小説（文字のみでも，アニメのお風呂シーンでさえ見えなくなるように検閲された）が不健全なものとして違法とされたのである。その結果として，2～4年にわたり同人誌やBLのマンガは光を浴びることはなかった。運よく小説が全部売り切れたため，摘発された本屋には在庫がなかったものの，もしかしていろいろ取り調べられるのではないかと，親と警察沙汰になることを恐れていた時期があった（同じく同人小説を書いた知り合いは警察が家まで押しかけた！）。

2．コミケにおけるワタシ
(1) タイ人の BL 小説同人作家としてのカルチャーショック

　そのような厳しい国から来た私であったため，日本のコミケに初めて参加した時のカルチャーショックは非常に大きかった。2008年夏に初めてコミケに一般参加として参加していたのだが，まだ，日本語はあまり流暢ではなかったものの，まず，行ってみようと思った。今になって改めて言えることは，暑さの対策なしでコミケに臨んだのは自殺行為に近い。水すら持参しなかった私。国際展示場からかなり離れたところで最後尾に並んでいた。来日して間もないため，まだ暑さには耐性が残っていたが，その日の夜と翌日熱で倒れていた。

　入場してホール内にいた人の数をみてビックリ仰天。タイでも多いときはあるが，これは想像を絶するレベルであった。しかし，それ以上に驚いた光景が目の前にあった。私の心の悲鳴を正直に書くと「こんなエロイポスターをサークルで貼っていいの！？」「警察大丈夫なの！？」「18禁こんなに堂々と売っていいの！？」「これが日本か！？」等ということであった。

　日本に来る直前，小説の文字だけで警察に怯えていた自分は「表現の自由」という言葉を実感した。そのあと，日本語の勉強も兼ねて，携帯小説サイトでタイ語から翻訳した小説を書き始めた。いつかこの同人小説をコミケで配布するのが夢である。

⑵ スタッフとしての参加体験

　一般参加としてコミケに参加したその日から，衝撃と感激が収まらなかった。歴史等を調べ，スタッフはボランティアを中心に行っているのを知り，タイではアルバイトやサークルがやることが多かったため，より詳しく知りたくなった。そこで，修士論文の研究テーマを地デジ（地上デジタルテレビ放送）関連から同人誌即売会関連に変えた。自分がオリジナル（創作系）の小説を書いていたため，創作系のコミティアのスタッフになりたいと思い，申し込んだ。その後，最初の外国人スタッフになるため，中村代表とインタビューをしたときに，研究の参与観察のためという目的を伝え，スタッフとして参加させていただいた。修士論文を書き終えた後も継続して，コミティア，J. GARDEN（時々お手伝い），そして，コミケにもスタッフとして参加していた。

⑶ 研究者の視点から

　研究者としてまず確認したかったのは，お金をもらわずにボランティアでスタッフをやっているということ。どういう動機か？お金をもらわないのに，なぜこんなに継続しているのか？すると，ほとんどのスタッフは似たような答えを教えてくれた。「仕事じゃないからよかったのよ」「お金をもらったら，気楽にできないじゃん」「仕事じゃないから頑張れる」という答えであった。また，出費も意外とかかっていたことも分かった。交通費をはじめ，宿泊費，そして，何よりも同人誌の購入するための出費である（スタッフの中ではそもそもコアな同人誌のファンになっている人が多いため）。しかし，スタッフ同士で，サークルの作品を紹介してもらったり，いろいろな情報を教えてもらったりして，より即売会が楽しくなった。

　最初は疑問ばかりであったが，しばらくスタッフをやると，少しずつその意味が分かってきた。スタッフ全員は「場」を維持することにやりがいを感じる人が多い。コミケは大規模なため，スタッフの数も多い。お祭りのようなもので，皆が一緒に作り上げたいという気持ちが強い。一方，コミケに比べれば規模は小さくなるが，コミティアのスタッフ参加者は全体で百人強，スタッフの交流も盛んでアットホームな場所であった。つまり，「第三の場所」のようなところにも機能しているではないかと考える。

　さらに，三つの即売会のスタッフも全員が「参加者」の意識が高い。スタッフ

として参加した際に最初に教えられたのは「お客さん」という言葉を使わないことであった。大手サークルも新人サークルも芸能人がサークル参加者でも，皆が同じように「サークル参加者」として扱う。そして，スタッフだけではなく，このエートス（理念）は，ほとんど参加者に共通していた（私のように初めて参加した者は知らない人もいた）。

　このように自分から体験した日本の同人誌即売会。いつかこの理念を持ち帰り，タイで広げたいと思っている。しかし，文化や歴史背景，経済状況の違いもあるから，そのまま持って行っても上手くいかない可能性が高い。それでも，同人文化のハイブリダイゼーション版（タイの既にあるファン文化を基に日本の一部の同人文化を導入し，新たなタイ式同人文化を作ること）をタイで作れる日が来ると願っている。

3．インフルエンサーとしてのワタシ

(1) SNS（Facebook）でのフォロワー数 10 万人超え！

　こちらはまた別の私になる。2019 年 9 月 1 日に自分の FB ページを開いた。現在のフォロワー数は 10 万人を超えている。目的は日本語のニュースや出来事をタイ語に正しく翻訳して，日本に関心があるタイ人に伝えることである。その発端は，これまではタイのマスコミや SNS における日本のニュースは，かなり大げさに伝わったことが多い。例えば，台風が直撃するというニュースは，タイでは日本列島が消えるぐらいのニュースになってしまうことが多かった。当時，短期滞在（観光）のビザ免除の効果があり，タイ人の観光客が多かったため，皆が大パニックになった。そして，日本の防災情報もほとんど日本語が多いことから，日本人にとっては当たり前の防災知識をわかりやすくタイ語で説明した。すると，思った以上に反響が大きかった。タイのマスコミ（新聞・ラジオ・テレビ・インターネットメディア等）に拡散されたため，時々タイのマスコミに日本に関する情報をインタビューされるようになった。

タイテレビ番組にインタビューされたときの様子

⑵ **タイ人に人気のクールジャパン**

　そのような経緯で始まったページであったが，最近気づいたことは，タイ人が日本に対して好意的になる傾向である。日本のアニメやマンガ等はもちろん大人気であるが，タイの SNS をみると，よく拡散される日本の情報は，意外と日本のバラエティー番組からの切り抜きが多い。それは，タイのバラエティー番組とジャンルが異なるだけではなく，日本人の考えが分かりやすく反映されているからだと思われる。例えば，『月曜から夜更かし』や屋上から告白するＶ６の『学校へ行こう !』等である。さらに，日本料理やコスメ，旅行の写真を投稿すると，それと同じ行動をして報告する人も多かった。コロナ禍でも買い物代理を頼むほどであった。

1)「やおい」とは，①男性同士の同性愛を主題とした漫画や小説。また，そのファン。さらに，作品中の同性愛描写のことをいう。[補説] 語源は，ジャンル草創期の作品が性描写のみに終始し「山（山場）なし・落ち（結末）なし・意味なし」と揶揄されたことによる。「BL ＝ボーイズラブ」とは，②男性同士の性愛を描いた女性向けの漫画や小説。BL。① ②の用語説明はいずれも『デジタル大辞泉』より。
2)「腐女子」とは，《「婦女子」に掛けた語》アニメーションや漫画，特にやおい・ボーイズラブ系の作品への嗜好が強い女性を指す隠語。当人たちが「世間受けしない趣味を持つ腐った女子」と自虐的に用いたことからという。『デジタル大辞泉』より。

◆〈COLUMN ②〉◆

福澤諭吉と
初音ミク

1．福澤諭吉も悩まされた違法コピー

　英語の copyright を「版権」と訳したのは，福澤諭吉であるといわれている。明治 32（1899）年に制定された旧著作権法は，幕末に締結した不平等条約改正のため，近代国家としての体裁を整える必要があった当時，法体系の整備をした際に移植された制度であった。したがって，著作権思想は，当時の日本人の日常生活で浸透していたとはいい難く，福澤も『西洋事情』の偽版（違法コピー）にだいぶ悩まされたようである（倉田［1981］）。

　旧著作権法から 120 年以上を経た 21 世紀の今日，インターネットに代表されるデジタル技術の進展により著作物を取り巻く環境は大きく変化している。20 世紀の終わりには音楽や映像などデジタル化しやすい著作物の複製が大きな問題になったが，昨今では，複製だけではなく，派生的な二次創作，三次創作，n 次創作へと範囲が広がっている。

2．著作権が保護する対象

　まず，著作権法には「著作権」の定義はないが次のように定められている。

　　著作物並びに実演，レコード，放送及び有線放送に関し著作者の権利及びこ
　　れに隣接する権利を定め，これらの文化的所産の公正な利用に留意しつつ，
　　著作者等の権利の保護を図り，もつて文化の発展に寄与することを目的とす
　　る。（著作権法第 1 条）

　つぎに，著作権の保護対象となる「著作物性」については，以下のように記されている。

思想又は感情を創作的に表現したものであって，文芸，学術，美術又は音楽の範囲に属するものをいう。（著作権法第 2 条 1 項 1 号）

　著作物性に関する興味深い判例には「ファービー事件」がある。この裁判は，アメリカで作られた光や音に反応して言葉を話す「ファービー」という人形と姿形がそっくりな「ポーピィ」という人形を，香港などから大量に輸入し販売したとして，仙台と大阪のがん具販売会社と元役員ら三人が著作権法違反の罪に問われたものである。2002 年 7 月 9 日，仙台高等裁判所は，「『おもちゃ』としての実用性や機能性をもつファービーのデザインに，絵画や彫刻のような美術としての著作権はない」として，二つの会社と元役員ら三人をすべて無罪とした。
　「著作物」という語は，「作品」を意味するヨーロッパ言語（work：英語，Werk：ドイツ語，oeuvre：フランス語）の日本語訳であるが，著作物として保護される対象の概念と範囲の決定は，著作権制度の創設当初から，国際的に最も難問とされてきたそうだ（千野・尾中［1993］）。

3．クリエイティブ・コモンズ

　「クリエイティブ・コモンズ」とは，インターネット時代における著作物の適正利用の促進を目的として，ハーバード大学ローレンス・レッシグ教授が提唱した枠組みである。クリエイティブ・コモンズ・ジャパンによれば，「CC ライセンス」とはインターネット時代のための新しい著作権ルールで，作品を公開する作者が「この条件を守れば私の作品を自由に使って構いません」という意思決定のためのルールを指す。CC ライセンスを利用することで，作者は著作権を保持したまま作品を自由に流通させることができ，受け手はライセンス条件の範囲内で再配布やリミックスなどをすることができる（片野・石田［2017］, 36 頁）。なお，コミケを視察したレッシグは興味深い感想を残している。

　「著作権法で侵害にあたる同人誌というオリジナルの「派生作品」の見本市がなぜ大盛況で続いているのか，不思議に感じている。明らかに商業マンガ市場と競合しているにもかかわらず，その市場から同人誌市場を潰そうとする強い力は見られず，あっても長続きしていない。（中略）同人誌市場という「非合法」なイベントが著作権法を基に商業マンガ市場から排除されず，

　むしろ共存している姿の中に，レッシグは創作活動の自由な土壌と CC ライセンスの意義を見出しているのかもしれない。」（片野・石田［2017］, 37 頁）

４．初音ミクとピアプロ開設の経緯

　初音ミクの人気が高まるにつれ，著作権上のさまざまな問題を抱えることになった発売元のクリプトン社では，「ユーザーが参照した元作品に対する感謝の意を表す「ありがとうを伝える場」を用意することが n 次創作の問題を解消して「創作の連鎖」を持続的に発展させる最善策であると考え，創作投稿サイト「ピアプロ」の開設と，「ピアプロ・キャラクター・ライセンス（PCL）」の制定につながったという。ピアプロの「キャラクター利用のガイドライン」によれば，非営利かつ無償の場合に限って，PCL という利用許諾契約を用意した（片野・石田［2017］, 41 頁）

５．「文化の発展に寄与することを目的とする」

　著作権法は「著作者などの権利保護をはかり，もって文化の発展に寄与することを目的とする」のであるが，利用者と著作権との関わり方を具体化したものが「著作権使用料」ということになる。なぜ「著作権使用料」を支払うことが，前述の目的を達成することにつながるのだろうか。その理由は，著作物を創作した著作者に使用料を還元することによって，著作者の創作活動を支えることになり，その創作活動から生まれた著作物がまた社会に還元され，わたしたちは再びその恩恵に浴することができるからである。著作者にとっては創作活動へのインセンティブ，利用者にとっては創作活動の支援あるいは創作物への感謝の気持ちが著作権使用料であるという言い方もできるだろう。

　著作物を取り巻く環境は時々刻々と変化しており，それに対応すべく著作権法は年々強化され改訂されているが，文字中心の著作物の時代にできた著作権制度が，現在の利用者を取り巻く環境とは相容れず制度疲労を起こしているのではないか。著作権と日本文化に関する論考としては，山田［2002；2021］があるが，第 2 章で活写された日本の創作文化の現状をみると，著作者と利用者が Win-Win の関係になるような「文化の発展に寄与することを目的とする」新たなシステムの構築が求められているといえるのではないだろうか。

【参考文献】

片野浩一・石田実［2017］『コミュニティ・ジェネレーション：「初音ミク」とユーザー
　　生成コンテンツがつなぐネットワーク』千倉書房。

倉田喜弘［1981］『著作権史話』千人社。

千野直邦・尾中普子［1993］『著作権法の解説』一橋出版。

山田奨治［2002］『日本文化の模倣と創造：オリジナリティとは何か』角川書店。

──［2021］『著作権は文化を発展させるのか：人権と文化コモンズ』人文書院。

レッシグ，ローレンスほか著，クリエイティブ・コモンズ・ジャパン編［2005］『クリ
　　エイティブ・コモンズ：デジタル時代の知的財産権』NTT出版。

第3章

キャラクターへ共感する
コスプレイヤー

1．はじめに

　2016年3月，私はドイツのライプツィヒで開催されたコスプレイベント
を見学した。そこには，ドイツ人のコスプレイヤーが会場から溢れるほど集
まっていた。ナルトやワンピース，プリキュアなど，さまざまなキャラクター
のコスプレイヤーたちがいた。

　中でも印象深かったのは，野球マンガの主人公に扮した若い女性たちだっ
た。みな高校野球のユニフォームを着ていて，いかにも野球をやっていそう
なふるまいをしていた。ある女性は，左手に野球ボールを持っていて，投手
の投球フォームを再現していた。目が釘付けになったのは，その投球フォー
ムが本物の投手のようだったことである。ボールの握りはストレート，縫い
目に指先がかかっている。左手首が返り，肘が前に突き出ていて，いかにも
スナップがきいた伸びのある球を投げそうなのである。

　ドイツでは，野球はさほど普及していないので，投手の投球フォームを間
近に見た経験はないだろう。もちろん，YouTube などの動画サイトで，投
手の投球フォームを見ているかもしれない。しかし，それを見ただけで，あ
のようなリアリティのある投球フォームをできるのだろうか。

　それ以外のコスプレイヤーも，コスチュームが似ているだけでなく，動き

出所：イベント会場にて著者撮影。

出所：イベント会場にて著者撮影。

まで似ている。静止画のマンガの世界から飛び出してきたような感じであった。なぜ，コスプレイヤーたちは，キャラクターらしい動きをできるのだろうか。

　本章では，コスプレイヤーたちが，いかにもキャラクターらしく振舞うことができる理由を考察する。結論を先取りすると，コスプレイヤーたちは，キャラクターの視点を取得することにより，キャラクターに共感することができている。そうした心理的な状態が身体の動きにも影響を与えていると考えている。

　まずは，鍵概念である視点取得と共感について，理論の説明から始める。次に，それらの概念を使って，コスプレイヤーの行動を解釈していく。最後に，そうしたメカニズムについて考察を加える。

2．視点取得と共感

(1) 視点取得

　視点取得（パースペクティブ・テイキング）は，「自分が他者の立場にいると想像する認知的行為」と定義されている（Hoffman［1984］）。また，「優勢で自動的，自己中心的な視点を離れ，それとは別の視点から出来事，他者，自己を眺め理解する認識作用」という定義もある（平田［2006］）。いずれにしても，自分の視点ではなく，他者の視点で物事を見ることである。

①空間的視点取得と社会的視点取得

　視点取得の概念は，さまざまな観点から分類され，下位概念を持つ。まず，空間的視点取得と社会的視点取得（**図表3-1**）から説明しよう。例えば，友人とテーブルを挟んで向かい合っていたとする。テーブルには，赤いりんごが置いてあったとしよう。あなたには，赤いりんごの手前の面が見えている。では，友人には何が見えているだろうか。りんごの反対の面が見えているだろう。もし，手前の面には傷がなく瑞々しく，反対の面には傷があって歪で

図表 3-1　空間的視点取得と社会的視点取得

あれば，かなり異なったりんごを見ていることになる。同じものを見ていても，見る角度が変われば見え方が違う。こうした空間に関わる他者の視点を想像することを空間的視点取得という。

　もし，あなたが空腹だった場合，りんごをみて「食べたいなあ」と思うかもしれない。りんごを食物として見るだろう。しかし，友人がりんご農家で育った人だったら，同じりんごを見て，実家や両親を思い出しているかもしれない。同じものを見ても，そして同じ角度から見たとしても，人それぞれ異なる気持ちになる。友人はりんごをどう見ているのか，つまり他者の考えや気持ちを想像することを社会的視点取得と呼ぶ（渡部［2003］）。

②他者想像と自己想像

　視点取得は，その行為形態でも 2 種類に分類できる。それらは「他者想像（imagine-other）」と「自己想像（imagine-self）」である（**図表 3-2**）（平田［2006］）。この二つは，似ているようで，かなり違う。

　他者想像は，他者の視点そのものを想像する行為である。他者が何を見て，何を考えるのかを想像することである。他者は自分とは価値観が違うので，自分とは異なった見方をするだろうし，異なったことを考えるだろう。例えば，あなたがある部署に所属していて，従事している事業に関して，上司の視点取得をするとする。他者想像では，上司が今の事業環境をどう見ているか，そしてどんな対応を考えているかを想像する。あなたは，これまでの上司の言動を見てきているので，そうした情報を参考にして想像するだろう。居酒屋で「部長は現場がよく見えてないんだよなあ。また，作業員の能力が

図表 3-2　他者想像と自己想像

問題だって言うんじゃないかな」などと想像して愚痴を言うのは，他者想像の一例である。

　一方，自己想像は，自分と他者を置き換えて想像する行為である。他者の状況に自分を置いてみたときに，自分には何が見えるか，何を考えるかを想像することである。上の例で言えば，上司の立場に自分が立った場合，自分には今の事業環境がどう見えるか，そしてどんな対応を考えるかを想像する。自分と上司とは違う価値観を持っているので，おそらく，異なった対応をするだろう。「俺が部長の地位にあったら，管理者側を問題視するよ。管理手法の改善から始めるけどなあ」と言うとすれば，自己想像していることになる。

③視点移入と視点共存

　他者の視点取得をしていると，自己の視点に他者の視点が入り込んでしまうことがある。自己の視点と他者の視点の扱いに関しても二つの下位概念がある。それらは，「視点移入（import）」と「視点共存（symbiosis）」（図表 3-3）（平田 [2006]）である。

　視点移入とは，自己の視点に他者の視点を取り込んでしまう認知傾向である。自他の弁別をあまり意識することがなくなる状態である。1990 年代にケビン・コスナー主演の「ダンス・ウィズ・ウルブス」という映画があった。米国の南北戦争が舞台で，北軍の軍人がネイティブ・アメリカンのスー族と交流し，徐々に相互理解が深まり，最後はスー族の一員となって「狼と踊る男」という名前をもらうというストーリーだ。この映画では，白人の主人公

図表 3-3　視点移入と視点共存

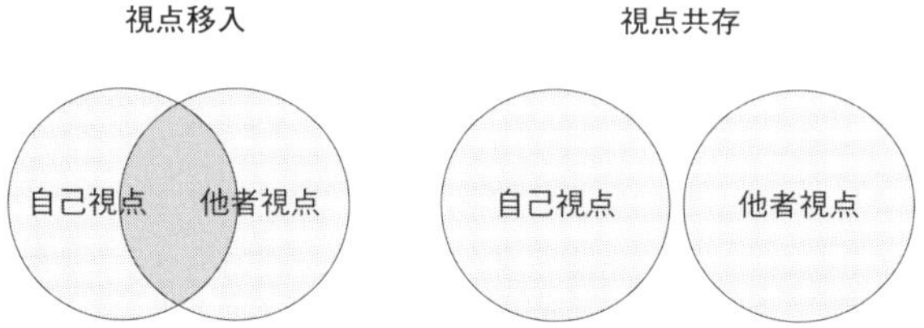

視点移入　　　　　　　　　　　　　視点共存

が，スー族の視点取得をしていくが，視点移入が強くなってしまい，白人の視点に戻れなくなってしまう。

　一方，視点共存は，自己の視点と他者の視点を弁別し，両方を考慮して物事を捉えようとする認知傾向である。他者の視点を取得するものの，自己の視点との差異を感じることができる。参与観察をする研究者は，研究対象となる社会に数か月から数年間滞在し，その社会メンバーの一員となって生活しながら，直接観察していくが，その社会メンバーの視点を取得しながら，同時に研究者としての視点を維持している。自己視点と他者視点との差異に新しい発見の芽があるのである。視点移入してしまうと，研究対象の社会の慣習に疑問を持つことがなくなり，研究成果も出にくい。

④視点取得能力の発達

　こうした視点取得の能力は，人間の成長とともに向上していく（安藤・新堂 ［2013］）。**図表 3-4** に示すように，3 歳から 5 歳ぐらいまでは，自分と他人との区分が未分化であるため，自分と他人が別であることはわかっていても，自分の好きなものは他人も好きだと思っている。自分がサッカーを好きなら，友達もサッカーが好きだと考えてしまう。自己想像はできても他者想像はできない状態と理解してもよいだろう。

　6 歳ぐらいになってくると，他人の行動から感情を想像できるようになる。他者想像ができるようになる段階と考えてよいだろう。他人が泣いていると悲しいのだろうと想像できる。ただし，涙と喜びは，彼らには結びつかないので，喜びの涙は理解できない（私の息子が 7 歳の頃の話だが，ある日，テレ

図表 3-4　視点取得能力の発達

レベル 0
・自己中心的段階（3 歳〜5 歳）
・自分と他人という区分が未分化

レベル 1
・主観的段階（6 歳〜7 歳）
・自分の視点と他者の視点を区別。表面的な行動から感情を予測

レベル 2
・二人称相応的段階（8 歳〜11 歳）
・他者の視点から自分の思考や行動について考えることができる

レベル 3
・三人称的段階（12 歳〜14 歳）
・第三者の視点を取ることができ，自分を客観的に見ることができる

レベル 4
・一般化された段階（15 歳〜18 歳）
・自分がいろんな社会的カテゴリーに属していることに気づく

ビで大相撲を見ていた。テレビ画面には御嶽海が 14 日目に栃煌山を破って優勝が決まり，喜びの涙を流していた姿が映っていた。それを見た息子は「誰がやった？栃煌山か？」と御嶽海を泣かせた犯人を捜していたので，「御嶽海はうれしくて泣いているんだよ」と説明したが，「なんで，うれしくて泣くの？」と不思議がっていた）。

　その後も成長するごとに向上していくが，個人差があり，大人になっても視点取得の能力の低い人もいる。

(2) 共感

　共感（エンパシー）の定義は，まだ定まっているとは言えないようである。細かく分類すると，8 種類の現象に対して共感という言葉を使っているという（Batson［2009］）。伝統的な定義では，「他者の経験について，ある個人が抱く反応を扱う 1 組の構成概念（Davis［1983］）」とし，認知的共感（他者の内面について，推測や想像をすること）と情動的共感（他者の感情状態を同じように経験すること）を包括した概念としている。現在は，認知的共感，情動的共感に加え，共感的配慮（他者が置かれた状況を何とかしてあげたいと望むこと）の三つの下位概念から構成されるとしている（**図表 3-5**）（Goleman［2013］）。

図表 3-5　共感の構成概念の関係

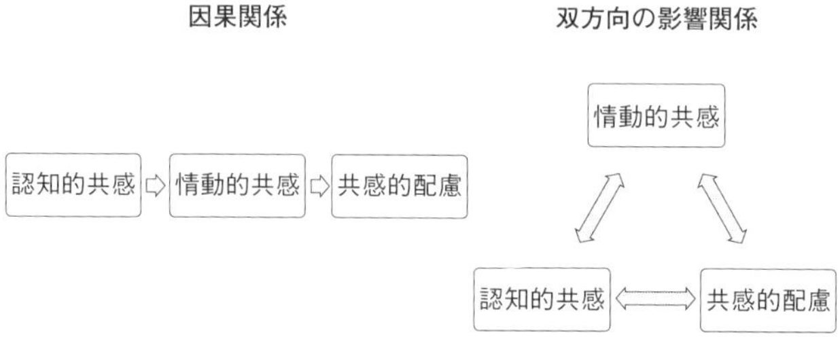

因果関係　　　　　　　　　　　　双方向の影響関係

認知的共感 ⇨ 情動的共感 ⇨ 共感的配慮

情動的共感

認知的共感 ⟺ 共感的配慮

　これらの三つの下位概念間の関係は，まだ解明されていない。三つが相互に影響を及ぼし合っているという説もあれば，認知的共感が情動的共感に影響を与え，情動的共感が共感的配慮に影響を与えるという因果を想定している説もある（Feshbach and Roe［1968］）。

(3) 視点取得と共感の関係

　では，視点取得と共感はどのように関係しているのだろうか。**図表 3-6**のように，視点取得は，共感に影響を与える先行要因と捉える考え方がある（葉山他［2008］）。この説に従えば，視点取得をすれば，共感できるということになる。視点取得のどの下位概念が，共感のどの下位概念へ影響を与えるのかは解明されてはいないが，おそらく他者想像が，情動的共感へ影響を与えるのだろう。俳優が泣くシーンで目薬もつけずに涙を流せるのは，いわゆる役作りのプロセスにおいて，役の視点から物語の世界を見ているので，泣くシーンに身を置くと，おのずと役と同じような感情を抱き，泣けるというわけである。

　一方，視点取得は，共感の構成要素という考え方もある。共感の尺度として使われている対人反応指数（IRI）は，視点取得，ファンタジー（小説，映画などの架空の世界の人と同一視する傾向），共感的関心（他者に対して同情や配慮をする傾向），個人的苦痛（援助が必要な場面で動揺する傾向）の四つの要素で形成されている。

　視点取得と共感の関係についての二つの考え方は，今も併存しているが，

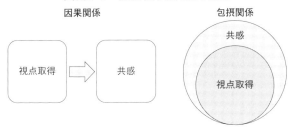

図表 3-6　視点取得と共感の関係

因果関係を前提としている研究が多いようである。ここでも，視点取得は，共感の先行要因として論を進める。

3．コスプレイヤーの視点取得と共感

　前節では，視点取得と共感という概念を説明してきた。これらの概念を使って，コスプレイヤーの行動と心理を解釈していこう。

(1) 準備段階

　まず，コスプレイベントへの準備段階では，コスプレイヤーにどのようなことが起きているのか考えてみよう。

　コスプレを実施する動機はさまざまだろう。コスプレのイベントに参加するためかもしれない。また，単に写真を撮るためだけかもしれない。それも自らが主導しているかもしれないし，友達から誘われたのかもしれない。いずれの場合も，扮するキャラクターを決め，コスチュームを用意する。改めてキャラクターのコスチュームがどのようになっているのかを観察することになる。自分で作る場合は，マンガと手元のコスチュームとを見比べる作業が何度も行われるだろう。

　コスチュームができれば，試着する。鏡に自分を映し，キャラクターにどれだけ似ているかを確認するだろう。鏡に映っているのは，他者から見た（自分が扮する）キャラクターである。この他者とは，イベントの聴衆やコスプレをともに行う友人（「第三者」としておこう）であり，それら第三者の空間

的視点取得をしているのである。まだ，キャラクターの空間的視点取得をしているわけではない。むしろ，キャラクターを客観的に見ている段階である。

　しかし，鏡の前では，棒立ちした自分を映すのではなく，キャラクターがよくするポーズを真似してみるだろう。セリフも一緒に発するかもしれない。おそらく，物語のあるシーンを思い出しながら，セリフを発しているだろう。そうした身体の動きをすることによって，そのキャラクターの気持ちを理解し，情動が沸き上がっているのではないだろうか。共感の域まで進んでいくと思われる。

　最初の試着以降も，コスプレ当日まで，もっとキャラクターらしく見えるようにコスプレを追求していくであろう。それは，単に外見だけではなく，キャラクターが物語の中でどんな存在なのか，どう振る舞うべきなのか，といったことにまで考えが及んでいくだろう。キャラクターの気持ちになったり，それを鏡で見たりして，キャラクターの視点と第三者の視点とを，行ったり来たりしている。つまり，視点共存状態となっていると解釈できる。視点共存は，自分の視点と他者の視点とが共存する状態だが，ここでは，キャラクターの視点と第三者の視点の共存となっている。つまり，コスプレイヤーは，自分の視点，キャラクターの視点，第三者の視点という，三つの視点を瞬時に移動していることになる。

(2) 表現段階

　コスプレのイベントに参加する場合，自分ひとりで参加することもあるが，友達と一緒に一つの物語に出てくる複数のキャラクターに扮してチーム参加することが多い。そうした場合，同じ物語の他のキャラクターとセリフのやりとりをしたり，一緒にポーズを取ったりとインタラクションが起きる。この時，自分の扮しているキャラクターから見た友達の扮するキャラクターの見え方を取得することになる。マンガでは描かれていない角度から友達の扮するキャラクターを見て，「こういう風に見えるんだ」と思ったりもするだろう。空間的視点取得をしている。また，セリフのやり取りをすると，「こんな気持ちになるんだな」と社会的視点取得もしているだろう。複数のキャ

ラクターとのやり取りを重ねれば，自分の扮しているキャラクターから見た物語全体の世界観を感じることになる。キャラクターの視点取得が強化されているのである。

　さらに，他のキャラクターとのやり取りの中で，マンガにはない，自分が想定していなかったシーンでのやり取りをすることもあるだろう。その時は，自分が扮するキャラクターは「こんなことを言うんじゃないかな」とか「こんな動きをするんじゃないかな」と想像して，即興でセリフを発したり動いたりすることになる。即興で自分が行ったことなのだが，改めて「このキャラクターは，こんなことを言うんだな」とか，「こういう動きをするんだな」と，自分の言動を事後に振り返って再認識する。

　こうした他者想像に加え，自己想像をするかもしれない。すなわち，もし自分が同じ状況に置かれたら，どういう言動をするだろうと考えるのである。扮するキャラクターと同じような言動をすると思う場合は，似た価値観を持っていると感じるだろう。すでに，視点移入が起きていると解釈することもできる。おそらく，自分とキャラクターが一体化した感覚が生まれ，キャラクターや物語への関与がより強くなっていくだろう。

　逆に，自分は異なる言動をすると考えたとしたら，その差によって，扮するキャラクターとの価値観の差を理解することができるだろう。「もし自分だったら，こんな言動はしないなあ」と感じたならば，それが二次創作のきっかけになるかもしれない。

　コスプレイヤーは，毎回，同じキャラクターに扮することもあるが，別のキャラクターに扮することもある。別のキャラクターに扮すれば，別のキャラクターの視点から作品を見ることになる。作品内のいろいろなキャラクターへ共感することにより，多面的に物語を理解していくことになる。

4．考察

　コスプレイヤーが，なぜキャラクターのような動きができるのかについて，視点取得と共感の概念を使って解釈してきた。

　コスプレイヤーは，あたかも俳優が与えられた役を演じるように，キャラクターになっていく。実は，コスプレイヤーは，俳優の役作りと似たプロセスを辿っているのかもしれない。俳優の役作りの基盤の一つとなっているのが，スタニスラフスキーの演技システムである。コンスタンチン・スタニスラフスキー（1863～1938）は，ロシアの俳優兼演出家で，独裁的な演出をするのではなく，俳優たちとテーブルを囲んで討論していく中で演劇を作っていった。**図表 3-7** は，彼が俳優に投げかけた九つの質問である。これらは，俳優が役になりきるために理解しておくべき情報である。これらは必ずしも台本に書いてあるわけではない。行間を読んでイメージしていくのである。台本を読むだけでなく，役が生きた場所を訪れたり，役が使ったであろう道具を触ったりして，イメージを明確にしていく。第一の質問の「私は誰」も，単に名前や肩書を答えるのではなく，どこで生まれ，どんな人生を送ってきたのか，だれにどんな影響を受けてきたのかといった問いに答えていく。こうした準備をすると，俳優はよりリアリティのある演技ができるようになり，即興での対応も可能になる。たとえ相手役がセリフを間違えたとしても，その状況に合った台本にはない受け答えをできるようになる。

　「演劇は，共感のプロスポーツ」と呼ばれる（Zaki［2019］）ように，俳優は役へ共感しなければリアリティのある演技はできない。すなわち，役作りのプロセスは，役への共感のプロセスでもある。コスプレイヤーのコスプレのプロセスが，俳優の役作りに似ているならば，それは程度の差こそあれ共感プロセスと言っていいのではないだろうか。

図表 3-7　スタニスラフスキーの九つの質問

1.　Who I am?　　私は誰か
2.　Where am I?　　どこ
3.　When is it?　　いつ
4.　What do I want?/action　　何がしたいか
5.　Why do I want it?　　なぜそうしたいか
6.　How do I get it?　　どのように達成するか
7.　What is in my way?　　邪魔しているものは何か
8.　Why do I want it now?　　なぜ今か
9.　What will happen, if I don't get it?　　もし目的が達成されないと，どうなるか

5. むすびにかえて

　今回は，これまでに実施した調査（コスプレイベントの視察，イベント主催者へのインタビュー，イベント参加者へのインタビューなど），特に2016年8月20日に実施した中国人コスプレイヤーへのデプスインタビューで得た情報をもとに，視点取得と共感の観点から演繹的な推論を行ったものである。定量的な検証をしているわけではないし，定性的な研究方法に則って見出した命題というほどのものでもない。

　しかしながら，コスプレイヤーの心理と行動を視点取得と共感の概念を用いて解釈する試みは，これまでなかったという点で，多少の学術的貢献はあるだろう。今後，精緻な研究方法を用いた，視点取得と共感でコスプレイヤーに迫る研究を期待している。

【参考文献】

安藤有美・新堂研一［2013］「非行少年における視点取得能力向上プログラムの介入効果」『教育心理学研究』第61巻第2号，181-192頁。

葉山大地・植村みゆき・萩原俊彦［2008］「共感性プロセス尺度作成の試み」『筑波大学心理学研究』第36号，39-48頁。

平田万理子［2006］「パースペクティブ・テイキングのありようが自己差異性の知覚に及ぼす影響―PT尺度との関連から」『昭和女子大学生活心理研究所紀要』第9巻，39-52頁。

渡部雅之［2003］「空間的視点取得能力に関する発達心理学的研究」学位論文, 大阪大学。

Batson, C. D.［2009］"These Things Called Empathy: Eight Related but Distinct Phenomena," In Decety, J. and W. Ickes (Eds.), *The Social Neuroscience of Empathy* (pp. 3-15), MIT Press.

Davis, M. H.［1983］"Measuring Individual Differences in Empathy: Evidence for a Multidimensional Approach," *Journal of Personality and Social Psychology*, Vol. 44, No. 1, pp. 113-126.

Feshbach, N. D. and K. Roe［1968］"Empathy in Six-and Seven-years-olds," *Child Development*, Vol. 39, No. 1 (Mar., 1968), pp. 133-145.

Goleman, D.［2013］"The Focused Leader," Harvard Business Review, December.

Hoffman, M. L.［1984］Interaction of affect and cognition in empathy, In Izard, C. E., J.

Kagan, and R. B. Zajonc（Eds）, *Emotions, Cognition, and Behavior*, Cambridge University Press.

Zaki, Jamil［2019］"The War for Kindness: Building empathy in an fractured world," Broad Way Books.（上原裕美子訳『スタンフォード大学の共感の授業：人生を変える「思いやる力」の研究』ダイヤモンド社，2021 年）

第2部

JPC の展開戦略

——いかに世界の文化となり，
マーケティング戦略を革新するか？——

第4章

JPC の世界での展開
──JPCE の発展プロセス──

はじめに

　本章では，JPC の海外展開に重要な役割を果たしていると考えられるジャパニーズ・ポップカルチャー・イベント（JPCE）に注目する。近年，JPCE が世界中で開催され，開催数，来場者数ともに増加傾向にある。ジャパニーズ・ポップカルチャーの中でもマンガやアニメは世界中の若者を惹きつけるコンテンツであり，日本政府も「クールジャパン戦略」の下で JPCE を通じて積極的に支援を行ってきた。一方で，JPCE の主催者の視点からの JPCE を発展させるためのマーケティングについては，十分な議論がされているとは言い難い。そこで本章では，ジャパニーズ・ポップカルチャーに関連する消費者行動分析を基に，JPCE 発展のためのマーケティング戦略の指針となる枠組みを提起していく。

1．ジャパニーズ・ポップカルチャー・イベントに関する研究課題

(1) ジャパニーズ・ポップカルチャーとは

①ポップカルチャーとは

　近年，マンガやアニメに代表されるジャパニーズ・ポップカルチャー（以下，JPC）は，世界中の若者の間で人気を集めている。ポップカルチャーは「大衆」が気軽に楽しめるエンターテイメントである。大衆が気軽に楽しむ上では，主として直感的・感情的に楽しめることが重要であるため，ポップカルチャーは，初めて楽しむのに必要な事前知識の程度の低いエンターテイメントとして捉えることができる。一方，エンターテイメントの中には知識の蓄積をもって，すなわち認知的に楽しむことができる側面をもつものもある。エンターテイメントを認知的に楽しむためには，消費者が事前にある程度の基礎知識を身に付けていることが重要である。マンガやアニメなどのポップカルチャーは，もちろん事前知識をもって認知的に楽しめる側面も有しているが，主としてその楽しみ方は直感的であり，情緒的である。このように，程度の問題ではあるが，必要とされる事前知識の程度という観点からポップカルチャーを規定することで，事前知識をあまり有していない若者を中心として，世界中の消費者が気軽に楽しめるエンターテイメントとしてポップカルチャーを捉えることができる。

②ジャパニーズ・ポップカルチャーとは

　外務省は，日本のマンガ（漫画），アニメ，映画，ゲーム，ライトノベル，ポピュラー音楽，テレビなど，日本で生産されるポップカルチャー，すなわちジャパニーズ・ポップカルチャー（JPC）を「訴求力が高く，等身大の現代日本を伝えるもの」と定義しているが，本章では「等身大の現代日本」がどのようなプロセスを経て表現されているかに注目したい。先述したように，

ポップカルチャーは事前知識をあまり必要とせずに直感的・情緒的に楽しむことが可能である。ただ，直感的または情緒的に消費者を惹きつけるエンターテイメントを生産することは，簡単なことではない。なぜならば，直感的・情緒的に人を惹きつけるものを生産するためには，暗黙的な要素が必要だからである。その点，第1章でも議論されたように，日本のポップカルチャー産業には，長年の歴史の中で培われたこの暗黙的要素を盛り込んで作品を作るノウハウが蓄積されている。

　例えば，JPCコンテンツの生産者は，消費者が感情移入しやすいキャラクターのパーソナリティの設定やストーリー展開などに関するノウハウを有している。さらに，日本のポップカルチャー産業には，毎年発表される作品数は膨大で，週刊誌を中心とした，作品の人気度を反映した販売システムなど，極めて激しい競争環境がある。こうした生産システムと競争環境で生き残った作品は，日本の消費者はもちろんのこと，世界中の消費者をも惹きつけるのに足る魅力を持ち合わせている。そこで，本章ではJPCを「現代日本のポップカルチャー産業における独自の生産プロセスによって生み出されたポップカルチャー」と定義する。

(2) ジャパニーズ・ポップカルチャー・イベントに関する研究課題

　こうしたJPCをコンテンツとして開催されるイベントが，本章で注目するジャパニーズ・ポップカルチャー・イベント（以下，JPCE）である。新型コロナウイルス感染症拡大前ではあるが，近年，世界中でJPCEの数とその来場者数が増加傾向にある（序章**図表0-1**を参照）。JPCEは，とりわけJPCを好む海外の消費者にとっては，作品に関する知識を得たり，作品をより身近に感じたりするための貴重な機会であるとともに，JPCに関わる産業にとっては，長期的には市場を海外に拡大するための重要な拠点になり，短期的には会場でのグッズ販売による売上が期待できる販路となる。

　しかし，JPCEの重要性が認識されてはいるものの，JPCEの主催者の視点からのマーケティングを論じた研究は十分ではない。JPCEとは展示会の一

種であることから，展示会に関わる文献に目を通してみる。展示会とは，経済産業省によれば，商品・サービス・情報などを展示，宣伝するためのイベントであると定義されている（経済産業省［2014］，6頁）。展示会に関わるプレイヤーは，主催者・出展者・来場者の三者に分けられ，展示会は，出展者にとっては主に販路開拓やマーケティングの場としての意義があり，来場者にとっては一度にさまざまな出展者の情報や商品を横断的に比較できることによって，必要な情報を効率よく収集するための場としての意義がある。出展者と来場者の利害が一致し，多くの出展者と来場を集めることができれば，主催者は出展料と参加料から利益を手にすることができる。

　展示会に関わる文献は，大きく三つに分けることができる。一つ目は展示会レポートと呼ばれる展示会終了後の報告書で，二つ目は，展示会が地域活性化に与える効果に関する研究で，三つ目は出展者がマーケティング手段として展示会を活用するための方法や，ブースの集客力が高めるための方法に関する論文や書籍である。まず，展示会終了後の報告書は，来場者と出展者を対象としたアンケート調査の結果が主であるため，本章では検討しない。二つ目の，地域活性化への効果に関する研究については，決して多くはないが，主として，展示会の魅力やメリットを強調しつつ，例を挙げ，世界レベルの展示会会場の整備と人材育成の両面が必要不可欠であることが示唆されている。例えば，白石［2010］によると，海外では，地方都市において展示会産業が成功しているケースが数多くみられ，特徴あるハードの整備と，魅力ある展示会をプロデュースできる人材を育成することにより，地域活性化を図ることができると提言している。

　三つ目の，展示会をマーケティング手段として活用することに関する文献は，さらに二種類に分けられる。まず一つは，出展の計画決定から実施までの実際の手続きに関する記述である。例えば，寺澤ら［2006］は，出展決定に必要なプロセスとして，参加への動機づけをはじめ，参加目的の決定，参加のタイミング，展示会の選択などの段階があることを識別した。もう一つはブースを単位として展示会をどのように活用して企業の出展目的を達成できるかということに関する記述である。例えば，清水［2017］は，集客

力の高いブースのデザインとはどのような装飾をしているか，あるいは，来場者とどのようにコミュニケーションをとるべきかに関して記述している。

　展示会のマーケティングに関するこれまでの文献は，主として出展者からの実務的な記述に留まることが多く，主催者の立場から見た記述もまた，展示会報告書にみられる程度である。したがって，主催者の視点から，マーケティング戦略を論じる研究が十分ではないことが基本的な研究課題と考え，本章では，以下の三つのリサーチ・クエスチョン（RQ）を設定する。

　　RQ1：JPCE の形成・発展プロセスにはいかなるタイプがあるのか。
　　RQ2：JPCE の形成・発展プロセスはいかなる条件の下でタイプ分けされるのか。
　　RQ3：JPCE の主催者はいかなる戦略を採用して発展させるべきか。

2．JPCE 発展プロセスの分析フレームワークと分析手順

(1) マーケティング・マネジメントの戦略性

　前節で設定されたリサーチ・クエスチョンに取り組むために，本章では，JPCE の形成・発展のタイプを，「各 JPCE がターゲットとする複数の消費者群の構成における時系列的なパターン」とする分析視角から捉えることとする。田嶋［2016］が指摘した消費者行動研究における集計化の問題に基づけば，JPCE の発展パターンの識別にあたっては，まず JPCE が実施するマーケティング手段に対する消費者の反応パターンの問題，次に JPCE に参加する消費者の分類の問題，そして JPCE がターゲットとする消費者群の構成の問題の三つの問題を一貫して検討することが重要である。そこで，**図表 4-1**に示されるように，消費者行動研究とマーケティング・マネジメントとの関係に関する考察を基に，本章の分析手順を説明していく。

　図表 4-1 の左側に示されるのは，マーケティング・マネジメントにおけ

る三つの階層である。まず，企業が策定するマーケティングには「戦略性」の程度において，大きく三つの階層に分けることができる。上部に位置する，より戦略的なマーケティング意思決定が，「企業・事業課題の抽出」である。とりわけ事業部レベル，さらに全社レベルで行われる場合を想定するという意味で，この層のマーケティング課題はより戦略的である。具体的には，外部環境の変化に対して，事業の再定義，新規事業の開発，事業間でのダイナミックな資源配分といったレベルでのマーケティング施策が想定される。

　次に，戦略性が中程度の「STP の決定」である。STP とは，セグメンテーション（Segmentation：市場細分化），ターゲティング（Targeting：ターゲット設定），ポジショニング（Positioning：ターゲットに期待する製品に対する知覚）のことであり，後述する「マーケティング・ミックス」を規定する重要なマーケティング意思決定である。STP の決定は，「マーケティング・ミックス」を規定するという意味では戦略的ではあるが，意思決定が市場・製品・ブランド単位ごとに行われるという意味では，先述した「企業・事業課題の抽出」よりは「戦略性」の程度は相対的に低い。例えば，顧客の多様化という外部環境の変化に対して，特定の製品に関するセグメンテーションの促進が考慮され，より細部化されたセグメントに対するマーケティング・ミックスが新たに考慮される。また，新たな小売業態が登場した場合には，新たなチャネルとなりうるこの小売業態を買い物場所として選好する消費者をターゲットにしたマーケティング・ミックスの再構築が検討される。さらには，新たな競合の登場に対して差別化もしくは同質化を行う場合には，ポジショニングの変更とそれに伴うマーケティング・ミックスの変更が模索される。

　最後に，「マーケティング・ミックスの策定」である。マーケティング・ミックスは，上述した STP を基に策定される具体的なアクション・プランであり，その手段である製品政策，プロモーション政策，流通政策，価格政策の四つを効果的に組み合わせる意思決定である。例えば，消費者にとって馴染みのない新製品のマーケティング・ミックスでは，テレビ広告よりも，対面販売が可能な販路を通じて，店員による説明や推奨を重視した施策が考慮される。

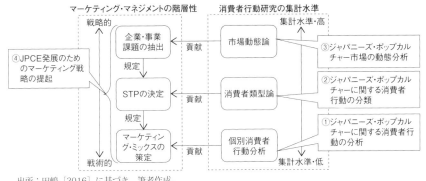

図表 4-1　JPCE 発展プロセスの分析手順

出所：田嶋［2016］に基づき，筆者作成。

(2) JPCE 発展プロセスの分析フレームワークと分析手順

　上述した各階層のマーケティング施策に貢献するのが，**図表 4-1** の右側に示される，集計水準の程度によって分類された消費者行動研究の各タイプである。まず，主として「マーケティング・ミックスの策定」に貢献しうるのが「個別消費者行動分析」と呼ばれる研究のタイプである。「個別消費者行動分析」とは，1 人の消費者の心理や行動プロセスを研究対象とするものであり，マーケティング・ミックス諸手段として消費者にインプットされる外部情報を消費者がどのように処理し，そしてアウトプットとしていかなる反応を示すのかを分析するものである。Howard-Sheth モデル，Bettman モデルや消費者情報処理モデルに代表される消費者のブランド選択行動モデル，消費者関与，消費者知識といった個人差を説明する構成概念に関する研究などもこの分類に入る。例えば，広告や価格変動への反応モデルなどに基づき，各マーケティング手段に対して個々の消費者がどのような反応を示すのかを事前に見通しを立てておくことができれば，効果的なマーケティング手段を策定することができる。

　次に，「STP の決定」に貢献しうるのが，「消費者類型論」と呼ばれる研究のタイプである。「消費者類型論」とは，消費者間・消費者内の異質性と消

費者の分類に焦点を当てたものであり，マーケティング諸手段に対して同質的な反応を示す消費者のグループをいかに切り取るかという点において，前述の「個別消費者行動分析」より集計水準が高くなる。この集計水準における消費者行動研究としては，商品分類研究，市場細分化研究，アサエル（Assael）［1987］による消費者類型，ペティ＆カシオッポ（Petty and Cacioppo）［1986］による精緻化見込みモデルなどが代表的である。市場細分化は消費者ニーズの異質性に注目するものであるが，どの程度の異質性に対応するのかは，マーケティング手段に対する反応の同質性が重要となる。必ずしも消費者の異質性に基づいて際限なく細分化すればよいというわけではなく，ニーズが異なる消費者であっても，特定のマーケティング手段に対して同質的な反応を示すのであれば，同じセグメントとして分類して良いはずである。したがって，市場細分化においては，ニーズの異質性による分類は大前提として，マーケティング諸手段に対する反応の同質性を考慮した「消費者類型論」が，この「STP の決定」に大きな役割を果たすであろう。

　最後に，「企業・事業課題の抽出」に貢献しうる消費者行動研究が「市場動態論」と呼ばれる研究のタイプである。「市場動態論」は，さまざまな消費者群が統合されてより大きな市場を形成していく動態的なプロセスに焦点を当てたものであり，類型化された消費者群をいかに連結するかという点で，前述の「消費者類型論」よりも集計水準はさらに高くなる。代表的な研究事例は Rogers の普及理論である。普及理論は，その名の通り，主たる関心の対象が「普及」というマクロ的現象であるため，本質的に分析対象の集計水準は高い。また，「企業・事業課題の抽出」は，製品・ブランドレベルとは異なり，より上位の企業全体または事業部レベルで行われるため，必然的にその課題認識にあたっては，より長期的な視点が必要となり，市場に対する認識も，マクロ的で長期的な変動を見据えたものになる。例えば，アンゾフ（Ansoff）の製品・市場マトリクスで示されるような新規事業の立ち上げを検討する際には，その事業を安定的に成長させていくための長期的な見通しを事前に立てておくことが必要であり，消費者行動に対する認識の仕方もより長期的でマクロ的になるはずである。市場全体が拡大傾向にあるのか，成熟

化傾向にあるのか，縮小傾向にあるのか，それとも市場内の消費者の構成に
何かしらの変化が生じているのか，既存製品に対する意味づけが変化してい
るのかなど，市場の動態に対する適切な認識が「企業・事業課題の抽出」の
認識に大きな役割を果たすと考えることができる。

　以上で説明した分析フレームワークに基づき，**図表 4-1** の吹き出しに示
されるように，JPCE 発展プロセスの分析に当たっては，まずは① JPCE 参
加者の個別消費者行動分析，② JPCE 参加者の類型化，③ JPCE 市場の動態
分析の三つの手順に従って JPCE 参加者の消費者行動分析を行い，次に④
JPCE 発展のためのマーケティング戦略の提起を行う。

3．JPCE 参加者の消費者行動分析

(1) JPCE 参加者の個別消費者行動分析

　JPC の消費者たる JPCE 参加者（来場者）の個別消費者行動分析にあたっ
ては，消費者行動研究の重要な知見である関与概念に注目し，JPCE 参加者
の行動を説明する。関与とは，一般的には，対象に対する消費者の重要性の
程度を表す。ピーター＆オルソン（Peter and Olson）［2010］(p. 77) によれば，
関与の高さは，関与の対象に関する知識と，自身の価値観としての自己知識
とのリンクとして表すことができる。消費者の記憶の中で，対象に関する知
識と，価値観などの自己に関する知識が結びつく構造，すなわち対象に対す
る強い自己関連性を有している場合に関与が高いと捉える。関与が高まるこ
とで情報探索意欲が増したり，情報探索にかけるコスト（時間，費用，労力
など）を厭わなかったり，対象に対して執着する度合いは高まったりすると
考えられている。したがって，関与の対象が JPC の作品である場合には，
作品に対する消費者の情報探索意欲は高く，結果として，JPCE への参加意
欲も高くなり，さらに関与が高まれば，より遠方の JPCE へ出向する傾向に
あると考えられる。

　JPCE 参加者の行動特性を説明するもう一つの概念として，関与の「活性

化状態」に注目する。堀田［2017］は，関与概念を「構造」と「活性化状態」に分けることの重要性を主張し，前述のピーター＆オルソンが依拠するような「構造」としての関与水準が高くても，活性化されていない状態が存在することを明示した。本章でも，関与を構造と活性化状態に分けることで，JPCE 参加者の多様な行動を説明できると考える。活性化状態とは，構造としての関与が行動の動機づけとなっている状態のことであり，この状態の継続性の程度において，作品への関与が高い人の行動は異なると考えられる。

　作品への関わり方は消費者によってさまざまである。テレビや単行本などで作品を視聴するだけの人もいれば，映画版を視聴したり，DVD を購入して好きな時間に好きなだけ視聴したりする人もいる。さらに，グッズを部屋に飾ったり，普段使用しているバッグにキーホルダーなどを取り付けたり，コスプレをしてキャラクターになりきってみたり（コスプレに関する詳細は第 3 章を参照のこと），またはアニメ聖地巡礼と呼ばれる作品の舞台となった場所に出かけたりする（アニメ聖地巡礼に関する詳細は第 7 章を参照のこと）。特に，作品を視聴する時間だけでは満足できないほど日常的に作品やキャラクターと関わりたいと思っている消費者は，関与の活性化状態が継続的であることから，その行動特性として，上述したさまざまな方法で作品と関わろうとする強い動機づけが生起すると考えられる。

⑵ JPCE 参加者の類型化

　構造としての関与と，関与の活性化状態の継続性に基づき，JPCE 参加者を三つのタイプに分類することが可能である。まず，構造としての関与の程度と活性化状態の継続性の程度がともに低い消費者である（**図表 4-2** セル 1）。この消費者群は，作品や，キャラクターなどに対して興味は持ちつつも，自己の価値観と結びつくほど重要なものだとは考えておらず，活性化状態も一時的であるため，積極的な情報探索を行ったり，わざわざ遠方のイベントにまで出向したりすることはない。日常的に作品に関わりたいという動機も弱く，基本的に作品を自宅で視聴する時間のみ楽しみたいと考える消費者群である。

　次に，構造としての関与の程度が高く，活性化状態の継続性の程度が低い消費者である（**図表4-2** セル2）。この消費者群は，作品やその要素に対して強い自己関連性を有しているため，積極的な情報探索を行ったり，遠方で開催されるイベントにも積極的に参加したりする。一方，関与の活性化状態は一時的であるため，基本的に作品の視聴や，作品への短期的な関わりで満足でき，作品と日常的に関わることができる製品やサービスへの消費意欲は低いと考えられる。

　最後に，構造としての関与の程度と，活性化状態の継続性の程度がともに高い消費者群である（**図表4-2** セル3）。セル2の消費者群同様，遠方で開催されるイベントにも積極的に参加する動機はあるが，一方で，関与の活性化状態は継続的であるため，日常的に作品に関わろうとする動機は強く，作品の視聴だけでなく，二次創作物なども含めて，さまざまな関連製品への購買・消費意欲は強い。参加するJPCEのタイプも多様で，コスプレ・イベントや，コミックマーケットなどの二次創作物を主としたイベントへの参加意欲も高いと考えられる。

図表4-2　JPCに関する消費者行動の類型化

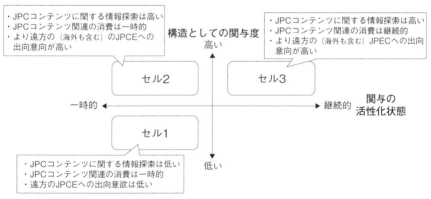

出所：筆者作成。

⑶ JPCE 市場の動態分析

　次に，田嶋 [2016] で示した市場動態論の 3 パターンに基づき，上記で類型化した，セル 1 からセル 3 までの消費者群を連結するための三つのモデルを提起する（**図表 4-3** 参照）。

　一つ目は，JPCE の参加者数を拡大させていく際のモデルであり，これを「市場形成モデル」と呼び，市場拡大がマーケティング課題である際に依拠し，新たな消費者を取り込むことによる発展を説明するモデルである。JPCE では，主要なターゲットであるセル 2 の消費者を起点として，セル 1 の消費者への市場拡大が一つの課題となる。ただ，セル 1 の消費者は関与が低いため，JPCE が開催されるような首都圏に在住でもしていない限り，JPCE への参加意欲は低い。そのため，JPCE の主催者としては，セル 1 の消費者の距離抵抗に応じた複数都市開催という方法が考えられる。実際にドイツのCOMIC CON は，首都ベルリンだけでなく，ドルトムント，ミュンヘン，フランクフルトで開催され，セル 1 のような消費者を取り込むことが可能である。また，セル 2 の消費者を深耕することによる市場拡大も重要であり，

図表 4-3　市場動態の三つのモデル

	市場形成モデル	市場変容モデル	市場連結モデル
モデル図	消費者群C ＋ 消費者群B ＋ 消費者群A　時間	消費者群Aの特性A1 → 消費者群Aの特性A2 → 消費者群Aの特性A3　時間	消費者群C 特性C1 / 消費者群B 特性B3 → 消費者群B 特性C1 ／ 消費者群A 特性A3 → 消費者群A 特性B3 → 消費者群A 特性C1　時間
説明モデルとして	・市場の動態を，新たな特性をもった消費者群の流入によって説明　例）スマートフォンの採用 ・市場形成期（採用行動）	・市場の動態を，特定の消費者群の時系列的変化によって説明　例）スマートフォンの機種変更 ・市場成熟期（継続購買）	・市場の動態を，製品の意味変容によって説明　例）スマートフォンによるコンパクトデジカメ市場，携帯音楽プレーヤー市場，カーナビゲーション市場の取り込み ・新たな市場の連結による市場（再）拡大期（意味変容）
戦略提案枠組みとして	新たな消費者を取り込むことによる市場維持・拡大	既存消費者の時系列的変化への対応による市場維持・市場拡大	企業主導で既存製品の意味変容を起こすことによる新たな需要の創造

出所：田嶋 [2016] を基に筆者作成。

イベントで扱う作品の数を増やすなど，参加者が気軽に楽しめる出展者を追加していくことが必要である。実際に，毎年フランス・パリで開催される Japan Expo では，年を追うごとに出展者の数は増え，出展者の他に，日本料理や日本の武道などを紹介するスペースが設けられたりしている。

　二つ目のモデルは，JPCE の参加者のリピートを促す際のモデルであり，これを「市場変容モデル」と呼び，既存の参加者の変容に対応したり，変容を促したりすることによる市場維持を説明するものある。JPCE においては，主要ターゲットであるセル 2 の消費者による再来訪を促すことにより JPCE の維持またはさらなる発展を目指すことができる。市場変容モデルの下では，消費者特性の変化に注目する。すなわち，セル 2 の消費者の関与度をさらに上げる取り組みが主となる。施策としては，セル 2 の消費者の関与度をさらに上げるべく，テナントの数というより，質に注目する。具体的には，マンガ家の招聘やマンガの描き方教室など，ある程度関与度の高いセル 2 の消費者の興味をさらに掻き立てるようなマニアックな企画が重要である。

　三つ目のモデルは，新たな市場との連結によって市場をさらに拡大させていく際のモデルであり，これを「市場連結モデル」と呼び，意味変容を起こすことによって新たな需要の創造するものである。結果として市場が拡大するという意味では，一つ目の「市場形成モデル」と共通する点があるが，新たな価値を付加することによって異質な需要を取り込むという点では大きく異なる。JPCE においては，関与度が高く，関与の活性化状態が長期的なセル 3 の消費者を新たに取り込むことにより，踊り場を迎えつつある JPCE を再活性化させる効果がある。

　「市場形成モデル」と「市場変容モデル」によって，セル 1 やセル 2 の消費者の取り込みや維持は可能ではあるが，市場サイズの限界や飽きによる参加者の離脱が要因となり，JPCE の参加者は頭打ちになる傾向がある。毎年パリで開催されている Japan Expo では，1999 年の初開催の参加者数 3,200 人から順調に参加者数を伸ばし，2015 年の第 16 回開催には約 24 万 7 千人を動員するまでとなった（Japan Expo ホームページ）。しかし，これ以降，参加者数は約 25 万人で横ばい状態が続いている。このような状況を打開す

る可能性があるのが，セル 3 の消費者の取り込みである。先述したように，セル 3 の消費者は日常の中で継続的に作品に関わろうとする動機が強く，その行動は，作品の視聴のみならず，グッズ購入，二次創作物の購入，ライブへの参加，コスプレ，他のファンとの交流など，非常に多様である。したがって，継続的に作品と関わろうとするセル 3 の消費者を取り込むためには，従来の JPCE が提供してきた価値とは異なるものを提供する必要があり，その鍵となるのが，売手からの一方的な価値提供ではなく，参加者をも巻き込んだ価値の創造であろう。具体的には，コスプレによる参加，消費者による二次創作物の展示や販売，他の消費者とのコミュニケーションなどのための場を設けることで，JPCE への継続的な参加意欲を生起させる取り組みである。

　実際に，毎年日本で開催される同人誌即売会イベント，コミックマーケットの参加者数は，第 1 回（1975 年）の 700 人（推定）から増え続け，年 2 回開催となってもなお，第 91 回（2019 年 8 月）は 73 万人，第 92 回（同 12 月）は 75 万人を動員している（コミックマーケット　ホームページより）が，このイベントで行われていることは，二次創作物の展示・販売，コスプレ・イベント，消費者でもある二次創作物販売者とのコミュニケーションである

図表 4-4　JPC 市場の動態分析

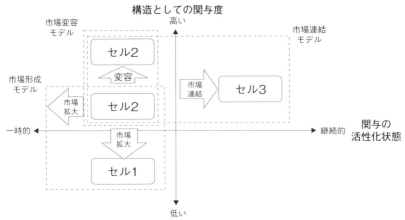

出所：筆者作成。

（コミックマーケットに関する詳細は第 2 章を参照のこと）。なお，**図表 4-2** の消費者分類を踏まえて，三つの市場動態モデルは**図表 4-4** の通り整理できる。

４．JPCE 発展のためのマーケティング戦略策定フレームワークの提起

　前節での JPCE 参加者の消費者行動分析を踏まえ，最後に，本章第 1 節で設定したリサーチ・クエスチョン（RQ）に応える形で，**図表 4-5** に示されるように，JPCE が発展していくために必要なマーケティング戦略策定のフレームワークの提起を行う。

　まず，RQ1「JPCE の形成・発展プロセスにはいかなるタイプがあるのか」に対しては，本章では「市場形成モデル」「市場変容モデル」「市場連結モデル」の三つのタイプがあることを識別した。次に，RQ2「JPCE の形成・発展プロセスはいかなる条件の下でタイプ分けされるのか」については，「市場形成モデル」が JPCE の市場拡大局面や新規顧客獲得がマーケティング課題である場合に有効であり，「市場変容モデル」が JPCE の市場成熟局面や既存顧客の維持がマーケティング課題である場合に有効である。そして「市場連結モデル」は，JPCE の市場再活性化局面や異質な新規顧客の獲得がマーケティング課題である場合に有効である。

　RQ3「JPCE の主催者はいかなるマーケティング戦略を採用して発展させるべきか」に対しては，それぞれのモデルの下でのマーケティングを，基本戦略，ターゲティング，そしてマーケティング施策の三つに分けて説明することが可能である。

　まず，「市場形成モデル」の基本戦略として，新規顧客獲得のための新しい価値提案を主催者側から行うという意味で，JPCE は「キュレーション型」であることが望ましい。主なターゲットは，**図表 4-2** で示したセル 2 であり，この層を取り込む上で大都市での大規模なイベント開催が可能である。イベントの内容としては，テナントとしての出展者の数を増やしていくことが，より多くの参加者の獲得に直結すると考えられる。また，JPCE 主催者が有

図表4-5 JPCE発展のためのマーケティング戦略類型

RQ1 JPCEの形成・発展プロセスにはいかなるタイプがあるのか？	RQ2 JPCEの形成・発展プロセスにはいかなる条件の下で分けされるのか？	RQ3 JPCEの主催者はいかなるマーケティング戦略を採用して発展させるべきか？		
		基本戦略	ターゲティング（図表4-2を参照）	マーケティング施策
市場形成モデル	・市場拡大局面 ・新規顧客の獲得	キュレーション型（新規顧客獲得のための新たな価値提案）	セル2	・大都市での大規模イベントの開催 ・テナント数の増加
			セル1	・複数都市でのイベント開催
市場変容モデル	・市場成熟局面 ・既存顧客の維持	高度なキュレーション型（既存顧客維持のための新たな価値提案）	セル2	・マニアックな情報の提供
市場連結モデル	・市場の再活性化局面 ・異質な新規顧客の獲得	価値共創型（異質な新規顧客の獲得のための，消費者との新たな価値創造）	セル3	・消費者が持つリソースの活用 ・消費者間のコミュニケーションの促進とそのための場づくり

出所：筆者作成。

するリソースにもよるが，セル1の関与度の低い消費者をターゲットとして取り込むことも選択肢の1つである。ただ，その際には関与度が低い分，開催地は消費者の居住地に近づける必要があり，複数都市や地方都市での開催が望ましい。

　次に，「市場変容モデル」の基本戦略として，既存顧客維持のための新たな価値提案を主催者側から行うという意味で，JPCEは「高度なキュレーション型」であることが望ましい。主なターゲットはセル2であり，この層の再来訪を促すためには，イベントの内容として，テナントとしての出展者の数を増やすだけでは不十分である。作品ごとのブースの展示内容は，関与度の低い消費者にとっては新鮮でも，関与度が高めの作品に精通している消費者にとっては既知の内容であることから，やがては飽きを要因に離脱を引き起こしかねない。そこで，作品を視聴しているだけでは，または公式情報だけでは消費者が知りえないような「高度な」，すなわちマニアックな情報を

提供することが，彼らを引き留める重要な施策となる。先述したように，マンガ家やプロデューサーを招聘してのトークイベントなどを開催することで，セル 2 の消費者の関与度をさらに高め，再来訪を促すことになるであろう。

　最後に，「市場連結モデル」の基本戦略として，消費者を巻き込んだ形で新たな価値を創造するという意味で，JPCE は「価値共創型」であることが望ましい。主なターゲットはセル 3 であり，この層を取り込むためには，セル 2 の消費者に有効なマニアックな情報の提供だけでは不十分である。セル 2 の消費者にとっては新鮮な情報であっても，セル 3 の消費者にとっては既知である可能性もある。むしろ，セル 3 の消費者がもつリソースをJPCE 主催者側が積極的に活用することで，JPCE に新たな価値を付与することが可能であるし，セル 3 の消費者も自身のリソースが JPCE において活用可能であることで，継続的に JPCE に関わろうとする動機が生まれるかもしれない。そして，セル 3 の消費者がもつリソースを活用するための場づくり，すなわち，消費者間のコミュニケーションの促進とそのための場づくりが重要である。具体的には，コスプレ・イベントの開催や，消費者による二次創作物の展示や販売などであり，各消費者が持ち寄ったコスチュームや二次創作物を披露可能な場を設けることによって，セル 3 の消費者同士，またはセル 3 の消費者とセル 2 の消費者の間や，セル 3 の消費者とセル 1 の消費者との間のコミュニケーションが促進される。そして消費者間のコミュニケーションによる即興的で予定不調和な経験が消費者を強く惹きつけることで JPCE の新たな価値となり，JPCE を再活性化していくことが可能である。

　以上，三つのモデルごとに JPCE 発展のためのマーケティング戦略を論じてきたが，なお，これら三つのモデルは代替的または排他的なものではなく，モジュールとして組み合わせて戦略を組み立てることも可能である。重要なことは，ただ闇雲に JPCE の企画を組むのではなく，本章で提示したどのモデルに依拠するのかの明確な意図をもって戦略を策定し，限られたリソースを配分することが重要である。

おわりに

　本章では，近年，世界中で開催され，その数も増加傾向にある JPCE に注目し，主催者の視点からの，JPCE 発展のためのマーケティング戦略策定のフレームワークを論じてきた。JPCE の発展を論じることは，JPCE の発展のみならず，JPC の海外展開についても重要な示唆を与えることができる。第6章で論ずるが，海外の消費者にとっては，JPCE が重要な情報源となったり，さらには海外消費者の訪日意向に影響を与えたりすることも想定される。また，海外消費者への効果だけでなく，第5章では，海外市場においては異文化でもある JPC が社会で受容される際に，JPCE が重要な役割を果たすことも論じられている。このように，JPCE 発展の効果の裾野は広く，発展のためのマーケティングを戦略的に論じることは意義あることである。

【参考文献】
経済産業省［2014］『展示会産業概論』。
齊藤通貴・田嶋規雄［2014］「市場の理解における諸問題1―行動科学的消費者行動研究の諸問題」KMS 研究会監修・堀越比呂志編著『戦略的マーケティングの構図』同文舘出版，119-153 頁。
清永健一［2017］『飛び込みなしで「新規顧客」がドンドン押し寄せる「展示会営業」術』ごま書房新社。
白石史郎［2010］「見本市産業の振興による地域活性化」『地域活性研究1』地域活性学会，93-102 頁。
田嶋規雄［2016］「消費者行動研究の集計化における理論的および実務的諸問題」KMS 研究会監修・堀越比呂志・松尾洋治編著『マーケティング理論の焦点』中央経済社，51-75 頁。
寺澤義親・池下讓治・仁木洋子著，日本貿易振興機構監修［2006］『展示会活用マーケティング戦略』ピーオーピー出版企画室。
堀田治［2017］「体験消費による新たな関与研究の視点―認知構造と活性状態への分離」『マーケティングジャーナル』第37巻第1号，日本マーケティング学会，101-123 頁。
Ansoff, H. I. 著，広田寿亮訳［1969］『企業戦略論』産業能率短期大学出版部。
Assael, H.［1987］*Consumer Behavior and Marketing Action*, 3rd ed., Kent Publishing.
Bettman, J. R.［1979］*An information Processing Theory of Consumer Choice*, Reading,

MA: Addison-Wesley.

Howard, J. A. and J. N. Sheth［1969］*The Theory of Buyer Behavior*, John Wiley & Sons.

Martin, Diane M. and John W. Schouten［2014］"Consumption-Driven Market Emergence," *Journal of Consumer Research*, Vol. 40, No. 5, pp. 855-870.

Peter, J. P. and J. C. Olson［2010］*Consumer Behavior & Marketing Strategy*, 9th edition, McGRAW-HILL International Edition.

Petty, R. E and J. T. Cacioppo［1986］"The elaboration likelihood model of persuasion," *Advances in Experimental Social Psychology*, Vol. 19, pp. 123-205.

Rogers, E. M. 著，藤竹暁訳［1966］『技術革新の普及過程』培風館。

【参考 URL】

外務省ホームページ

　　https://www.mofa.go.jp/mofaj/press/pr/wakaru/topics/vol138/index.html
　　（2021 年 10 月 29 日アクセス）
　　https://www.meti.go.jp/policy/mono_info_service/mono/creative/3.1syo.pdf
　　（2021 年 10 月 30 日アクセス）

コミックマーケット　ホームページ

　　https://www.comiket.co.jp/archives/Chronology.html
　　（2021 年 10 月 30 日アクセス）

Japan Expo ホームページ

　　https://www.japan-expo-france.jp/jp/menu_info/japan-expo_100676.htm
　　（2021 年 10 月 30 日アクセス）

第5章

メガマーケティングによる
JPCの正当化戦略
――JPCEを活用したイベント・
マーケティングへの示唆――

1. はじめに

　個人が愛好する私的な趣味であるJPCが，オンラインやオフラインでファンが集うユーザー・コミュニティを形成していることは，数多くの事例が示すところである。しかし，JPCが社会に受容されるためには，閉鎖的なユーザー・コミュニティから，ノンユーザーを含むオープンなコミュニティ（社会）への展開が必要で，従来のファンとは異なる新しいファン，企業や行政機関などの異質なアクターが，新しい意味を付与することによって達成されると考えられる（Tajima, Kawamata, Nakagawa, and Miura［2022］）。

　JPCが若い世代に人気であることは序章で述べたが，男子走り幅跳び金メダルのテントグル選手は，『ONE PIECE』「ギア2」のポーズに対して記者団から質問を受け，理解した人は理解したという答えをしたそうだ[1]。「知る人ぞ知る」ということだが，熱心なファンを獲得しているJPCを，よりオープンなコミュニティに普及させるにはどうすればよいのだろうか。

　そこで本章では，JPC普及の土台として機能する可能性をもつジャパニーズ・ポップカルチャー・イベント（以下，JPCE）を取り上げ，その形成過程

を通じて，JPC が社会（ノンユーザー・コミュニティ）に受容される過程を分析する。JPCE は，新規客，行政機関，企業などの異なる目的や利害をもつさまざまな主体が参加することによって成長するため，このような多主体が参加する「理由」として，「正当化（legitimation）[2)]」という概念を導入する。「正当化」の視点から，「Japan Expo」（開催地・パリ市）と「世界コスプレサミット」（開催地・名古屋市）という二つの事例を分析し，最終的には，イベント・マーケティングへの実務的示唆を提示することを目的とする。

2．JPC 普及に果たす JPCE の役割

(1) イベントとはなにか

　マーケティングの教科書では（Kotler and Keller［2015］），「イベントと体験」をマーケティング・コミュニケーション・ミックスの一部に分類して，その機能はターゲット市場と企業のブランド体験との関係を深化させることであると説明している。また，多くの企業が独自のイベントを企画運営しているが，地域の草の根マーケティングの大部分が，経験価値マーケティングの実践であることにも言及している。経験価値マーケティングは，製品やサービスの特徴や利点を伝えるだけでなく，製品やサービスと参加者・ファンのユニークで興味深い体験を結びつけるものであるが，JPCE は，JPC のショーケースであるだけでなく，他のファンとの交流を体験して楽しむ場であることも指摘されている（Kawamata, Tajima, Kuroiwa, and Miura［2017］）。

　ところで，イベントはファンが集い交流する場ではあるものの，そのファンが一様であるとは限らない。「音楽フェス」の事例研究を行った永井［2017］は，音楽フェスの聴衆の多様性を指摘しているが，そこには，音楽の聴取者ばかりではなく，音楽フェスへの参加者も少なからず存在する。「「みる」から「いる」へ（79 頁）」や「自由な聴取（83 頁）」という，参加者間の交流体験を楽しむ人々ばかりではなく，音楽聴取方法の規範に捉われずに自由に音楽を楽しむ人々の姿が見出されている。

　メディア・イベント研究の分野では，参加者のアイデンティティ形成の捉え方が争点になるそうだが，飯田・立石［2017］は，新聞社や放送局が主導するメディア・イベントが，「スクリーンに媒介された人々の集合行為を，特定の嗜好性に支えられた趣味集団の実践としてあらかじめ境界づけるのではなく，逆に境界を曖昧化させる出来事（18頁）」として解釈する可能性を提示する。一方で，イベントに集うことによって，分断が深まる例もあるという。程［2017］は，中国の「動漫イベント（アニメの大規模イベント）」において「オタクの分層構造（153頁）」が顕在化している様子を分析しているが，そこでは，「第一世代のオタクと，増えつつある第二世代のアニメ受容者の差がより顕著（181頁）」になり，イベント空間の「異質感」と，現在では多数派となりつつある第二世代の参加者の感じる「置き去り感」は，動漫イベントがまだ「社会的に認識されていないことのあらわれ（181頁）」であると述べている。

　マーケティング戦略の要諦は適切な標的市場の選択にあるが，前述のようにさまざまな参加する理由をもった人々が邂逅する場であるイベントを形成・発展させること，その結果としての JPC の普及に，JPCE はどのような機能を果たすと考えられるのだろうか。次項では，イベント運営者の視点から，検討を加えることとしたい。

(2) JPC 普及の 3 段階モデル

　Tajima *et al.*［2022］が提唱する JPC 普及の 3 段階モデル（**図表 5-1**）によれば，ステージ 1（S1）は私的な領域で，個人的な趣味の段階，ステージ 2（S2）は，オンラインやオフラインでファンが集うユーザーコミュニティを形成し，JPC を楽しむ段階を指す。JPCE が JPC 普及の土台として機能するのは，ユーザーコミュニティの S2 からステージ 3（S3）へとオープンになる段階と，S3 においてである。

　ユーザーコミュニティから，ノンユーザーを含むオープンなコミュニティ（社会）へと展開するためには，異なる目的をもつ従来のファンとは違う客層や行政機関などの異質な主体が，JPCE への参画を促進する要因を識別す

図表 5-1　JPC 普及の 3 段階モデル

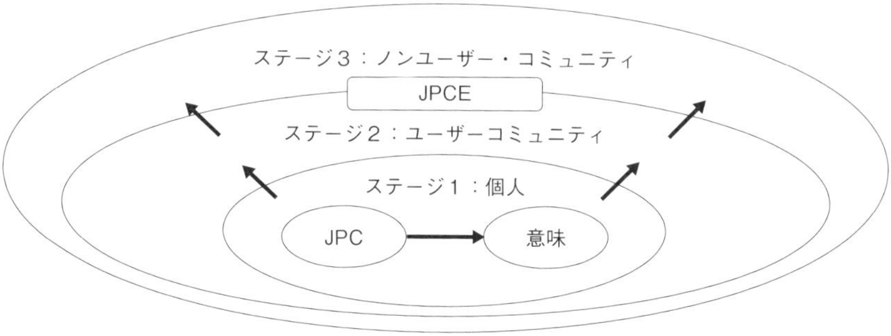

出所：Tajima, *et al.*［2022］より訳出。

る必要がある。換言すれば，主催者は参加する「理由」を提供しなければならないと考えられる。次節以降はその理由となる「正当性／正当化」について論じることとする。

3．正当化によるメガマーケティング戦略

⑴ メガマーケティングとは何か

　本章で扱うアニメやマンガに代表される JPC は「スティグマ製品」としての特徴をもつとされる。松井［2019］は，米国へのマンガ輸出の事例を通して，JPC の社会的受容には，JPC がもつスティグマ（ステレオタイプやタブー等の負の側面）の管理が求められると指摘している。そこで，本章では，JPC に付随するスティグマに対応して，普及を促進する戦略として「メガマーケティング」というフレームを導入する。

　メガマーケティングとは，コトラー（Kotler, P.）によって 1980 年代に提唱された戦略フレームで，マーケティングの 4P（Product：製品，Place：流通，Price：価格，Promotion：プロモーション）に Power 政治的パワーと PR（Public Relations）を加えたマーケティング戦略である（Kotler［1986］）。メガマーケティングの眼目は，企業と市場という二者間関係だけではなく，ステーク

ホルダーを対象として，PR 活動を展開し，また政治的パワーを取り込みつ
つ対市場行動を行うという点にある。なぜならば，参入障壁が高い市場，閉
鎖的な市場においてマーケティング戦略を遂行するためには，経済的，心理
的，政治的そして PR のスキルを戦略的に調整して適応し，ステークホルダー
の協力を獲得することが目指されるべきだからだ。

　21 世紀に入って，このメガマーケティングのフレームを制度論に依拠し
て発展させたのがハンフリーズ（Humphreys, A.）である。制度論は，制度と
呼ばれる社会構造の発展，維持，持続性を理解するための枠組みであるが
（Humphreys［2010b］），ハンフリーズは，いかなる制度も，規制的，規範的，
認知的という三つの柱によって支えられており，それぞれの柱は，制度を支
える特定の社会学的または心理学的機能を果たすとした（Humphreys［2010a］，
p. 2）。市場という制度がどのように形成されるかは，三つの柱へ働きかける
要因を明らかにすることにより理解されるというのだ。

⑵ 正当化を獲得するためのメガマーケティングの 戦略行動

　ハンフリーズによれば，市場形成において，従来のマーケティング論では，
消費者ニーズを所与として捉えるが，必ずしもそうとは限らない。また比較
的参入が自由な市場を想定することが多いものの，制度的障壁が完全に排除
されている市場はほとんどない。市場形成に際しては，企業と市場という関
係性だけではなく，さまざまなステークホルダーからの影響を勘案すべきで
あると主張する。前提条件としての消費者ニーズではなく，どのようにして
ニーズが形成（市場創造）されるのかに注目し，特定の文脈の中で，政治的，
社会的，認知的に受け入れられるように理由を与えるプロセスである「正当
化（legitimation）」の視点から，政治的・社会的プロセスとして市場形成を
理論化した[3]。具体的には，米国におけるカジノ産業の事例研究で，カジノ・
ギャンブルという非合法的な消費慣行から合法的な消費慣行への発展プロセ
スを「正当化のプロセス」として，カジノ産業市場の形成・社会的受容を分
析したのである（Humphreys［2010a；2010b］）。

　三つの柱の正当化について述べると，規制的正当化とは，明示的な規制プロセス／ルール設定を遵守する度合いである。つぎに，組織が社会環境の規範や価値観を遵守する度合いを規範的正当化と呼び，組織が社会的主体によって知られ理解される程度を認知的正当化とした。また，ハンフリーズはメガマーケティングの戦略行動として，実質的（material）戦略とレトリック（rhetorical）戦略をあげている（Humphreys［2010a］, pp. 12‑13）。第一の実質的戦略とは，社会的ネットワーク，資金やその他の資源を動員[4]することによって社会構造に直接的に影響を与え，規制的・規範的正当性（その結果としての認知的正当性）を獲得する戦略だ。さらに実質的戦略だけでは十分とはいえないため，コミュニケーション戦略として，レトリックを通してステークホルダーに影響を与え，認知的正当性を獲得することをレトリック戦略と呼んだ。

　すなわち，規則やルールの範囲内で，社会規範や価値観に適合し，社会に認知され理解されるための理由が正当性で，法制度の整備のための社会的ネットワーク形成や資源動員である実質的戦略（コトラーの Power 政治的パワーを含む）とコミュニケーション戦略（コトラーの PR を含む）によって，その正当性を獲得することが正当化戦略，すなわちハンフリーズのメガマーケティングである。

⑶ イベント運営者にとってのメガマーケティング

　新市場の創造をイベント運営者による新規イベント形成の視点として捉え直すと，資源動員のための実質的戦略の重要性が見えてくる。Beverland, Hoffman, and Rasmussen［2001］は，豪州地域のワイン・イベントの事例研究を行ったが，著者らは草の根的に始まったイベントの初期段階の認知とそれに続くステークホルダーからの支援獲得には，ステークホルダー説得のための正当性が必要であると指摘した。コトラーもメガマーケティング戦略の実践を通して，ステークホルダーの協力を獲得することを目指すとしたが，多様な主体が存在するイベント形成には，新しいアイデアを受け入れて支援してくれる異質な主体をいかに獲得していくかが，成長にとって不可欠の要

因であるということだ。

　そこで次節からは，Japan Expo（フランス・パリ）と世界コスプレサミット（名古屋）という二つの JPCE をとりあげて，スティグマ製品としての JPC が社会的に受容されていく過程を記述した後に，どのような理由（正当化要因）があったのかを識別し，JPCE とメガマーケティング戦略に関する分析と考察を行う。

4．Japan Expo

(1) Japan Expo とはなにか

　Japan Expo は，アニメ・マンガの愛好家約 3,000 人が集まって 2000 年[5]にパリで始まり，今日では 25 万人を集客する世界最大級の日本文化に関する JPCE である。2006 年以降は毎年 7 月にパリ郊外にあるパリ・ノール・ヴィルパント見本市会場（Parc des Expositions de Paris-Nord Villepinte，延床面積 24 万 2,200 m²）で開催されている。来場者のプロフィールは，若干女性の方が多く（53％），年齢層は 15 歳から 25 歳が全体の 3 分の 2 を占めるが，毎年来場者の 40％が新規来場者であるという。ソーシャルメディアの利用状況は，Facebook ファン数 31 万 7,000 人以上，Twitter フォロワー数 5 万 7,000 人以上，Instagram 登録者数 4 万 2,000 人以上，動画閲覧数 250 万以上，アプリ・ダウンロード数 3 万 2,500 回／閲覧数 200 万回である[6]。

　Sabré［2013］は，Japan Expo は物販や飲食などの店舗，メーカーの展示ブースばかりではなく，アマチュアのイラストレーターやファンジン（ファンが書いた雑誌），観光局，日本のテレビ局，日本語学校などが出展しており，JPC の要素と日本の文化や日常生活の伝統的な側面が組み合わされていることが，このイベントの最も顕著な特徴であると述べている。筆者は複数回視察しているが，毎年開催される JPC の著名クリエーターによる講演会やサイン会，コスプレ大会やファッションショー，コンサートのパフォーマンスもあれば，年次テーマによって，囲碁将棋に武道，日本の応援団の実演に加

図表 5-2　Japan Expo 会場

出所：イベント会場にて著者撮影。

えて，刺青（和彫り）の彫師のトークセッションが開催されていたこともある（**図表 5-2**）。

(2) Japan Expo 小史

①黎明期：1999 年〜 2001 年

　Japan Expo の隆盛ぶりは，フランスにおける JPC 人気の証左であるが，Japan Expo が登場した背景には，フランスにおけるアニメやマンガの受容／規制の歴史がある（ブルネ［2015］；川又［2009］）。ブルネ（Brunet, T.）によれば，1980 年代から 1990 年代にかけて，日本のアニメはフランスの子どもたちに大人気だったため，その影響力に対する大人たちの懸念から，日本のアニメがフランスのエリート層から激しいバッシングにあった。長い議論の末，アニメを取り上げたテレビの若者向け番組として最も人気のあった「le Club Dorothée」は 1997 年に中止された（川又［2009］）。

　しかし，フランスのアニメファンは終わっていなかった。インターネットの普及により，ファンサイトを介したファン同士のコミュニケーションが促進されることになる。テレビ放送がなくなったことにより，アニメファンは自ら積極的に作品に触れる機会を作り始め，ファン同士のネットワークの組織化に乗り出した。さらに，独自に輸入を行う専門店，ファンの求めるコンテンツを輸入する出版社等への需要が高まり，それらが次第に現実化していく。ブルネは，Japan Expo や日本文化の盛り上がりは日本からの働きかけではなく，フランスの国内事情に帰因するという。すなわち，日本アニメに対する強力な規制の時代である，1980 から 90 年代にかけてアニメを観て育った子どもたちが大人になり，社会が徐々に日本のアニメやマンガを受容していったというのだ（ブルネ［2015］）。

　Japan Expo は 1999 年に始まり，2000 年にはパリ高等商業学校（ISC Paris）のジャン＝フランソワ・デュフール（Jean-François Dufour），サンドリーヌ・デュフール（Sandrine Dufour），トマ・シルデ（Thomas Sirdey）の 3 人の学生が，学校の地下室で第 1 回コンベンションを開催した。彼らは学校のプロジェクトや課題としてではなく，アニメへの大きな愛情からこの草の根

コンベンションを立ち上げ，参加者は毎年着実に増えていった（Kawamata *et al.*［2017］；ブルネ［2015］；Sabré［2012；2013］）。

②導入期から成長期へ：2002 年〜 2006 年

スティグマ製品である JPC（マンガ）がフランスで認められたことを示す画期的な出来事は，2001 年のアングレーム国際マンガ祭（Festival International de la Bande Dessinée[7] d'Angoulême）で，日本の谷口ジローが『父の暦』で最優秀脚本賞を受賞したことである。

2002 年に Japan Expo は「著作権マッチングイベント」を開始して，新たなビジネス志向へと舵を切る。Japan Expo は大きく成長し，2003 年には校舎から新世代産業技術センターに移転したが，それでも来場者数の増加に対応仕切れず，2005 年の中断を経て，2006 年には会場をパリ・ノール・ヴィルパント見本市会場に移し，現在の形になっている（Sabré［2013］）。

2003 年に日本の地方テレビ局であるテレビ愛知（名古屋市）のクルーが，Japan Expo の取材をした際には熱烈に歓迎されたという（小栗［2016］）。この時期に日本からのゲスト（マンガと音楽）が参加し始め，徐々により多くの JPC クリエーターをコンベンションに招待するようになり，招待客の範囲は，アニメやマンガから音楽やゲームにまで拡大した。また，アングレーム国際マンガ祭では日本のマンガ家 5 名が受賞することになる。日本政府は 2003 年にビジット・ジャパン・キャンペーンを開始し，2010 年までに訪日観光客を倍増させることを目標としたことも，Japan Expo には追い風になった。

ブルネ［2015］は，この時期に，Japan Expo がアニメやマンガのファンコンベンションから，標準化された日本のファンイベントへと変化したことを指摘している。2006 年の Japan Expo でスタッフを務めたアニメファンのアレクシによれば，「漂白された」（ブルネ［2015］, 170 頁）（より標準化され，均質化され，人気のある）オタク文化には共感できなかったという。このような商業的な方向性は，コアなアニメファンから Japan Expo への批判を引き起こした。これは，フランスのアニメコンベンションである Epitanime が，

いまだにコアなアニメファンを志向しているのとは異なる。Japan Expo は，ファンのアイデンティティを高めたり，JPC の経験を深めたりする場ではなくなってしまった，という批判を受けながらも成長し，Japan Expo の新しいファン層の拡大は続く。

　これと並行して，ブルネ［2015］は 1980 年代以降，日本のアニメを批判する上で中心的な役割を果たしていたフランスのマスメディアのトーンが変化したと述べている。たとえば，「マンガの狂気，アート，それともジャポネズリー？（La folie manga, art ou japoniaiserie?）」（*Télama*, n.2745, 24–30 aout 2002, pp. 12–18）だ。また，2006 年には，フランスの高級紙ル・モンド（*Le monde*）が初めて Japan Expo を取り上げた。「マンガ，『UFO ロボグレンダイザー（Goldorak）』，青年層にも波及（Mangas: "Goldorak", vers l'âge adulte）」。

③成長期における市場拡大：2007 年〜 2013 年

　イベント研究の Getz and Page［2019］は，ファンの集まりから始まる草の根的活動が，大規模で継続的なイベントに成長するには，プロフェッショナルによるマネジメントが必要であると指摘しているが，Japan Expo も例外ではない。2007 年には，Japan Expo のマネジメント会社である SEFA Event を設立した。2008 年以降，Japan Expo は新たな市場への参入を試みるが，Japan Expo Sud（フランス・マルセイユ）を除き，すべて短期間で終わっている。

　この時期の特徴は，日本の大企業の参加と日本政府からの顕彰である。後者については，外務大臣賞（2009 年），総務省の第 16 回 AMD 賞功労賞（2011 年），文化庁長官賞（2013 年）と続く。さらに，2007 年の観光立国や 2012 年の観光立国推進基本計画で，日本の新しい経済的優先事項として，観光が重視されるようになる。

④成熟期から現在まで：2014 年〜 2019 年

　図表 5-3 は Japan Expo の来場者数の推移である。2015 年 7 月に筆者ら

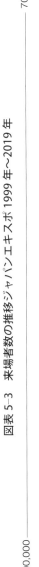

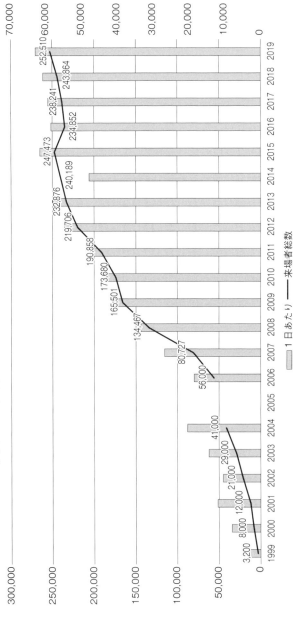

図表 5−3　来場者数の推移ジャパンエキスポ 1999 年〜2019 年

■ 1 日あたり　── 来場者総数

注：1 日 (1999〜2001 年)、2 日 (2002〜2004 年)、2005 年は中止、3 日 (2006〜2007 年)、4 日 (2008〜2013 年、2015〜2019 年)、5 日 (2014 年)。
出所：JapanExpo 公式サイト，https://fr.wikipedia.org/wiki/Japan_Expo より著者作成。

が SEFA にインタビューした際には，最大で 25 万人の来場者を見込んでいるとのことであった（2014 年に 5 日間開催しても来場者総数の大幅増にはつながらなかった）。家族連れや新たなファン，ファンではない人たちを取り込むことで，市場を拡大していきたいという意向があり，新しいテーマ（例えば 2015 年には「和食」）を設定している。2018 年には，日仏外交関係樹立 160 周年を記念して，ツーリズム部門を開設した。SEFA は 2019 年，Japan Expo の拠点として東京に Japan Expo G. K. を設立している。

　日本の著名なゲストや，日本の大手企業の参加は続き，2018 年には，文化庁設立 50 周年記念賞が授与された。ブルネ［2015］は，かつて日本のアニメを批評していたフランス人ジャーナリストが，娘と一緒に京都に滞在し，プロジェクトのために『NARUTO』の世界を探求したという非常に興味深いニュース（Villa, Kujoyama［2016］）に言及している。また，2019 年には，高橋留美子がアングレーム国際マンガ祭において，史上二番目の女性受賞者，初の日本人女性としてグランプリを受賞した（Festival d'Angoulême［2019］）。なお，本節のまとめは**図表 5-4** に要約されている。

5．世界コスプレサミット（World Cosplay Summit）

(1) コスプレとは？

　コスプレとは[8]，「コスチューム・プレイ」の略語で，アニメやマンガ，ゲームなどのキャラクターに扮することを指し，現在では，JPC の派生的コンテンツとして世界中に広がる現象である。

　ラメリッシュ（Lamerichs, N.）によれば，コスプレの歴史は 1960 年代から 70 年代のアメリカにまでさかのぼり，ファンは米国の SF テレビドラマ『スター・トレック（Star Trek）』や映画『スター・ウォーズ（Star Wars）』などのシリーズの衣装を身につけていたという（Lamerichs［2013］）。

　次項でとりあげる世界コスプレサミット（以下，WCS）にスタッフとして

図表 5-4　ジャパンエキスポ小史要約

1999 年～ 2001 年：黎明期	
2001	アングレーム国際マンガ祭（フランス）最優秀脚本賞 谷口ジロー 『父の暦（Le Journal de Mon Père）』。
2002～2006: 導入期	
新たなビジネス志向。日本での新しいインバウンド観光の取り組み。日本からのゲストが参加し始めた：マンガと音楽。アングレーム国際マンガ祭で日本の漫画家 5 名が受賞。	
2002	Télama*, <La folie manga, art out japoniaiserie?>, n.2745, 24-30 aout 2002, pp.12-18. *1 マスメディアのトーンの変化が中心的な役割を果たした
2003	アングレーム国際マンガ祭　最優秀脚本賞 谷口ジロー 『遥かな街へ』
2004	アングレーム国際マンガ祭　最優秀作品賞，浦沢直樹，『20 世紀少年』，Prix Tournesol，『はだしのゲン』，中沢啓治
2006	le monde, <Mangas: 'Goldorak', vers l'âge adulte>, 'Japan Expo' 初出
2007～2013: 市場拡大のための成長期	
市場拡大への挑戦。Chibi Japan Expo（2007～2010），Japan Expo Sud（2009～現在），Japan Expo Centre，Japan Expo Belgium（2011～2012），Japan Expo USA（2013～2014）。日本の大手企業の参入。日本からのゲストは，マンガ，音楽，ゲームなど様々。フランスと日本の外交関係樹立 150 周年記念。アングレーム国際マンガ祭で日本の漫画家 6 名が受賞。	
2007	民間会社「SEFA イベント」設立 アングレーム国際マンガ祭　最優秀漫画賞 水木しげる 『のんのんばぁとおれ（のんのんばあ）』
2009	日本国外務省より外務大臣賞を受賞
2011	総務省主催 第 16 回 AMD 功労賞受賞
2013	アングレーム国際マンガ祭　40 周年記念賞，鳥山明 文化庁長官賞受賞
2014～2019 年：成熟期から現在まで	
ゲストの多様化の進展：マンガ，音楽，ゲーム，コスプレ，スポーツ （必ずしも日本からだけではない） フランスと日本の外交関係樹立 160 周年 アングレーム国際マンガ祭で日本のマンガ家 7 名が賞を受賞（2014～2020）	
2015	アングレーム国際マンガ祭　グランプリ，大友克洋
2016	かつて日本のアニメを批判していたフランス人ジャーナリストが，娘とともに『NARUTO』の世界を探求するために京都滞在。
2018	文化庁設立 50 周年記念賞 2018
2019	駐在員事務所を東京事務所に変更（ジャパンエキスポ GK）
2019	アングレーム国際マンガ祭　グランプリ，高橋留美子

出所：著者作成。

関わった経験をもち日本在住のホフ（Hoff, E. W.）は，海外におけるコスプレの受容に関して，マンガやアニメが外国製のコンテンツとみなされている場合，コスプレは一般社会の常識から逸脱したサブカルチャーであると述べている。また，日本でも，コスプレはスティグマをもち，大多数の人々にはほとんど理解されていないために，例えば，コスチュームを着たままコスプレ会場を出ることがしばしば禁止されていることが示すように，コスプレ大会におけるルールや制限が非常に厳しいと指摘する（Hoff［2012］）。

　日本ではコスプレが制限された個人的な趣味であることを考えると，次のような疑問が湧いてくる。WCSはどのようにして，年間30万人を動員するJPCEに発展したのだろうか？本章では，JPCの普及に貢献した海外で展開されるJPCEに着目してきたが，次節では，前述のJapan Expoを逆輸入したWCSを取り上げて，派生的コンテンツを活用したJPCEの可能性を検討する。

(2) 世界コスプレサミット（WCS）の現状

①動員数

　WCSは愛知県名古屋市で毎年開催されるコスプレのJPCEだ。世界中の国や地域で予選が行われ，例年8月に名古屋市で世界コスプレチャンピオンシップを競い合う。WCSは，テレビ愛知が2003年に愛知万博の一環として，マンガ，アニメ，ゲームなどの日本の若者文化の国際交流を目的に開催したものである。WCSによると，JPCを読んだり見たりするだけでは満足できず，「登場人物になりきって行動したい（世界コスプレサミット2019チャンピオンシップ公式サイト，2019年）」という人たちがいたことが開催の契機となっている。

　図表5-5は，WCSの動員数と世界のコスプレチーム参加数の推移を示しているが，実行委員会によると，2011年の急激な増加は，WCSを2日間に延長したことに加え，日本でのスマートフォンの普及に起因する。会場となるOASIS 21は，宇宙船をイメージした近未来的な外観で，ソーシャルメディア上でもとくに魅力的な会場として海外のファンに知られているそう

図表5-5 WCSの動員数と世界のコスプレチーム参加者・地域数の推移

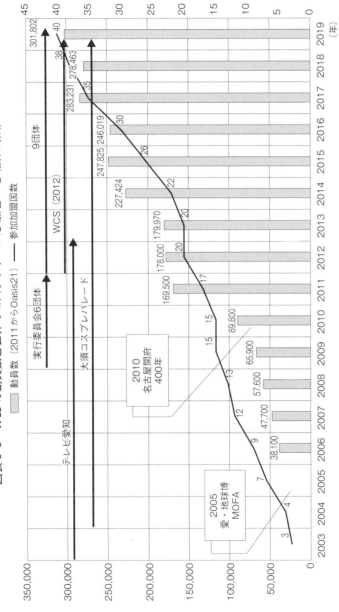

出所：世界コスプレサミット報告書（2016, 2018, 2019）より著作作成。

だ。2019 年の公式ソーシャルメディアの利用状況は，Facebook ファン数 75 万 1,986 人，Twitter フォロワー数 4 万 144 人，Instagram フォロワー数 8,488 人，開催期間中（2019 年 7 月 26 日〜 8 月 4 日）の公式サイト閲覧数は 33 万 7,083 PV である[9]。

　次項では，WCS がコスプレを通じて世界中の JPCE とどのように連携しているのかをみていこう。

② **WCS 本選への途—世界中で開催される予選会**[10]

　WCS の中心となるのは「世界コスプレチャンピオンシップ」である。地元の国や地域で開催される予選を勝ち抜いたコスプレイヤーを名古屋に招き，世界チャンピオンを目指して競い合う。**図表 5-6** は 2016 年にコスプレ予選が行われた加盟国・地域の一覧だが[11]，コスプレ人気を反映して，参加国・地域数は増加傾向にある。WCS は，世界各地の JPCE とライセンス契約を締結するが，最初に WCS による JPCE の審査を経て，コスプレ予選の運営を当該 JPCE に委託し，名古屋で開催される WCS への参加権を授与している。一つの国や地域から複数のライセンス申請がある場合もあり，どのライセンスを選択するか決定するまでには時間がかかるというが，株式会社 WCS 代表取締役の小栗徳丸によれば，申請団体と実際に会って話を聞いて決めるそうだ（小栗［2016]）。

③**大須商店街コスプレパレード**

　二つ目の柱が大須商店街を練り歩くコスプレパレードである。大須商店街の公式サイトによれば，同商店街は愛知県名古屋市中区大須 2 丁目から 3 丁目付近に立地し，地域内に約 1,200 の店舗・施設が立ち並ぶ。大須には 400 年の歴史があり，江戸時代には大須観音（1333 年に建立された真福寺）や万松寺などの門前に商売繁盛の街ができた。その後，明治時代になると芝居小屋や遊郭ができ，大正から昭和初期にかけては映画館もでき，名古屋の繁華街となった。しかし，第二次世界大戦で米軍の空襲により破壊された後は復興が難航し，1970 年代半ばに家電量販店ができるまでは閑散とした街

図表 5-6　WCS 予選 JPCE リスト

代表国	イベント名	来場者数		出所
Europe				
Denmark	J-Popcon	2,700	2018	https://en.wikipedia.org/wiki/J-Popcon
Finland	Tracon	5,500	2015	https://fi.wikipedia.org/wiki/Tracon
France	Japan Expo	252,510	2019	https://fr.wikipedia.org/wiki/Japan_Expo
Germany	Connichi	2,799	2019	https://de.wikipedia.org/wiki/Connichi
Italy	ROMICS	130,000	2014	小栗 [2016]
Netherlands	Animecom	15,000	2018	https://en.wikipedia.org/wiki/Animecon_(Netherlands)
Portugal	IBERANIME	10,000	2014	小栗 [2016]
Russia	HINODE	3,000	2014	小栗 [2016]
Spain	Salon del Manga	150,000	2018	https://en.wikipedia.org/wiki/Sal%C3%B3n_del_Manga_de_Barcelona
Sweden	NärCon	10,000	2017	https://en.wikipedia.org/wiki/N%C3%A4rCon
Switzerland	POLYMANGA	41,000	2018	https://fr.wikipedia.org/wiki/Polymanga
U.K.	COMIC CON LONDON	133,156	2016	https://en.wikipedia.org/wiki/MCM_London_Comic_Con
Asia & Oceania				
Australia	SMASH!	22,000	2018	https://en.wikipedia.org/wiki/SMASH!_(convention)
China	FUN CHENGDU GAME & ANIMATION FESTIVAL	N.A.		
Hong Kong	C3 in HONG KONG	200,000	2015	https://ja.wikipedia.org/wiki/C3_in_hong_kong#cite_note-2
India	WCS India	N.A.		
Indonesia	Ennichisai (ICGP)	350,000	2018	https://ja.wikipedia.org/wiki/%E7%B8%81%E6%97%A5%E7%A5%AD
Japan	COSSAN	3,000	2014	小栗 [2016]
Kuwait	PLAMO'S FujiCON	N.A.		
Malaysia	The Malaysia Cosplay Show	4,000	2014	小栗 [2016]
Philippines	HERO FACE OFF	N.A.		
Singapore	Cosfest	22,000	2014	小栗 [2016]
South Korea	Wonder Cosplay Festival	500	2014	小栗 [2016]
Taiwan	TSCC	2,000	2014	小栗 [2016]
Thailand	Oishi Cosplay	10,000	2014	小栗 [2016]
Vietnam	Fes TOUCH	N.A.		
Americas				
Brazil	Anime Friends	N.A.		
Canada	OTAKUTHON	25,533	2019	https://en.wikipedia.org/wiki/Otakuthon
Mexico	TNT gt 10	N.A.		
U.S.A.	AnimeNEXT	11,026	2018	https://en.wikipedia.org/wiki/AnimeNEXT

いずれのサイトも閲覧日は 2020 年 12 月 4 日。

図表 5-7　WCS チャンピオンシップ 2016

出所：著者撮影。

であったという。その後，パソコンショップやオタク文化をもつ秋葉原に続いて，大須も生まれ変わったのである（大須商店街公式サイト；長坂［2018］；山村［2012］）。

　大須商店街は伝統ある地域だが，現在はエスニック料理からコスプレまで新しいアイデアに寛容で，多文化コミュニティとして人気がある。2018 年に著者らが行った大須商店街会長（当時）へのインタビューでは，年間 350件もの取材依頼が来るということだったが，原則としてすべての依頼に応じているそうだ。WCS がコスプレパレードの開催を申し出たことについて，困惑しなかったか尋ねたところ，同会長は，新しいイベントを探しているところだったので，渡りに船だったと答えてくれた。しかし，このパレードがここまで大須商店街を活性化させるとは想定外だったという。コスプレではないが，大須＝仮装のイメージが確立されているのか，ハロウィーンになる

図表 5-8　大須商店街コスプレパレード 2016

出所：著者撮影。

と人が集まってくるそうだ（2018 年取材時）。

⑶ WCS 小史[12]

①テレビ愛知による運営：2003 年〜 2011 年

　2003 年の WCS はテレビ愛知により大須商店街の近くで開催された。大須は秋葉原（東京）を小規模にしたような街だったので，地元のパソコンショップのオーナーが，当時秋葉原で人気を集めていた「メイド喫茶」を大須に作りたいと言い出した。そこで，当時テレビ愛知に在籍していた小栗がコスプレ番組「大須のコスプレ物語」の担当プロデューサーに就任した。

　WCS の前身がローカルなコスプレ番組だったというのは驚きだが，その着想を得た経緯が面白い。小栗によれば，たまたまネット検索をしていた際に，パリの Japan Expo を見つけ取材を決意したという。現地では日本のテ

レビ局が取材にきたと盛り上がったそうだが，小栗はコスプレイヤーをはじめとするフランスのファンが，JPC だけでなく日本を好きなことに感銘を受けた。そこで，小栗は日本でも類似イベントを開催することにしたのだが，WCS のコンセプトは，Japan Expo からの「逆輸入」であると言えよう。しかし，「大須のコスプレ物語」はあくまでもコスプレをテーマにしたローカル番組であり，愛知万博終了後には続かないだろうと思われていた。

　2003 年にテレビ愛知の番組のトークショーとしてスタートし，2004 年には大須のコスプレパレードが始まった。2005 年には愛知万博の公式イベントとして WCS が開催されることになる。小栗は，地元テレビ局のニュースリリースを，海外の通信社経由で発信することにした。これは非常に珍しいことだが，通常のマスメディアによるプレスリリースよりも，WCS の露出度を高めることができると考えたのである。その結果として，海外の日本大使館によっては，当該国のコスプレファンから「なぜ "World Cosplay Summit" に国の代表が参加していないのか」という問い合わせが寄せられたそうだ。それを聞いた外務省が WCS の調査に乗り出し，最終的には異例の支援を決定した。2006 年には，国土交通省も WCS への支援を開始したが，外務省は現在も WCS の実行委員の一つになっている。

　2006 年の外務省の WCS への取り組みは画期的であったが，人気が出れば出るほど赤字が目立つようになっていった。小栗がテレビ愛知を退社して独立してからも同社が継続させていたが，ついにテレビ愛知は主催からの撤退を決定した。WCS の意義や文化的影響についての議論を経て，外務省，名古屋市，名古屋コンベンションビューロー，テレビ愛知，セントレア，大須商店街が実行委員会を結成した。

② WCS による運営：2012 年から現在まで

　WCS は，世界中から 200 万人以上の参加者が各地の予選大会に参加し，世界的に成功しているイベントであると見なされている。三菱 UFJ リサーチ＆コンサルティングが 2011 年に行った調査では，WCS の経済効果は 10 億円以上とされており（日本経済新聞 [2011. 8. 6]），地域社会にも恩恵をも

たらしている。しかしながら，小栗は，WCS は設立以来，1 年を除いて赤字であると述べている。WCS が成長するにつれ，運営費に加えて，すべてのコスプレ代表者の旅費や宿泊費など，経費が増加して，WCS の総運営費は約 1 億円であるという（小栗［2016］）。

　前述したように，愛知万博関連イベントとして位置づけられていたので，10 年以上も続くとは誰も予想していなかっただろう。官公庁からの補助金もあったようだが，経費を賄えるほどのものではなかったようだ。ついに，小栗はテレビ愛知から WCS の経営を引き継ぐことを決意し，2012 年に彼が代表を務める株式会社 WCS が実行委員会に参加した。そして，中日新聞社と愛知県も加わり，9 社で構成される実行委員会となった。

　2020 年，2021 年は新型コロナウイルス感染症で大打撃を受けたが，2019 年には約 30 万人の参加者が WCS 関連イベントに参加し，WCS 東京ラウンド，明治村コスプレ，ブライダルコスプレ in ブルーレマン名古屋，セントラルパークコスプレパレード，WCS 名古屋ラウンド，Oasis21，大須コスプレパレード，WCS インターナショナルなどさまざまなコスプレイベントが開催された。

6．正当化要因

　メガマーケティングとは，多様な主体であるステークホルダーに，適切であるとか正しいと理解できる理由を提示して，支援を獲得するための戦略である。換言すれば，規則やルールの範囲内で，社会規範や価値観に適合し，社会に認知され理解されるための理由（正当性）を，法制度の整備やネットワークの形成，資源動員などの実質的戦略とコミュニケーション戦略によって獲得することである[13]。

　二つの JPCE の事例を通して，（1）メディアによる承認，（2）ポジティブな意味づけ，(3) リアルイベントの可視性，(4) 日本からの著名人の参加, (5) 政府による政策と承認，（6）大手企業の参加という正当化促進要因が識別された。これらはイベント主催者（Japan Expo, WCS）の周到なメガマーケティ

ング戦略の結果とは必ずしも言えないものの，スティグマ製品を扱う場合の
マーケティング戦略として示唆的ではないだろうか。

(1) メディアによる承認（コミュニケーション戦略）

　ブルネ［2015］は，1980年代以降の日本アニメに対する子どもの熱狂と
フランス社会のバッシングという状況について述べているが，スティグマ製
品であるJPCを取り巻く環境は，欧州他国においてもほぼ同じ構図であった。
日欧経済摩擦の悪感情が文化に転嫁したとする向きもあるが，1990年代の
ドイツへの駐在経験者は，当時ドイツ人にアニメの話をすることなど考えら
れなかったと回顧している[14]。

　以下に老舗マンガ出版社トンカム（Tonkam）の創設者である，ドミニク・
ヴェレ（Veret, D.）による発言を引用しよう。

　　日本のアニメ・マンガは，マスメディアによるバッシングの時期を経て，
　　今後ごく普通の文化消費財として流通していくこととなると考えてい
　　る。世論をリードする権威あるマスメディアに属する人々のマンガに対
　　する偏見はなくなりつつあり，マンガ世代で社会人となり，マスメディ
　　アに職を得るものも現れはじめているからだ（Véret［2000］, 227頁）。

　Humphreys［2010b］は，メディアがゲートキーパーとしての役割だけで
はなく，スティグマ製品（ギャンブル）の正当化プロセスの構成要素として
の役割を果たすことを示したが，前出のJapan Expoの事例でも明らかなよ
うに，各種メディアの論調の変化，とりわけフランスの高級紙である *le
monde* が2006年にJapan Expoを取り上げたことは，スティグマ製品であ
るJPCに対するフランス社会の考え方が大きく変わってきたことを示して
おり，正当化をさらに推進する要因になったと考えられる。また，テレビ愛
知が現地取材をした際に大歓迎されたことは，日本のメディアに取り上げら
れた＝日本に認知されたという正当性を促進することになったと考えられ
る。

　一方，WCS は小栗がテレビ局出身であることから，国内メディアではなく海外の通信社を利用した広報活動を展開する。それが奏功するのは 129頁に示した通りだが，イベント形成の支援獲得（資源動員）の範囲を柔軟に考えることも重要だ。

⑵ ポジティブな意味づけ（コミュニケーション戦略）

　フランス語圏のマンガは「バンド・デシネ（bande dessinée：以下，BD）」と総称されるが，BD は「第九の芸術」と呼ばれている。古永［2010］によれば，「第九の芸術」と呼ばれるようになるまではさまざまな軋轢があり，しかも九番目のポジションが同書執筆時においても必ずしも盤石とは言えず，BD 関係者の努力も続いているようだ。芸術が序列化され制度化されているフランスで「芸術」と認知されることが重要なことは想像に難くないが，マンガを芸術として位置づけることが普及につながるという。

　マンガ研究家の夏目は前出のヴァレが当時「芸術としてのマンガ」にこだわることに違和感を覚えたというが次のように述べている。

> 　　フランスで文化として認められるには，映画，文学，純粋映画など既存の「芸術」分野であって，BD ですら一般にはさげすまれている。が，一部の BD の「芸術」性の高さは，それもかろうじて認められ，まずはマンガをそこまでひきあげたいということのようだった（夏目［2001］，46–47 頁）。

　さまざまな意見はあろうが，フランスでは「芸術」が一定のレベルでポジティブな意味づけ＝支援する理由を付与すると考えてもよさそうだ。

　コスプレもまたスティグマをもつ JPC である。大須商店街で行われた第 1回目のコスプレパレードでは 50 人程度しか集まらなかったものの，小栗は当時をふり返って次のように述べる（小栗［2016］）。当初はコスプレ番組の取材に行くと，コスプレイヤーに断られてもまったく不思議ではなかった。日本ではコスプレイベントとは，誰にも見られないように人々が集まって楽

しむ世界だったからである。

　現在では 1,000 人以上のコスプレイヤーが参加するイベントになっている WCS であるが，そこには周到なメガマーケティング戦略があったわけではない。前出のように日本のコスプレは人前で楽しむものではなかったが，WCS のスタッフはコスプレについての知識がなかったため，従来からの慣習にとらわれることなく，「パレード」に転換することができた。これによって，コスプレの可視化が促進され，一般の理解が進むことになる。

(3) リアルイベントの可視性（実質的戦略）

　新型コロナウイルス感染症は世界中のイベントに甚大な被害をもたらした。オンライン開催も盛んに行われたが，リアルのもつチカラが再認識されることにもなった。現地を視察すると，来場者の特徴，規模感，盛り上がりなどが一見して分かる。なぜなら海外の JPCE では会場外にコスプレの衣装そのままで歩き回る参加者が相当いるからである。Japan Expo では会場とパリ中心部を結ぶ電車の中で，浴衣を着た乗客やマンガを読む若年層を見かけることも少なくない。参加者以外の人々も徐々に慣れていくようだ。見慣れることによって認知枠組みが変化すると考えられ，社会的受容につながる。また，大規模会場で行うことも社会的に認められたイベントという意味を付与する可能性がある。

　コスプレパレードが行われる大須商店街の関係者によれば，パレードに参加する一般のコスプレイヤーは整然として言うことを聞いてくれるため，やりやすいパレードだという。ただし，数年前から一般のコスプレイヤーが集まり過ぎてしまったため（歩けずパレードにならないほど），最近は時間と人数を制限しているそうだ。大須の場合，コスプレのままで入って良い店舗のリストがあるようだが，一般人とコスプレイヤーが同時に店内にいるというのも，日本では画期的なことである。

　来場者への直接的な影響力は小さいが，Japan Expo や WCS では，さまざまなテーマで研究者が参加するパネルディスカッションや研究発表も行われている。

⑷ 日本からの著名人の参加（実質的戦略）

　テレビ愛知が最初に Japan Expo を取材した際に歓迎されたことは前述した通りだが，「日本のゲスト」が参加することの意味は大きい。2002年に初めて2名が参加してから，年々増加しており，有名声優，マンガ家，ゲーム開発者，タレント等の参加は，Japan Expo のブランド力向上に寄与していると考えられる。筆者は複数回 Japan Expo を視察したが，有名アーティストが登場するばかりではなく，最近は新人が登場するメディアとしての役割もあるようだ。

　WCS の方は，世界中の予選を勝ち抜いたコスプレイヤーがチャンピオンシップを競う，いわば「聖地」となっており，「日本の聖地」に集合できるという大いなる魅力をもっている。この点では WCS は日本国内より国外の方がはるかに認知度が高い。新型コロナウイルス感染症前は，政府のインバウンド政策とも相俟って，愛知県や名古屋市の有力コンテンツの一つとしての位置づけが固まりつつあった。

　Japan Expo は「日本のゲスト」が参加することによって，また，WCS は「日本の聖地」になることで，ブランドイメージが向上したと考えられる。

⑸ 政府による政策変更と承認（実質的戦略）

　日本政府の観光政策やクールジャパン政策の強化による「政府からのお墨付き」は，Japan Expo，WCS 双方にとって追い風となった。コトラーのいう政治的パワーの取り込みだ。

　Japan Expo は，2009年の外務大臣賞を皮切りに，総務省主催 第16回 AMD 功労賞受賞（2011年），文化庁長官賞受賞（2013年），文化庁設立50周年記念賞（2018年）と日本政府から表彰されている。日本政府観光局パリ事務所でも，Japan Expo が日本へのインバンド促進に果たす役割を評価しており，2019年に現地調査を行った際には，インバウンド関係のブースが広がっていた。また，会場で日本の自治体の首長を見かけることもある。

　WCS のトップスポンサーはエアアジア[15]だったが，小栗は日本政府のイ

ンバウンド政策に加えて，クールジャパン政策の推進によりコスプレの印象が大きく改善され，支援を得やすくなったと述べている（小栗［2016］）また，2009 年には名古屋市の河村たかし市長がコスプレの集いに登場し，2011年には，愛知県の大村秀章知事も参加した[16]。彼らのコスプレ合戦は地元メディアにとって恒例のイベントになっている。

⑹ 大手企業の参加（実質的戦略）

　メガマーケティングは，正当化によって多様な主体から支援を獲得するための戦略であるが，JPCE を運営していく際には企業の参加（出展や協賛）が欠かせない。小栗が述べるように，前出の政府による承認は大手企業の出展や協賛に際しての安心感につながり，支援獲得につながる要因となる。

　支援獲得には二つのルートがある。一つは来場者が増えることで資源を確保する方法で，もう一つは政府や大企業からの出資である。前者は個々の影響力は小さいかもしれないが多数になることで重要な資源となる。後者は少数だが経済的・社会的影響力が大きい。イベントに関連するステークホルダーは多様でさまざまな目的をもつ。そのなかで，メガマーケティングにより適切な参加する理由を提示することがイベント・マーケティングの要諦であると考えられる。

7．おわりに

　本章では世界最大規模の JPCE である Japan Expo と WCS について，形成発展の過程をメガマーケティング戦略の視点から考察した。両イベントとも，最初から戦略的に計画されて始まったイベントではない。前者は草の根イベントとして始まり，後者は大規模イベントのいわば「添え物」として始まった。おそらく，いずれの当事者も開始当初は今日に至るまで継続され，現在の規模になるとは夢にも思っていなかったに違いない。

　草の根型の JPCE には成長するに従って，ステークホルダー（ファン／消費者，スポンサー企業，行政機関等）との調整が必要になり，支援を獲得する

ためには，ステークホルダーを納得させる理由が必要となる。終章でも指摘しているが，JPC に限らずファンと呼ばれる人々は，愛好する対象への支払意思額が高く，価格競争に巻き込まれる可能性が低いため，企業にとっては優良市場であると考えられる。しかし，ファンによる炎上の多くの事案が示すように，市場への接近には慎重な方法が求められる。

　図表5-1（112頁）のステージ2から3への移行＝ JPCE 拡大局面では，多様なステークホルダーを巻き込む段階であるため，ステージ2がもつファン・コミュニティとしての性質は変容する可能性が高い。これは，JPCE の拡大により当初からのファンが離脱する可能性を示唆するものであるが，ブルネが記述した，Japan Expo の拡大により，オタクを自認するファンが離脱する事例からも見て取れる（ブルネ［2015］）。JPC というスティグマ製品のファン／消費者による草の根的活動を起点とする JPCE が，社会的に受容されて発展する過程においては，従来の企業起点のマーケティングとは異なり，企業も供に参加する姿勢が必要だ（詳細は10章ならびに終章参照）。

　最後に，現地取材で明らかになった興味深い知見としては，欧州での JPC 人気の高まりと JPCE の増加に対して，つい最近まで現地の在留邦人コミュニティが必ずしも好意的に受け止めていなかったことである。JPC に対するスティグマを強く感じているのは，むしろ日本人であった。しかしながら，新型コロナウイルス感染症前は，毎年200から300も世界中で開催されていた JPCE は JPC を含む日本のソフトパワーを普及させるメディアとして，今後ますます重要性が増すものと考えられる。

1）One Piece Crew @OPCrew_Oficial　2021年8月2日公表（https://twitter.com/OPCrew_Oficial/status/1422184450247495687　閲覧日：2022年2月7日）
2）本章では "legitimation" の訳語の表記として経営領域で用いられることが多い「正当化」を用いる（武石・青島・軽部［2008］；武石・青島・軽部［2012］；飯島・古川［2017］；高井［2017］；尾田［2019］；西本・勝又［2020］；cf. 平澤［2013］では「正統」性）。法学・政治学領域では主に「正統」性を用いるようだが，湯本［2020］は，「正統」「正当」が混在する理由について述べており，訳語が論者によって違い一致していないため，あえて「レジティマシー」を使う場合があること，「正統」も「正当」も "legitimacy,"

"orthodoxy," "justification" の訳に用いられていることを指摘している。

3）ハンフリーズは，制度論が動態的な視点を取り入れられないとされることから，ネオ制度論へと拡張し，既存市場の不安定化（競合）による市場形成を論じた（Chaney, Karim, and Humpheys［2016］；Humphreys, Damien, and Karim［2017］）。さらに，Slimane, Chaney, Humphreys, and Leca［2019］では，制度論を参照しているマーケティングの既存研究の特集号を編集し，現状と課題について述べている。また，ハンフリーズの論考に依拠しつつ，西本・勝又［2020］は日本の着メロ・着うた市場の形成と衰退について論じている。

4）Suchman［1995］に依拠したイノベーション実現のための資源動員戦略は，武石・青島・軽部［2012］に詳しい。

5）1999 年（来場者数 2,400）が最初だが，Japan Expo の名称が使われたのは 2000 年から。

6）「ジャパンエキスポ出展募集説明会（SEFA）」配付資料より（於, トーハン本社（東京）2019 年 12 月 17 日）

7）バンド・デシネ（bande dessiné）とはフランス語圏のマンガのこと（原正人「バンド・デシネ入門 – 第 1 回 バンド・デシネってどんなもの？」2017 年 7 月 14 日公表）https://comicstreet.net/discover/bd–france–belgium/bande–dessinee–introduction–1/（2021 年 9 月 10 日閲覧）

8）ゲームデザイナーの高橋信之（現デラックス株式会社社長）が 1980 年代にアメリカを訪れた際に，アメリカのファンのコスチュームに出会い，1983 年には当時受託していたアニメ誌の記事制作スタッフと共に「コスプレ」を造語したことから始まったとされる（デラックス株式会社「社長プロフィール」http://www.hard.co.jp/profile_01.html（2021 年 10 月 17 日閲覧））

9）https://wcs.co.jp/service/wcs2019/#i-19（2022 年 2 月 7 日閲覧）

10）本項は，WCS オフィシャルサイト www.worldcosplaysummit.jp/championship2019 -about?lang=en（2019 年 10 月 29 日取得）に依拠している。

11）2016 年 7 月現在（2017 年に会場で配布した小冊子より）

12）小史は，小栗［2016］と，2017 年に著者らが小栗氏に行ったインタビューに基づいている。

13）ハンフリーズは三つの正当化（規制的正当化，規範的正当化，認知的正当化）は，互いに補強し合うこともあれば，衝突することもあり，認知的正当化は，多くの場合，規範的正当化と平行して機能するとしている（Humphreys［2010a］, pp. 3-6）。

14）他方，1990 年代の中東での駐在経験者が，現地での営業活動の際に，人気サッカーアニメに大いに助けられたとの記録もある（「大機小機：もっとクールジャパンを」『日本経済新聞』2017 年 11 月 30 日）。ドイツの後日譚として，2000 年代に再赴任した際には事情はまったく異なっていたとのことである。

15）エアアジア・ジャパン株式会社は，2020 年 12 月 5 日に愛知県の中部セントレア国

際空港を結ぶ国内線を廃止し，日本で運航している航空会社としては初めて，新型コロナウイルスの発生により事業を終了することになった。"Low-cost carrier AirAsia to pull out of Japan as virus hits demand," https://english.kyodonews.net/news/2020/10/9d4620cbb0a2–urgent–low–cost–carrier–airasia–japan–to–shut–down–operations–in–dec.html（2020 年 10 月 10 日閲覧）

16)「アニメやゲームの登場人物に扮した世界各国の愛好者が集う（窓）」『日本経済新聞』2009 年 8 月 2 日，「世界のコスプレファン集う，名古屋でパレード」『日本経済新聞』2011 年 8 月 6 日。

【参考文献】

飯島聡太朗・古川一郎［2017］「製品の正当性のダイナミクス―古楽を事例として―」『マーケティングジャーナル』日本マーケティング学会，第 37 巻第 1 号，60-79 頁。

飯田豊・立石祥子［2017］「第 1 章　ネット社会におけるメディア・イベント研究の地平」飯田豊・立石祥子編著『現代メディア・イベント論：パブリック・ビューイングからゲーム実況まで』勁草書房，1-35 頁。

大須商店街公式サイト　http://osu.co.jp/　（閲覧日：2022 年 2 月 7 日）

小栗徳丸［2016］「世界コスプレサミットの意義，可能性，課題：文化の伝播と受容から」『CATS 叢書』北海道大学観光学高等研究センター，第 8 号，17-64 頁。

尾田基［2019］「新事業の社会的正当化における無料提供の効果：グーグル・ストリートビューを事例として」『組織科学』組織学会，第 52 巻第 3 号，57-68 頁。

外務省［2016］「ポップカルチャーとは」『わかる！国際情勢』https://www.mofa.go.jp/mofaj/press/pr/wakaru/topics/vol138/index.html（閲覧日：2020 年 9 月 15 日）

川又啓子［2009］「フランスにおけるマンガ事情」『京都マネジメント・レビュー』京都産業大学マネジメント研究会，第 15 号，79-100 頁。

世界コスプレサミット 2019 公式サイト［2019］https://www.worldcosplaysummit.jp/（閲覧日：2020 年 9 月 17 日）

世界コスプレサミット報告書［2016；2018；2019］。

高井文子［2017］「模倣・追随の二面性：日本のオンライン証券市場黎明期における企業間競争の実証的分析」『組織科学』組織学会，第 51 巻第 1 号，46-57 頁。

武石彰・青島矢一・軽部大［2008］「イノベーションの理由―大河内賞受賞事例に見る革新への資源動員の正当化プロセス」『一橋ビジネスレビュー』東洋経済新報社，第 55 巻第 4 号，22-39 頁。

――・青島矢一・軽部大［2012］『イノベーションの理由：資源動員の創造的正当化』有斐閣。

程遥［2017］「第 5 章　中国の「動漫イベント」におけるオタクの分層構造」飯田豊・立石祥子編著『現代メディア・イベント論：パブリック・ビューイングからゲーム

実況まで』勁草書房，153-185 頁。

永井純一［2017］「第 3 章　音楽フェス」飯田豊・立石祥子編著『現代メディア・イベント論：パブリック・ビューイングからゲーム実況まで』勁草書房，73-108 頁。

長坂康代［2018］「名古屋伝統商店街の国際化―聞き取り調査とフィールドワークによる大須商店街の地域づくりをめぐる一考察」『一般教育論集』愛知大学一般教育論集編集委員会，第 54 号，51-57 頁。

夏目房之介［2001］『マンガ世界戦略―カモネギ化するかマンガ産業』小学館。

西本章宏・勝又壮太郎［2020］『メガマーケティングによる市場創造戦略』日本評論社。

原正人［2017/7/14］「バンド・デシネ入門―第 1 回　バンド・デシネってどんなもの？」https://comicstreet.net/discover/bd-france-belgium/bande-dessinee-introduction-1/（2022 年 2 月 7 日閲覧）

平澤哲［2013］「未知のイノベーションと組織アイデンティティ：相補的な発展のダイナミクスの探究」『組織科学』組織学会，第 46 巻第 3 号，61-75 頁。

古永真一［2010］『BD　第九の芸術』未知谷。

ブルネ，トリスタン［2015］『水曜日のアニメが待ち遠しい』誠文堂新光社。

松井剛［2019］『アメリカに日本のマンガを輸出する：ポップカルチャーのグローバル・マーケティング』有斐閣。

山村高淑［2012］「地域住民と旅行者の双方を魅了：飽きさせない「ごった煮」感：名古屋市大須商店街」『日経グローカル』第 208 号，50-51 頁。

湯本和寛［2020］「政治的正統性（正当性）概念の再検討」『法学研究』慶應義塾大学法学研究会，第 93 巻第 12 号，207-232 頁。

Beverland, M., Hoffman, D., and Rasmussen, M.［2001］'The Evolution of Events in the Australasian Wine Sector,' *Tourism Recreation Research*, Vol. 26, No. 2, pp. 35-44.

Chaney, D., Karim, B. S., and Humphreys, A.［2016］'Megamarketing expanded by neo-institutional theory,' *Journal of Strategic Marketing*, Vol. 24, No. 6, pp. 470-483.

Festival d'Angoulême［2019］CEREMONIE, https://twitter.com/bdangouleme/status/1088133871772860417（閲覧日：2021 年 10 月 22 日）

Getz, D. and Page, S. J.［2019］*Event studies: Theory, Research and Policy for Planned Events*（*4th ed.*）, Routledge: London, UK.

Hoff, E. W.［2012］'Cosplay as Subculture: In Japan and beyond,' *Bulletin of Tokai Gakuen University*, No. 17, pp. 149-167.

Humphreys, A.［2010a］'Megamarketing: The Creation of Markets as a Social Process,' *Journal of Marketing*, Vol. 74, No. 2, pp. 1-19.

―――［2010b］'Semiotic Structure and the Legitimation of Consumption Practices: The Case of Casino Gambling,' *Journal of Consumer Research*, Vol. 37, No. 3, pp. 490-510.

―――, Damien, C., and Karim, B. S.［2017］'Megamarketing in Contested Markets: The Struggle between Maintaining and Disrupting Institutions,' *Thunderbird International*

Business Review, Vol. 59, No. 5, pp. 613–622.

Kawamata, K., Tajima, N., Kuroiwa, K., and Miura, T.［2017］'Some Preliminary Notes on the Evolution and Development Process of Japanese Pop Culture Events,' *Aoyama Journal of Cultural and Creative Studies*, Vol. 9, No. 2, pp. 71, 73–94.

Kotler, P.［1986］'Megamarketing,' *Harvard Business review*, No. 64, pp. 117–124.

―― and Keller, K. L.［2015］*Marketing Management*, Pearson.

Lamerichs, N.［2013］'The Cultural Dynamic of Doujinshi and Cosplay: Local Anime Fandom in Japan, USA and Europe,' *Participations*, Vo. 10, No. 1, pp. 154–176.

One Piece Crew @OPCrew_Oficial［2021/8/2 公表］
https://twitter.com/OPCrew_Oficial/status/1422184450247495687
（閲覧日：2022 年 2 月 7 日）

Sabré, C.［2012］'Neojaponism and Pop Culture New Japanese Exoticism in France,' *Regioninės Studijos*, No. 6, pp. 67–88.

――［2013］'New Images of Japan in France: A Survey to Japan Expo,' *Regioninės Studijos*, No. 7, pp. 95–122.

Slimane, K. B., Chaney, D., Humphreys, A., and Leca, B.［2019］"Bringing Institutional Theory to Marketing: Taking Stock and Future Research Directions," *Journal of Business Research*, Vol. 105, pp. 389–394.

Suchman, M. C.［1995］'Managing Legitimacy: Strategic and Institutional Approaches,' *Academy of Management Review*, Vol. 20, No. 3, pp. 571–610.

Tajima, N., Kawamata, K., Nakagawa, S., and Miura, T.［2022］'Cultural Events and Japanese Pop Culture in Europe: The case of the Japan Expo in France,' *Managing Cultural Festivals: Tradition and Innovation in Europe*, Salvador, E. and Pedersen, J. S （Eds.), Routledge: London, UK.

Véret, D.［2000］「普通の文化消費財へ（フランス）（滑落する日本製アニメ・マンガ―最大の輸出ソフト産業は今）」Uno Takanori 訳『中央公論』中央公論社，第 115 巻第 10 号，224–227 頁。

Villa, Kujoyama［2016］「エマニュエル・カレール（2016 年度・文学)」。
https://www.villakujoyama.jp/ja/resident/emmanuel-carrere/
（閲覧日：2022 年 2 月 7 日）

第6章

英独仏の潜在的旅行者による ジャパニーズ・ポップ カルチャーに対する 情報探索行動[1]

1. はじめに

　2003年のビジット・ジャパン・キャンペーン以降，訪日旅行者数は順調に伸びており，2018年には初めて3,000万人を突破した。訪日旅行者数は急速に伸びているものの，その地域別の内訳をみると，東アジア，東南アジアからの旅行者で8割以上を占めており，地理的に日本から離れている国々からの旅行者の割合は小さいのが現状である。本章で注目する欧州からの旅行者の割合は2018年の時点で全体の約4％である[2]。訪日インバウンドの拡大を図るうえで欧州からの旅行者数を増加させることは重要な課題と言える。そして，新型コロナウイルス感染症の世界的な拡大により大きく落ち込んだ訪日旅行者数を回復させるためにも，欧州を対象とした訪日インバウンドプロモーションの重要性は今後一層高まるものと考えられる。

　欧州の潜在的旅行者が，日本に関心をもつきっかけの一つに，日本のマンガやアニメといった日本のポップカルチャー（以下では「JPC」と表記する）の存在があげられる。そのため，訪日インバウンドプロモーションにおいて

JPC の活用が考えられるが，JPC を効果的に活用するためには，潜在的旅行者の JPC に対する情報探索行動を理解しておくことが必要である。そこで，本章の目的は，欧州の潜在的旅行者が JPC に対する情報探索を行う際に，どのような情報源を活用しているのかという実態を明らかにすることである。さらに，ツーリズム資源としての JPC の有効性を確かめるためには，これらの情報探索行動が訪日意図を高めることに寄与するのかを検証することも重要である。そこで，潜在的旅行者による JPC に対する情報探索行動が訪日意図に及ぼす影響についても分析を行う。なお，本章では，欧州の中でも英独仏の 3 カ国に焦点を当て，独仏において実施したフィールド調査ならびに英仏において実施したオンライン調査で得られたデータの分析結果を示す。

2．先行研究

　消費者行動研究において消費者情報探索に関する研究は数多く蓄積されており，近年はインターネットやモバイルデバイスの普及に伴い新たな研究課題も登場している。そこで，本章の位置づけと対象範囲を明確化するために関連する主な先行研究を概観する。

(1) 消費者情報探索の類型

　ベットマン（Bettman, J. R.）による消費者情報処理モデルに基づけば，消費者は特定の目標を達成するために購買意思決定を行うとされており（坂下［2008］, 136 頁），その目標の達成に向けた一連のプロセスの中で，最適な手段についての情報探索を行うとされる。この消費者情報探索は外部探索と内部探索に分類される。すなわち，消費者はまず，ある選択に際して，記憶内に貯蔵されている関連情報を吟味する内部探索を行うが，その選択のために必要な情報が不足する場合や相矛盾する場合には，次の段階として記憶以外のさまざまな情報源から情報を探索する外部探索が行われる。そして，外部探索によって情報が取得されたならば，消費者はその情報を解釈もしくは精

緻化するためにさらなる内部探索を行う。つまり，内部探索と外部探索の間には継続的な循環が存在するとされ，獲得された情報をもとに購買意思決定が行われる（池尾［1991］，177-179頁；坂下［2011］，47頁）。

　さらに，消費者の外部探索は，特定の購買意思決定を達成する目的で行われる購買前探索（prepurchase search）と，当面の購買予定とは別に，継続的に日頃から関心のある製品カテゴリーに関して学習する継続的探索（ongoing search）に分けられる（Bloch, Sherrell, and Ridgway［1986］, p. 120；坂下［2011］，48頁）。購買前探索の結果としては，製品や市場に関する知識の上昇，購買結果へのヨリ高い満足度，ヨリ良い購買意思決定をもたらすとされる。他方で，継続的探索の結果としては，得られた製品や市場に関する知識の上昇が将来における購買の効率化を導いたり，あるいは情報探索それ自体から得られる満足をもたらしたりすることが指摘されている（Bloch, Sherrell, and Ridgway［1986］, p. 121；坂下［2011］，48頁）。

(2) 功利的情報探索と快楽的情報探索

　情報探索のタイプは関連する動機に基づいて，功利的情報探索（utilitarian information search）と快楽的情報探索（hedonic information search）に分類することができる（Pöyry, Parvinen, Salo, and Blakaj［2012］, p. 1797）。功利的情報探索とはタスク関連的，合理的なものであり，何らかの目標達成に向けられた実用的な動機と関連するものである。それに対して，快楽的情報探索とは経験的なものであり，探索それ自体から得られる楽しさといった動機に関連するものである（Pöyry *et al.*［2012］, p. 1797）。オンライン上での快楽的情報探索の影響については，消費者が経験価値の源泉である楽しさや遊び（Play）を知覚する結果，ウェブサイトやブランドへの態度形成につながることが指摘されている（Mathwick and Rigdon［2004］, pp. 326-329；坂下［2011］，49頁）。

(3) オンライン情報探索

　インターネットの登場以降，消費者を取り巻く情報環境は大きく変化して

おり，今日では消費者によるオンライン上での情報探索はきわめて活発になっている。また，SNS（ソーシャル・ネットワーキング・サービス）の普及に伴い，消費者情報源としての SNS の役割も急速に高まっている。このような環境変化をふまえて，消費者によるオンライン上での情報探索を扱った研究が数多く示されている。

　消費者によるオンライン上での情報探索が一般化した影響としては，消費者が負担する製品・サービスに関する情報探索コストが低下したことが指摘されている（Alba, Lynch, Weitz, Janiszewski, Lutz, Sawyer, and Wood ［1997］，pp. 39-45 ; Lynch and Ariely ［2000］，pp. 84-86）。また，消費者がオンライン上で容易に情報を発信できるようになった結果，消費者にとって製品レビューなどの e クチコミが重要な情報源となっていることも指摘されている（Chevalier and Mayzlin ［2006］，p. 345 ; Zhu and Zhang ［2010］，pp. 133-137）。

　オンライン情報探索のタイプを類型化する枠組みとしては次の分類が指摘されている。例えば，オンライン探索を，特定の目的達成に向けられた探索（directed search）と，特定の目的を伴わない探索であるブラウジング（browsing）に分類する枠組みが指摘されている（Rowley ［2000］，pp. 20-32）。同様に，サイト閲覧行動を目的志向型（goal-directed）と探索型（exploratory）の二つに分類する枠組みも示されている（Moe ［2003］，p. 31）。目的志向型は，探索ルーチンや現行のタスク遂行のために行われる計画されたもので，消費者の意識的な努力を伴うものである一方，探索型は特定の情報を主体的に探索していない場合に採用される探索行動であり，周囲の環境をモニターする行為である（Janiszewski ［1998］，p. 291 ; 坂下 ［2011］，49 頁）。これらの研究が示す通り，オンライン情報探索の類型化として，何らかの目的を伴った意識的な探索が行われているか否かによる分類が可能である。

⑷ 本章の位置づけ

　以上の先行研究をふまえて本章の位置づけ，および分析対象の範囲について確認する。本章が分析対象とする潜在的旅行者による JPC に対する情報

探索行動は，何らかの合理的な意思決定に向けて行われる探索行動というよりも，むしろ JPC それ自体の消費を楽しむために行われるという特徴が強いものと考えられる。したがって，本章は潜在的旅行者による快楽的情報探索を扱う研究として位置づけられる。また，潜在的旅行者は雑誌などの印刷媒体あるいは家族・友人のクチコミなど伝統的な情報源に加えて，SNS 上で共有されるクチコミや動画サイトに投稿されるコンテンツなど，オンライン上の情報源も積極的に活用している状況が想定される。そこで，オフラインの情報源に加えて，オンライン上の情報源に対する探索行動も含めて調査および分析を行う。なお，先行研究では，オンライン情報探索のタイプが目的志向型と探索型に分類されているが，潜在的旅行者のオンライン情報探索行動において，これらの分類に基づく傾向の違いが国ごとに見られる可能性が考えられる。そこで，この点についても英仏で取得されたデータを用いて，その傾向を推定する。

3．分析

(1) 調査概要

　英独仏における潜在的旅行者の JPC に対する情報探索行動を解明するために，独仏の日本関連イベント会場におけるフィールド調査，ならびに英仏を対象としたオンライン調査を実施した。その概要は以下の通りである。

①フィールド調査の概要

　独仏の日本関連イベントにおいて来場者を対象とするフィールド調査を実施した。ドイツにおける調査はデュッセルドルフで開催された Dokomi において 2018 年 5 月 19 日から 5 月 20 日にかけて実施した。また，フランスにおける調査はパリで開催された Japan Expo において 2019 年 7 月 9 日に実施した。

　調査対象とした情報源は，オフラインの情報源が，日本関連イベント（以

下では「イベント」と表記する），家族や友人のクチコミ（以下では「クチコミ」と表記する），印刷媒体の雑誌（以下では「雑誌」と表記する）であり，オンラインの情報源が，SNS およびアニメ・マンガのファンサイト（以下では「SNS・ファンサイト」と表記する），YouTube などの動画サイト（以下では「動画サイト」と表記する），オンライン雑誌，アニメ・マンガのオフィシャルサイト（以下では「オフィシャルサイト」と表記する）である。ただし，ドイツにおけるフィールド調査では雑誌とオンライン雑誌を区別せず「雑誌」として一括して調査している。

　調査の結果，ドイツが 257 サンプル，フランスが 299 サンプルの回答結果を得られたが，欠損値を含むデータを除外してドイツは 161 サンプル，フランスは 185 サンプルを分析対象とした[3]。

②オンライン調査の概要

　英仏におけるオンライン調査では，各国におけるマーケティング調査会社のモニターに対して調査を実施した[4]。フランスを対象とする調査は 2018年 8 月 31 日から 9 月 10 日にかけて実施し，イギリスを対象とする調査は2019 年 10 月 1 日から 10 月 11 日にかけて実施した[5]。なお，調査対象とした情報源はフィールド調査と同一である。

　調査の結果，英仏それぞれ 206 サンプルの回答結果が得られ，同データが分析対象とされた[6]。

(2) 潜在的旅行者の JPC に対する情報探索行動の実態

　英独仏の潜在的旅行者による各情報源の利用の程度を測定するために，各情報源について「関心のある JPC に関して情報を得る際に，次の情報源をどの程度利用しますか」という質問項目について「全く利用しない」から「ほとんどいつも利用する」までの 5 段階リッカート尺度により測定した。フィールド調査の分析結果が**図表 6-1** であり，オンライン調査の分析結果が**図表 6-2** である。

　フィールド調査の分析結果では，独仏いずれにおいても，全体的な傾向と

してオフラインの情報源と比べて，オンラインの情報源の利用の程度が相対的に高い傾向が示された。オンラインの情報源の中でも，SNS・ファンサイトや動画サイトなど，主に個人により情報が発信されている情報源の利用の程度が特に高いという特徴も見られた。また，オフラインの情報源に関しては，クチコミの利用の程度がやや高いという点は独仏に共通した特徴であった。独仏の比較では，ドイツに比べてフランスではイベントの利用の程度が高いという結果であった。

　オンライン調査の分析結果については，英仏いずれにおいてもオンラインの情報源が活発に利用されており，特にSNS・ファンサイトや動画サイトの利用の程度が高いという傾向であった。また，オフラインの情報源に関しては，英仏いずれにおいてもクチコミの利用の程度がやや高いという傾向が見られた。これらは独仏におけるフィールド調査と同様の結果と言える。また，英仏の比較では，イギリスに比べて，フランスにおいてはイベントの利用の程度が高いという結果であり，フランスでは情報源としてイベントの利用の程度が高いという傾向はフィールド調査とオンライン調査で一貫して確認された。なお，この理由として考えられるのは，フランスのパリにおいて毎年開催されているJapan Expoの存在である。同イベントは欧州で最大規模の日本関連イベントであり，日本の伝統文化のみならずJPC関連の豊富な情

図表6-1　情報源の利用の程度（独仏におけるフィールド調査の結果）

	ドイツ		フランス	
	平均値	標準偏差	平均値	標準偏差
イベント	2.92	1.22	3.72	1.07
クチコミ	3.12	1.17	3.48	1.24
雑誌	2.40	1.13	2.59	1.22
SNS・ファンサイト	3.65	1.13	4.05	1.05
動画サイト	3.63	1.11	4.07	1.07
オンライン雑誌	－	－	3.31	1.22
オフィシャルサイト	2.82	1.23	3.24	1.28

出所：著者作成。

図表 6-2　情報源の利用の程度（英仏におけるオンライン調査の結果）

	イギリス		フランス	
	平均値	標準偏差	平均値	標準偏差
イベント	2.68	1.34	3.07	1.25
クチコミ	3.19	1.23	3.34	1.13
雑誌	2.74	1.26	2.80	1.25
SNS・ファンサイト	3.33	1.33	3.22	1.37
動画サイト	3.41	1.22	3.47	1.22
オンライン雑誌	2.81	1.28	3.10	1.30
オフィシャルサイト	2.88	1.32	2.93	1.33

出所：著者作成。

報提供が行われている。同イベントはフランスにおいて高い認知を獲得しており，このことが分析結果の要因の一つとして考えられる。

(3) 情報源の情報の質に対する評価

　潜在的旅行者が，それぞれの情報源が提供する情報の質をいかに評価しているかは，彼らの情報源の利用行動に影響を及ぼしている可能性が考えられる。そこで，潜在的旅行者による情報の質に対する評価を情報源の利用行動の規定因として捉え，それらの関係性について英仏を対象としたオンライン調査で得られたデータをもとに検討する。

　本章において情報の質とは，情報の利用者による利用にとって，どの程度適した情報であるかを意味しており（Wang and Strong［1996］, p. 6），それは複数の次元から構成される概念である（Wang and Strong［1996］, p. 7）。英仏を対象としたオンライン調査では，あるタスクの文脈において情報の質が必要条件を満たしているという「文脈的な情報の質（contextual data quality）」，ならびに情報の正確性など情報それ自体がもつ「固有の情報の質（intrinsic data quality）」に関する評価を測定した（Wang and Strong［1996］, pp. 20-21）。具体的には，回答者が興味のある JPC に関する情報を探索する場合に，各情報源の情報に関して次の各項目をどの程度高く知覚しているか評価を求

めた。文脈的な情報の質に関しては「有益な情報を提供していると思うか（情報の有益さ）」「目的に適合した情報を提供していると思うか（情報の目的適合性）」「最新の情報を提供していると思うか（情報の新しさ）」「十分な情報を提供していると思うか（情報の十分さ）」を，固有の情報の質に関しては「信憑性が高い情報を提供していると思うか（情報の信憑性）」を測定対象とした。なお，各項目について5段階のリッカート尺度で測定している。

　まず，潜在的旅行者が各情報源の情報の質をどのように評価しているのかに関する分析結果は**図表6-3**である。

　イギリスの結果は次の通りであった。「情報の有益さ」については，動画サイトが最も高く評価されており，次いでSNS・ファンサイト，オフィシャルサイトという順であった。「情報の目的適合性」については，SNS・ファンサイトが最も高く評価されており，次いで動画サイト，オフィシャルサイトという順であった。「情報の信憑性」については，動画サイトが最も高く評価されており，次いでオフィシャルサイト，イベントという順であった。「情報の新しさ」については，SNS・ファンサイトが最も高く評価されており，次いでオフィシャルサイト，イベントおよび動画サイトという順であった。「情報の十分さ」については，SNS・ファンサイトが最も高く評価されており，次いで動画サイト，オフィシャルサイトという順であった。これらの結果から，イギリスでは情報の質のいずれの次元についてもオンラインの情報源が高く評価されている傾向が確認され，とりわけSNS・ファンサイトおよび動画サイトの評価は高いと言える結果であった。

　フランスの結果は次の通りであった。「情報の有益さ」については，動画サイトが最も高く評価されており，次いでイベント，オフィシャルサイトという順であった。「情報の目的適合性」については，イベントが最も高く評価されており，次いで動画サイト，オフィシャルサイトという順であった。「情報の信憑性」については，イベントが最も高く評価されており，次いでオフィシャルサイト，オンライン雑誌という順であった。「情報の新しさ」については，SNS・ファンサイトが最も高く評価されており，次いでイベント，オフィシャルサイトという順であった。「情報の十分さ」については，イベントが

図表 6-3 各情報源の情報の質に関する評価

		イギリス		フランス	
		平均値	標準偏差	平均値	標準偏差
情報の有益さ	イベント	3.73	1.02	3.92	1.02
	クチコミ	3.67	1.04	3.68	1.08
	雑誌	3.44	1.00	3.66	1.11
	SNS・ファンサイト	4.03	0.92	3.72	1.12
	動画サイト	4.08	0.83	3.95	1.02
	オンライン雑誌	3.59	0.95	3.75	1.12
	オフィシャルサイト	3.84	1.04	3.82	1.10
情報の目的適合性	イベント	3.81	0.99	3.85	1.11
	クチコミ	3.65	1.02	3.60	1.06
	雑誌	3.56	0.98	3.62	1.06
	SNS・ファンサイト	4.03	0.87	3.68	1.16
	動画サイト	3.98	0.89	3.80	1.05
	オンライン雑誌	3.66	0.96	3.67	1.09
	オフィシャルサイト	3.90	1.01	3.78	1.11
情報の信憑性	イベント	3.87	0.99	4.00	1.03
	クチコミ	3.68	1.04	3.66	1.00
	雑誌	3.61	0.88	3.76	1.02
	SNS・ファンサイト	3.86	0.97	3.62	1.08
	動画サイト	3.93	0.88	3.75	0.98
	オンライン雑誌	3.69	0.89	3.80	1.00
	オフィシャルサイト	3.88	0.99	3.86	1.05
情報の新しさ	イベント	3.95	0.90	3.93	1.00
	クチコミ	3.57	1.13	3.50	1.00
	雑誌	3.70	0.90	3.65	1.05
	SNS・ファンサイト	4.14	0.84	3.94	1.13
	動画サイト	3.95	0.93	3.79	1.10
	オンライン雑誌	3.78	0.89	3.78	1.03
	オフィシャルサイト	4.02	0.95	3.88	1.03
情報の十分さ	イベント	3.78	0.94	3.90	0.99
	クチコミ	3.46	1.08	3.48	1.07
	雑誌	3.64	0.91	3.66	1.04
	SNS・ファンサイト	3.90	1.02	3.66	1.16
	動画サイト	3.88	0.95	3.68	1.10
	オンライン雑誌	3.65	0.86	3.67	1.04
	オフィシャルサイト	3.86	1.01	3.84	1.07

出所：著者作成。

最も高く評価されており，次いでオフィシャルサイト，動画サイトという順であった。フランスにおいてもイギリスと同様に SNS・ファンサイト，動画サイト，オフィシャルサイトといったオンラインの情報源の情報の質は全般的に高く評価されている。ただし，フランスではオフラインの情報源であるイベントが，情報の質のいずれの次元においても高く評価されている点が特徴的である。フランスでは実際の利用の程度においてもイベントはやや高い結果であったが，その背景には情報の質に対する評価の高さがあるものと考えられる。

　英仏の特徴を比較すると，イギリスはオンラインの情報源が情報の質のいずれの次元でも高く評価されており，実際にそれらの情報源が活発に利用されている傾向が見られたのに対して，フランスはオンラインの情報源のみならず，オフラインの情報源であるイベントの情報の質が高く評価されており，これらの情報源の利用の程度は高いという傾向が見られた。これらの結果から，イギリスはオンライン重視型の情報探索行動という特徴があるものと推定されるのに対して，フランスではオンラインの情報源とオフラインの情報源を組み合わせた探索行動の傾向が比較的強いものと推定される。

⑷ 情報の質の評価と JPC に対する情報探索行動の関係性

　潜在的旅行者による情報の質に関する評価が，彼らの情報源の利用行動に与える影響を分析するために，情報源ごとに情報の質に対する評価を説明変数として，情報源の利用の程度を被説明変数とする重回帰分析を行った。その分析結果はイギリスについては**図表 6-4**，フランスについては**図表 6-5** で示される通りである。

　イギリスについては，クチコミ，雑誌，SNS・ファンサイト，動画サイト，オンライン雑誌において「情報の有益さ」が情報源の利用の程度に正の有意な影響を及ぼすことが確認された。したがって，イギリスでは「情報の有益さ」が情報の利用の程度を規定する重要な要因であると言える。また，イベント，オフィシャルサイトについては「情報の有益さ」による有意な影響が

確認されない一方で，「情報の目的適合性」が正の有意な影響を及ぼしており，その他の情報源とは異なる動機で利用されている可能性が考えられる。クチコミ，SNS・ファンサイト，オンライン雑誌については，「情報の有益さ」に加えて「情報の十分さ」も正の有意な影響を及ぼしており，これらの情報源では豊富な情報が提供されていると知覚されることも情報源の利用にあたっての重要な要因となっていると考えられる。

　フランスについては，雑誌，SNS・ファンサイト，動画サイト，オンライン雑誌，オフィシャルサイトにおいて「情報の目的適合性」が情報源の利用の程度に正の有意な影響を及ぼすことが確認された。また，イベント，クチコミ，SNS・ファンサイトにおいては「情報の有益さ」が有意な影響を及ぼすことが確認された。したがって，フランスにおいては「情報の目的適合性」が情報源の利用の程度を説明するうえで最も重要な要因と言える。また，雑誌，SNS・ファンサイト，オフィシャルサイトについては，「情報の十分さ」も正の有意な影響を及ぼしており，これらの情報源では豊富な情報が提供されていると知覚されることも情報源の選択に重要な影響を及ぼすと考えられる。

　「情報の信憑性」については，イギリスにおいてクチコミの利用の程度に対して正の有意な影響が見られたが，その他の情報源については英仏ともに有意な影響は確認されなかった。「情報の新しさ」については，英仏ともに，いずれの情報源でも有意な影響は確認されなかった。

　以上の結果に基づけば，イギリスは，フランスと比べて「情報の目的適合性」が利用の程度に及ぼす影響が小さいと言える。それゆえ，イギリスにおいては，特定の目的を念頭においた目的志向型（goal-directed）というよりは，むしろ探索型（exploratory）のオンライン情報探索の傾向が相対的に強いと考えることができる。それに対して，フランスでは，「情報の目的適合性」が全般的に情報源の利用の程度に強く影響していることから，イギリスと比較すると，特定の目的を伴った目的志向型の情報探索傾向が相対的に強いものと想定される。先に述べた通り，フランスではオンラインの情報源のみならず，クチコミに加えてイベントも重要な情報源と捉えられており，オンラ

インとオフラインそれぞれの情報源を織り交ぜながら情報探索が行われている傾向があるものと推測できる。これらの点を併せて考えれば，フランスでは目的に応じて意識的に情報源を使い分ける選択的な探索傾向が見られる可能性があると考えられる。

　また，英仏いずれにおいても，「情報の信憑性」が情報源の利用の程度にほとんど有意な影響を及ぼさなかった点も注目すべきであろう。つまり，JPC に対する情報探索においては，情報の信憑性は情報源の選択と利用における重要な動機にはなりにくいということである。この理由としては JPC

図表 6-4　情報の質が各情報源の利用の程度に及ぼす影響（イギリス）

	イベント	クチコミ	雑誌	SNS・ファンサイト	動画サイト	オンライン雑誌	オフィシャルサイト
情報の有益さ	.040	.296***	.311***	.351***	.282**	.265**	.145
情報の目的適合性	.297*	.117	.165	.123	.115	.120	.301**
情報の信憑性	−.118	.182*	−.119	.014	.015	.094	.033
情報の新しさ	.092	.017	.134	−.060	.112	−.063	−.068
情報の十分さ	.070	.236**	.165	.257**	.049	.236**	.010
決定係数	.132	.541	.310	.367	.255	.304	.166
調整済み決定係数	.110	.529	.292	.352	.236	.286	.145
F 値	6.074	47.108	17.938	23.231	13.689	17.434	7.958
有意確率	.000	.000	.000	.000	.000	.000	.000

注：重回帰分析の値は標準偏回帰係数，＊：p<.05　＊＊：p<.01　＊＊＊：p<.001
出所：著者作成。

図表 6-5　情報の質が各情報源の利用の程度に及ぼす影響（フランス）

	イベント	クチコミ	雑誌	SNS・ファンサイト	動画サイト	オンライン雑誌	オフィシャルサイト
情報の有益さ	.214*	.227**	.167	.173*	.123	.135	.171
情報の目的適合性	.158	.170	.239**	.288**	.292***	.319**	.308**
情報の信憑性	.010	.031	−.164	.106	.141	−.024	−.015
情報の新しさ	.010	.117	−.011	.007	.064	.130	−.105
情報の十分さ	.104	.110	.349***	.213**	.162	.092	.261**
決定係数	.188	.297	.290	.481	.431	.321	.320
調整済み決定係数	.168	.279	.272	.468	.417	.304	.303
F 値	9.270	16.897	16.355	37.089	30.296	18.902	18.828
有意確率	.000	.000	.000	.000	.000	.000	.000

注：重回帰分析の値は標準偏回帰係数，＊：p<.05　＊＊：p<.01　＊＊＊：p<.001
出所：著者作成。

に対する情報探索が JPC それ自体の消費を楽しむという快楽的情報探索の側面が強く，得られた情報をもとに何らかの合理的な意思決定を行うという側面が弱いことが考えられる。さらに，情報の新しさについても有意な影響が確認されなかったことは意外な結果ではあったが，このことも JPC それ自体の消費を楽しむという目的のもとでは情報の鮮度はさほど重視されないことを示していると解釈できる。

⑸ JPC に対する情報探索行動と訪日意図の関係性

　JPC を訪日インバウンドプロモーションにおける資源として活用するうえでは，潜在的旅行者の JPC に対する情報探索が訪日意図を高めることに寄与するかを確認しておくことも重要であろう。そこで，**図表 6-6** で示される通り，潜在的旅行者による JPC に対する情報探索の程度が直接的，あるいは JPC に対する態度を介して間接的に訪日意図に影響を及ぼすという関係性を仮定して分析を行った。

　なお，分析対象とした情報源は，潜在的旅行者による利用の程度が比較的高いという結果が得られた四つの情報源を対象とした。具体的には，オンラインの情報源として動画サイトおよびオフィシャルサイトを，オフラインの情報源としてクチコミおよびイベントを分析対象とした。

　各情報源の利用の程度に関しては，先の分析と同じく，各情報源について「関心のある JPC に関して情報を得る際に，次の情報源をどの程度利用しますか」という質問項目について「全く利用しない」から「ほとんどいつも利用する」までの 5 段階リッカート尺度により測定したデータを用いた。また，JPC に対する態度に関しては，「魅力的─魅力的ではない」「好ましい─好ましくない」「良い─悪い」の 3 項目について 5 段階の SD 尺度で測定した。訪日意図については，「私は将来日本を訪れるであろう」「私は日本を訪れることを定期的に計画している」「私は近い将来日本を訪れるつもりである」の 3 項目について 5 段階のリッカート尺度で測定した。

　分析に用いたデータは英仏におけるオンライン調査で得られたデータである。なお，分析対象とする情報源にイベントが含まれるが，同情報源による

図表 6-6　仮定したモデルの関係性

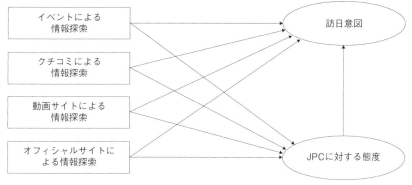

出所：著者作成。

情報探索経験が全くない回答者もいるため，過去に 1 回以上 JPC 関連のイベントに参加した経験がある回答者を抽出して分析を行った[7]。その結果，イギリスに関しては 122 サンプルが分析対象とされ，フランスに関しては，143 サンプルが分析対象とされた。

　図表 6-6 で示される関係の妥当性について，構造方程式モデリングを用いて分析を行った。分析モデルの適合度を示す指標は，イギリスに関しては，CFI = .991，GFI = .956，AGFI = .898，RMSEA = .037 であり，フランスに関しては，CFI = .987，GFI = .956，AGFI = .905，RMSEA = .049 であり，いずれもおおむね良好な適合度であると判断できる（Bagozzi and Yi［1998］，p. 82）。そこで，これらのデータを用いて分析を行った。その分析結果は，**図表 6-7** および**図表 6-8** で示される通りである。

　イギリスに関する分析結果は，クチコミによる情報探索は訪日意図に対して有意な正の影響を及ぼすことが確認された。また，JPC に対する態度を介した間接的な影響については，動画サイトおよびオフィシャルサイトによる情報探索は，JPC に対する態度に正の影響を及ぼし，JPC に対する態度を介して訪日意図に対して正の有意な影響を及ぼすことが確認された。

　フランスに関する分析結果は，情報探索が訪日意図に対して及ぼす直接的な影響については，いずれの情報源においても有意な影響は確認されなかっ

図表 6-7　JPC に対する情報探索と訪日意図の関係性（イギリス）

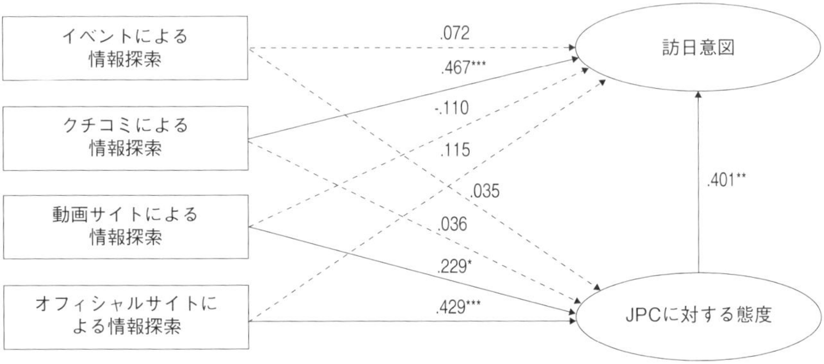

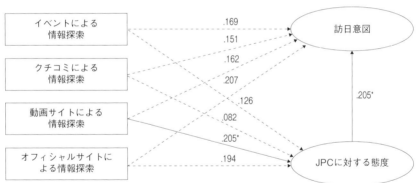

実線は有意な関係性を，破線は非有意な関係性を表す。
　***= .1% 水準で有意，　**= 1% 水準で有意，　*=5% 水準で有意
出所：著者作成。

図表 6-8　JPC に対する情報探索と訪日意図の関係性（フランス）

実線は有意な関係性を，破線は非有意な関係性を表す。
　***= .1% 水準で有意，　**= 1% 水準で有意，　*=5% 水準で有意
出所：著者作成。

た。また，間接的な影響については，動画サイトによる情報探索が，JPC に
対する態度を介して訪日意図に対して正の有意な影響を及ぼすことが確認さ
れた。

⑹ 分析結果のまとめ

　以上の分析結果より，英独仏の潜在的旅行者が JPC に関する情報を探索する際には，オンラインの情報源を利用する程度が相対的に高く，特に SNS・ファンサイトや動画サイトを積極的に活用している実態が明らかとなった。オフラインの情報源についてはオンラインの情報源と比較すると相対的に利用の程度は低いものの，英独仏いずれにおいてもクチコミの利用の程度は比較的高いと言える。また，フランスにおいてはイベントの利用の程度が高いことがフィールド調査およびオンライン調査で一貫して確認された。

　このような情報源の利用行動に影響を及ぼす要因の一つとしては，潜在的旅行者による各情報源の情報の質に対する評価が考えられる。そこで，英仏のオンライン調査で得られたデータを用いてこれらの関係性について分析した結果，いずれの国においても活発に利用されている情報源については，その情報の質の評価が高い傾向にあることが確認された。

　また，英仏の比較においては国ごとの特徴的な違いが見られた。イギリスは，フランスと比べてオンライン重視型の情報探索行動の傾向が推定され，その探索のタイプは目的志向型というよりは，むしろ探索型の傾向が相対的に強いと示唆される結果であった。それに対して，フランスではオンラインとオフラインそれぞれの情報源を織り交ぜながら情報探索が行われている傾向があるものと推定でき，潜在的旅行者が特定の目的に応じて意識的に情報源を使い分ける選択的な探索傾向が存在している可能性が示唆される結果であった。

　JPC に対する情報探索行動が訪日意図に与える影響に関しては，英仏いずれにおいても特定の情報源による情報探索行動は直接的もしくは間接的に訪日意図を高めることが確認された。これらの結果から，ツーリズム資源としての JPC の有効性を確認することができた。

4．おわりに

　ツーリズム資源としての JPC の有効性を一層高めるためには次のことが重要になると考えられる。まず，調査対象とした 3 カ国のいずれにおいても SNS・ファンサイト，動画サイトが活発に利用されており，これらのオンラインの情報源を活用したプロモーションが効果的であろう。なぜなら，潜在的旅行者が情報探索に活用している情報源と，プロモーションで用いるメディアが一致していなければ，ターゲットとする潜在的旅行者に対して効果的にリーチできないからである。また，JPC に対する情報探索行動が JPC それ自体の消費を楽しむという快楽的な動機によるものであるとすれば，その探索行動は継続的に行われている可能性が高いと想定される。それゆえ，潜在的旅行者の日常的な情報探索行動に適合したプロモーションを行うことで，潜在的旅行者との継続的なタッチポイントを設けることが可能になると考えられる。

　また，英仏を対象としたオンライン調査の分析結果に見られるように潜在的旅行者の JPC に対する情報探索行動は一様ではなく，それぞれの国の特徴的な傾向が見られる。したがって，いかなるメディアを重点的に用いるべきかについては，各国の潜在的旅行者の特徴に留意する必要があるだろう。例えば，オンライン重視型の情報探索傾向が強いと想定されるイギリスでは，オンラインの情報源を活用した JPC に対する関心の喚起が重要な課題と考えられるのに対して，イベントの利用の程度が比較的高いフランスでは，イベント会場における JPC に対する関心の喚起が重要な課題であると考えられる。ただし，オンラインのメディアとオフラインのメディアでは，その特性や強みが異なることから，いずれの国においても各国の特徴をふまえてオンラインとオフラインを効果的に組み合わせたプロモーションを行うことが求められるであろう。

1）本章は中川［2020］ならびに中川・田嶋・川又［2021］をもとに加筆修正したもの

である。

2) 日本政府観光局，平成31年1月16日報道発表資料。

3) 分析対象とした回答者の属性は次の通りである。ドイツは，年代に関して20歳未満が66名，20代が73名，30代が17名，40代が2名，50代が3名であり，性別に関しては男性が57名，女性が97名，無回答が7名である。フランスは，年代に関しては20歳未満が84名，20代が57名，30代が22名，40代が19名，50代が3名であり，性別に関しては男性が62名，女性が123名である。

4) 各国での調査においては，現地の言語に合わせて英語，ドイツ語，フランス語に翻訳した調査票を用いて調査を実施した。なお，これらの調査票については，それぞれの言語を母語とするネイティブ1名による確認を事前に行っている。

5) 調査対象者は前提として英仏それぞれの国籍を有している必要がある。また，JPCに関して全く知識が無い場合には調査内容に対する回答が困難と想定されるため，JPCに関する一定以上の知識を有している必要がある。そのため，次のスクリーニング条件を設定して回答者の絞り込みを行った。第一に，自身の国籍としてイギリス，フランスをそれぞれ選択した回答者を抽出した。第二に，日常的にJPCに接触する程度を質問し，一定以上の経験を有している回答者を抽出した。具体的には，「日常的に日本のポップカルチャーを見聞きする経験がどの程度あるか」という問いに対して，「非常によく見聞きする」「ときどき見聞きする」「日常的には見聞きしないが，これまでに見聞きした経験はある」のいずれかを選択した回答者を抽出し，「見聞きした経験はない」もしくは「日本のポップカルチャーについては全く分からない」を選択した回答者は調査対象者から除外した。

6) 分析対象とした回答者の属性は次の通りである。イギリスは，年代に関しては20歳未満が6名，20代が44名，30代が74名，40代が52名，50代が30名であり，性別に関しては男性が92名，女性が114名であった。フランスは，年代に関しては20歳未満が7名，20代が43名，30代が63名，40代が56名，50代が37名であり，性別に関しては男性が98名，女性が108名である。

7) 海外で開催される日本関連イベントの中にはJPCを扱わないものもあることから，イベントへの参加経験を問う項目では「日本関連イベント」ではなく「JPCに関連したイベント」への参加経験を質問する形式とした。

【参考文献】

池尾恭一［1991］『消費者行動とマーケティング戦略』千倉書房。

坂下玄哲［2008］「消費者情報探索：論点と方法」『マーケティングジャーナル』第28巻第2号，135-143頁。

――［2011］「オンライン情報探索がブランド・パリティーに与える影響〜クリックストリーム分析による探索的研究〜」『マーケティングジャーナル』第31巻第2号，45-59頁。

中川正悦郎［2013］「情報源としてのインターネットと消費者情報源選好」『マーケティングジャーナル』第 33 巻第 2 号，80-93 頁。

―――［2020］「仏独旅行者のジャパニーズ・ポップカルチャーに対する情報探索行動：日本関連イベントにおける来場者調査の結果から（プロジェクト報告 文化とマーケティング研究会）」『青山総合文化政策学』第 11 巻第 1 号，93-99 頁。

―――・田嶋規雄・川又啓子［2021］「英仏の潜在的旅行者によるジャパニーズ・ポップ・カルチャーに対する情報探索行動」『青山総合文化政策学』第 12 巻第 1 号，73-91 頁。

Alba, J., Lynch, J., Weitz, B., Janiszewski, C., Lutz, R., Sawyer, A., and Wood, S.［1997］'Interactive Home Shopping: Consumer, Retailer, and Manufacturer Incentives to Participate in Electronic Marketplaces,' *Journal of Marketing*, Vol. 61, No. 3, pp. 38-53.

Bagozzi, R. P. and Yi, Y.［1988］'On the Evaluation of Structural Equation Models,' *Journal of the Academy of Marketing Science*, Vol. 16, No.1, pp. 74-94.

Bettman, J. R.［1979］*An Information Processing Theory of Consumer Choice*, Addison Wesley, Boston.

Bloch, P. H., Sherrell, D. L., and Ridgway, N. M.［1986］'Consumer Search: An Extended Framework,' *Journal of Consumer Research*, Vol. 13, No. 1, pp. 119-126.

Chevalier, J. A. and Mayzlin, D.［2006］'The Effect of Word of Mouth on Sales: Online Book Reviews,' *Journal of Marketing Research*, Vol. 43, No. 3, pp. 345-354.

Janiszewski, C.［1998］'The Influence of Display Characteristics on Visual Exploratory Search Behavior,' *Journal of Consumer Research*, Vol. 25, No. 3, pp. 290-301.

Lynch, J. G. and Ariely, D.［2000］'Wine Online: Search Costs Affect Competition on Price, Quality, and Distribution,' *Marketing Science*, Vol. 19, No. 1, pp. 83-103.

Mathwick, C. and Rigdon, E.［2004］'Play, Flow, and the Online Search Experience,' *Journal of Consumer Research*, Vo. 31, No. 2, pp. 324-332.

Moe, W. W.［2003］'Buying, Searching, or Browsing: Differentiating Between Online Shoppers Using In-Store Navigational Clickstream,' *Journal of Consumer Psychology*, Vol. 13, No. 1-2, pp. 29-39.

Pöyry, E., Parvinen P., Salo J., and Blakaj, H.［2012］'Hedonic and Utilitarian Search for Electronic Word-of-Mouth,' in *Proceedings of 45th Hawaii International Conference on System Sciences*, pp. 1797-1806.

Rowley, J.［2000］'Product search in e-shopping: a review and research propositions,' *Journal of Consumer Marketing*, Vol. 17, No. 1, pp. 20-35.

Wang, R. Y. and Strong, D. M.［1996］'Beyond Accuracy: What Data Quality Means to Data Consumers,' *Journal of Management Information Systems*, Vol. 12, No. 4, pp. 5-33.

Zhu, F. and Zhang, X. M.［2010］'Impact of Online Consumer Reviews on Sales: The

Moderating Role of Product and Consumer Characteristics,' *Journal of Marketing*, Vol. 74, No. 2, pp. 133-148.

第7章

JPCを活用したインバウンド戦略
──『ラブライブ！サンシャイン!!』を
事例として──

はじめに

　本章では，JPCに関連するインバウンド需要，とりわけ外国人によるアニメ聖地巡礼に注目し，外国人によるアニメ聖地巡礼を促すために各主体がいかなる点に留意してマーケティング戦略を策定すべきかについて指針を示すものである。まず，新型コロナウイルス感染症拡大前のインバウンド状況について概観し，続いてツーリズムとしての聖地巡礼およびファン活動としての聖地巡礼の特徴に関する議論を踏まえて，外国人によるアニメ聖地巡礼の特徴について述べる。その後，アニメ聖地巡礼の実態に迫るために，アニメ『ラブライブ！サンシャイン!!』の聖地巡礼に成功していると思われる静岡県沼津市を事例として取り上げ，関係者へのインタビューを基に，ファンの行動や自治体の取り組みについて記述する。最後に，それまでの考察を踏まえて，外国人による聖地巡礼を促すマーケティング戦略策定のためのフレームワークを提示し，各マーケティング主体が留意すべき点について示唆を行う。

1. アニメを目的とした訪日の現状

⑴ 外国人による訪日意向

　日本政府観光局（JNTO）によれば，2020 年の訪日外国人旅行者数（推計値）は，新型コロナウイルス感染症の渡航規制の影響で前年同期比 87.1％減の 412 万だったものの，2019 年は過去最高の 3,188 万人を記録した。「アジア・欧米豪訪日外国人旅行者の意向調査」では，新型コロナウイルス収束後に観光旅行したい国として，日本は，アジア居住者にとって 1 位，欧米豪居住

図表 7-1　アジア・欧米豪訪日外国人旅行者の意向調査
次に海外旅行したい国・地域」（回答は最大五つまで）

アジア居住者 (n = 3,839)

順位	次に海外旅行したい国・地域	割合
1	日本	67%
2	韓国	42%
3	台湾	30%
4	オーストラリア	26%
5	タイ	26%
6	シンガポール	25%
7	ニュージーランド	25%
8	スイス	19%
9	中国本土	18%
10	香港	17%
11	イギリス	15%
12	マレーシア	14%
13	アメリカ	13%
14	ハワイ	12%
15	フランス	12%

欧米豪居住者 (n = 1,853)

順位	次に海外旅行したい国・地域	割合
1	日本	36%
2	アメリカ	36%
3	カナダ	31%
4	オーストラリア	29%
5	イギリス	24%
6	イタリア	23%
7	ニュージーランド	22%
8	タイ	20%
9	スイス	18%
10	フランス	18%
11	ハワイ	16%
12	ドイツ	16%
13	シンガポール	14%
14	香港	13%
15	韓国	13%

出所：日本政策投資銀行・公益財団法人日本交通公社［2021］（13 頁）より上位 15 ヵ国・地域を抜粋の上，加筆修正。

者にとってもアメリカと並び 1 位となっており（**図表 7–1 参照**），新型コロナウイルス感染症収束後にインバウンドの潜在需要は非常に大きいと見込まれる。

　インバウンド需要のうち，アニメ関連を訪日目的としたデータに注目してみると，観光庁の『訪日外国人の消費動向　2019 年年次報告書』（25 頁）によると，2019 年の訪日外国人のうち「映画・アニメゆかりの地を訪問」した人は 4.6％，「次回したいこと」として挙げた人は 10.2％いた。

⑵ 世界における日本アニメ市場の動向

　図表 7–2 に示されるように，日本アニメの海外での市場規模は 2015 年より急速に拡大し，2019 年は 1 兆 2,009 億円と，対前年比 119.0％の伸びを示し，国内市場に匹敵するほどの大きさとなった。日本動画協会の説明によれば（日本動画協会［2002］，8 頁），日本アニメの国内市場は 2014 年をピークに縮小傾向に転じると懸念されたものの，2019 年は国内外ともに成長という結果となった。Netflix や Amazon プライム・ビデオ，YouTube といっ

図表 7–2　日本アニメの国内・海外市場規模の推移

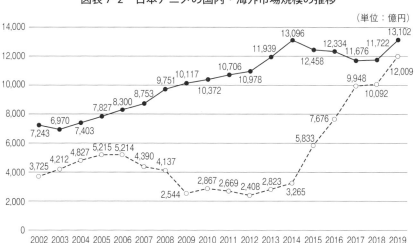

（単位：億円）

出所：日本動画協会［2020］（8 頁）。

たプラットフォームによる配信の成長を軸として日本アニメに対する底堅い需要が存在することがうかがえた。アニメ制作会社からも、「海外や配信の好調によって、制作受注が増えている」「作品の制作受注が増えているので、ある程度の好況は見込める」といったコメントが例年になく多かったという。

　以上より、2019 年までのインバウンド需要、海外での日本アニメの市場拡大、「映画・アニメゆかりの地を訪問」を訪日理由とする外国人の割合を考慮すると、新型コロナウイルス感染症による訪日の制約が緩和されれば、外国人によるアニメに関連した訪日は拡大していくものと見込まれる。

2．外国人による聖地巡礼の特徴

(1) ツーリズムとしてのアニメ聖地巡礼

　2000 年代後半あたりから、「アニメ聖地巡礼」と呼ばれる、アニメの舞台となった場所をファン達が訪問する旅行の形態が注目されるようになってきた。2016 年の映画『君の名は。』のヒットで舞台のモデルとなった場所を訪れる人々が増え、「聖地巡礼」が流行語大賞候補にノミネートされたほどである。アニメ聖地巡礼は、日本国内だけでなく、前節でも述べたように、海外でのアニメ市場の拡大を受けて、アニメ聖地巡礼を目的として来日する外国人は少ないながらも存在する。

　2016 年に「アニメツーリズム協会」が設立され、国内外で盛り上がるアニメ聖地巡礼を訪日旅行の推進につなげようとする動きがみられる。また、政府においても、経済産業省は「クールジャパン戦略」を推進している。政府のみならず自治体レベルでもアニメコンテンツへの注目は進んでおり、例えば、後述する静岡県沼津市では、同市役所観光推進課が中心となって、制作サイド、地域産業などと協力し、聖地巡礼による地域活性化の支援を積極的に行っている。

　アニメ聖地巡礼は、主としてコンテンツツーリズムの文脈で捉えられてきた消費者の行動である。コンテンツツーリズムとは、「文化・芸術にまつわ

る土地への旅行」，または「映画，テレビ，小説，漫画，アニメなどさまざまな媒体の作品の舞台を巡る旅行」（筒井［2013］，10 頁）と言え，とりわけアニメ聖地巡礼は，「アニメファンが，アニメの背景に描かれた場所を聖地とし，聖地を訪れる行為」（岡本［2018］，44 頁）として定義される。もともと聖地巡礼とは，宗教信仰との関わりで用いられてきた言葉であり，聖地は「宗教において特別な地位を与えられた場所」（岡本［2015］，6 頁）ではあるが，熱心な信仰者の行動図式の一種のアナロジーとして，アニメ聖地巡礼と名付けられている。

(2) アニメ聖地巡礼の背景

　アニメ聖地巡礼が注目される大きな背景としては，旅行形態としての個人旅行のウェイトが高まってきたことがあげられる。旅行会社が提供するパック旅行よりも，個人の関心に沿って自分で行き先を決めていく旅行形態は，アニメ聖地巡礼に適している。また，アニメ製作方式において，DVD 等の販売で製作費を回収するという製作委員会方式が普及したことで，年間のアニメ製作本数が増大することになり，実際の背景等を使って生産効率を高める必要性が生じたことも要因の一つである（森［2017］，4 頁）。

　一方，地域活性化という観点から，アニメ聖地巡礼がその名を知られるようになったのは，2007 年の TV アニメ『らき☆すた』である。ファンたちが，舞台モデルとなった埼玉県旧鷲宮町（現久喜市）を訪れる光景がマスコミで報道されたりした（山村［2008］）。訪問するファンたちを好機と捉え，商工会や行政等を中心としてアニメを題材にしたツーリズムにかかる取り組みを始めるということも，アニメ聖地巡礼が地域活性化の手法として市民権を得ていく理由となった（森［2017］，5 頁）。

(3) 過小評価してはならないアニメ聖地巡礼

　主として観光社会学の領域では，このアニメ聖地巡礼における旅行者の行動を詳しく分析してきた。岡本［2010］は，同じコンテンツツーリズムの中でも，大河ドラマとアニメ聖地巡礼の旅行行動を比較している。大河ドラ

マの舞台探訪は，個人で出かける場合もあるが，大手旅行会社のツアー企画を通じて参加するという傾向がある。一方，アニメ聖地巡礼は，近年は少しずつ変わってきているものの，基本的に旅行業者の企画ツアーではなく旅行者自らが聖地に赴くという能動的な行動である点が指摘される。そして行動的特徴としては，おおむね，劇中と同じアングルで舞台モデルの写真を撮ること，そして「聖地巡礼ノート」にコメントを残したり，神社に絵馬を奉納したりすることが定石となっている。ケースによってはコスプレを行うこともある。また，ファンが自身のアニメグッズを持ち寄って地域の施設や商店等に寄贈するという行動パターンもよく観察される。加えて，行動の特色としてどの研究においても言及されることが，来訪者のマナーの良さである（岡本［2013］，54 頁）。

　特にアニメ聖地巡礼の最大の特徴として考えられるのが，人々の交流により新しいコミュニティが形成し得るという点と聖地へのリピート訪問である。両者は相互に関連もしているが，次節でも記述するように，ファンの中には聖地に 50 回以上も訪問する者もいる。先の観光庁による外国人に対する調査では，「映画・アニメゆかりの地を訪問」した人や「次回したいこと」として挙げた人の割合は必ずしも高くはなかったが，リピート訪問という観点からすれば，アニメ聖地巡礼を過小評価してはならないことに留意する必要がある。

⑷ ファン行動としての聖地巡礼

　なぜファンは聖地へ何度も，時には 50 回以上訪問するのであろうか。その理由を探るためには，前節で記述したような聖地巡礼を旅行の一形態として捉えるだけでは不十分である。そこで，聖地巡礼をファン行動の一形態として捉えることで，ファンにとっての聖地巡礼の意味と，リピート訪問する理由について考察することが可能である。オタク消費者研究の論文や論説でよく知られる野村総合研究所［2005］によると，オタクとは，「こだわりがある対象を持ち，その対象に対して時間やお金を極端なほど集中的に消費しつつ，深い造詣と創造力を持ち，かつ情報発信活動や創作活動なども行って

いる人々」（2頁）として捉えられる。加えて，マンガ・アニメオタクに関しては「コミックやその登場人物に対して強い愛着を持ち，所有・収集・情報発信に対して，所得または余暇の大部分を費やす層」（55頁），「TVアニメやOVA（オリジナル・ビデオ・アニメ），アニメ映画の視聴が日課となるほどアニメが好きな人，アニメに関連するコミックはもちろん，声優イベントやコスプレ，フィギュアの収集などに興味を持っている人」（71頁）と定義されている。オタクとファンは必ずしも同義ではないが，アニメ聖地巡礼という，時間，費用，労力等のコストのかかる行動をとるファンは，ここでいうオタクの定義に近い存在として捉えることができる。

　洪［2020］によるアニメファンに対する詳細なインタビュー調査の結果，無数にあるファン行動は，その動機で分類すると，五つのタイプに整理が可能である。**図表7-3**に示されるように，ファンには，「会いたい」「欲しい」「なりたい」「作りたい」「行きたい」の五つの動機があるとされ，このうち聖地巡礼は「行きたい」という動機を満たすものである。「行きたい」という動機を掘り下げると，そこには「作品の世界を感じることができる場所に行きたい」という動機が存在する。

図表7-3　オタクの購買行動類型

動機のタイプ	動機	消費行動	関連商品
会いたい	お気に入りのキャラクターに会いたい	・イベントやライブへの参加 ・声優への接見	・申込券付きCD ・イベント関連商品 ・声優商品
欲しい	本来所有することができないキャラクターを所有したい	・グッズの購買・所有	・公式グッズ ・同人商品
なりたい	キャラクターを演じてみたい キャラクターになりきりたい	・コスプレ	・コスプレ用品
作りたい	好きな作品にストーリーを加工してみたい 他人が創作したストーリーを楽しみたい	・二次創作 ・同人イベントへの参加 ・SNS等への投稿	・同人誌
行きたい	作品の世界を感じることができる場所に行きたい	・聖地巡礼	・旅行関連消費（宿泊，交通，食事など） ・作品にちなんだ商品

出所：洪［2020］（38頁）を加筆修正。

　アニメ聖地巡礼に対してファンがいかなる意味づけを行っているのかについては，他の学問領域のテーマとして本章では詳細な分析を控えるが，先述したように，アニメ聖地巡礼は旅行の一形態でもあるため，聖地を訪問するためには，ファンは旅行としての時間を確保しなければならないし，交通費，宿泊を伴う場合には宿泊費や現地での食費などを負担しなければならない。また，限られた予算と時間で複数のスポットを効率的に回るためには，事前の下調べに費やす時間や労力も必要である。このように，コストをかけることを惜しまない行動を分析する際には，消費者行動研究分野で用いられる「関与」という概念が有用である。関与とは，一般的には「ある対象に対する関心や心配の程度」として捉えられ，関与が高い場合には，消費者は対象に関連した購買に際して，コスト（時間，費用，労力など）を惜しまない傾向にある。先に分類したファンの五つの行動は，どれもコストのかかるものであり，一概に比較は難しいが，アニメ聖地巡礼は，時間，費用，労力の三つのコストがかかるという点で，相対的に関与の高い消費者の行動であると考えることができる。

　さらに，外国人によるアニメ聖地巡礼の特徴について考察すると，海外から日本に来るためには，日本国内の移動に比べて，多くの時間と費用をかける必要がある。また，言語や文化の違いを考慮すれば，外国人が限られた時間の中で聖地を回るためには，日本人以上に下調べに時間と労力を割かなければならない。このことから，外国人による聖地巡礼は，極めて高い関与水準にあると想定することができる。

3．事例分析：アニメ『ラブライブ！サンシャイン‼』と沼津市の取り組み

　本節では特定のアニメとその舞台となった地域を取り上げ，外国人ファン，自治体，聖地となったスポットの関係者へのインタビューを通じて，ファン，とりわけ外国人によるアニメ聖地巡礼の実態を描写していく。

(1) 『ラブライブ！サンシャイン !!』とは

　本節で注目するアニメ作品『ラブライブ！サンシャイン !!』は，静岡県沼津市を舞台に女子高校生達が統廃合の危機に瀕した学校を救うべく，スクールアイドルを結成して「ラブライブ！」と呼ばれる学生アイドルの甲子園を目指す物語である。雑誌「G's マガジン」，レコード会社の「ランティス」，アニメ制作会社の「サンライズ」によって 2010 年から始まった『ラブライブ！』シリーズの二作目であり，テレビでは 2016 年 7 月から 9 月まで第一期が，2017 年 10 月から 12 月まで第二期が各 13 話ずつ放送されている。テレビアニメの他，マンガ，映画，ゲーム，CD，声優によるライブやラジオなど複数のメディアで展開され，テレビ放送が終了した現在でも声優によるライブが行われたり，定期的に CD がリリースされたりしている。**図表 7－4** は，日本動画協会が『ORICON エンタメ・マーケット白書 2019』を基に作成した「2019 年アニメタイトル別オーディオソフト年間売上ベスト 20」のうち，上位 10 タイトルを抜粋したものであるが，『ラブライブ！サンシャイン !!』または『ラブライブ！』シリーズに関連したオーディオソフトが 2 位，

図表 7-4　2019 年アニメタイトル別オーディオソフト年間売上ランキング

順位	作品名	区分	売上（百万円）
1	BanG Dream! 2nd Season	TV	769.9
2	ラブライブ！サンシャイン !!	TV	728.3
3	天気の子	劇場	650.0
4	ラブライブ！サンシャイン !! The School Idol Movie Over the Rainbow	劇場	552.3
5	ラブライブ！シリーズ	TV	386.8
6	劇場版　うたの☆プリンスさまっ♪マジ LOVE キングダム	劇場	348.3
7	ONE PIECE	TV	309.3
8	キャプテン翼（2018 年）	TV	230.7
9	ゾンビランドサガ	TV	210.8
10	Fate TV シリーズ	TV	108.0

出所：日本動画協会［2020］（66 頁）より上位 10 作品を抜粋し加筆修正。

4 位，5 位にランクインしており，今なお人気が続いていることがわかる。

　また，**図表 7-5** は 2019 年に行われたライブビューイングの中で，配信先映画館が 100 館を超えるライブ 23 本をピックアップしたものである。ライブビューイングとは，特定の場所で行われたライブの様子を全国の映画館などに配信する形で観客がスクリーンを通じてライブを視聴する形態であり，ファンにとっては都市部で開催されることの多いイベントを，地方にいながら，さらには海外にいながら楽しめるものである。このランキングから

図表 7-5　2019 年に開催された主なアニメ関連の大型ライブビューイング
※ 100 館以上の映画館での開催をピックアップ

イベントタイトル	開催日	館数
ラブライブ！サンシャイン‼ The school Idol Movie Over the Rainbow 初日舞台挨拶ライブビューイング（沼津市民文化センター）	1/4	163
劇場版「Fate / stay night [Heaven's Feel]」Ⅱ . lost butterfly　初日プレミアイベント付舞台挨拶（新宿バルト9）	1/12	153
劇場版「Fate / stay night [Heaven's Feel]」Ⅱ . lost butterfly　第二週目舞台挨拶　ライブビューイング（シネ・リーブル神戸）	1/19	153
ラブライブ！サンシャイン‼ 4th シングルスペシャル選挙活動付　Aqours 全員集合舞台挨拶（新宿ピカデリー）	2/4	162
ラブライブ！サンシャイン‼ Aqours クラブ活動 LIVE & FAN MEETING 2018 ユニット対抗全国ツアー 沼津公演 2 日目　夜講演	2/10	100
MANKAI STAGE『A3!』〜 AUTUMN & WINTER 2019 〜　東京凱旋公演千秋楽　ライブビューイング	3/24	115
LOVE LIVE! SUNSHINE!! Aqours world Lovelive! ASIA TOUR 2019 千葉公演　1 日目	4/13	100
LOVE LIVE! SUNSHINE!! Aqours world Lovelive! ASIA TOUR 2019 千葉公演　2 日目	4/14	100
THE IDOLM@STER SideM 4th STAGE 〜 TRE@SURE GATE 〜　DAY1: [DREAM PASSPORT]	5/11	108
THE IDOLM@STER SideM 4th STAGE 〜 TRE@SURE GATE 〜　DAY2: [DREAM PASSPORT]	5/12	108
アイドリッシュセブン　2nd LIVE「REUNION」Day.1 ライブビューイング	7/6	149
アイドリッシュセブン　2nd LIVE「REUNION」Day.2 ライブビューイング	7/7	149
舞台『刀剣乱舞』慈伝　日日の葉よ散るらむ　千秋楽　ライブビューイング	8/4	138
THE IDOLM@STER　CINDERELLA GIRLS 7thLIVE TOUR Special 3chord ♪ Comical Pops! DAY1	9/3	100
THE IDOLM@STER　CINDERELLA GIRLS 7thLIVE TOUR Special 3chord ♪ Comical Pops! DAY2	9/4	100
ヒプノシスマイク- Division Rap Battle - 4th LIVE@ オオサカ《Welcome to our Hood》　Day1 : Playground ライブビューイング	9/7	193
ヒプノシスマイク- Division Rap Battle - 4th LIVE@ オオサカ《Welcome to our Hood》　Day2 : Battleground ライブビューイング	9/8	183
THE IDOLM@STER MILLION LIVE! 6thLIVE UNI-ON@IR!!!! SPECIAL DAY1	9/21	106
THE IDOLM@STER MILLION LIVE! 6thLIVE UNI-ON@IR!!!! SPECIAL DAY2	9/22	105
劇場版『冴えない彼女の育てかた　Fine』公開初日舞台挨拶　ライブビューイング（新宿バルト9）	10/26	167
THE IDOLM@STER　CINDERELLA GIRLS 7thLIVE TOUR Special 3chord ♪ Funky Dancing! DAY1	11/9	100
THE IDOLM@STER　CINDERELLA GIRLS 7thLIVE TOUR Special 3chord ♪ Funky Dancing! DAY2	11/10	100
アイドリッシュセブン ファン感謝祭 vol.5 Welcome ！愛な Night ！！　夜の部	12/14	108

出所：日本動画協会［2020］（83 頁）より加筆修正。

わかるように，『ラブライブ！サンシャイン!!』関連のライブビューイングが 5 公演含まれており，全国に多くファンがいる作品であることがうかがえる。

(2) 外国人による沼津市への聖地訪問

同作は静岡県沼津市，特に同市内浦（うちうら）地区の実在の場所が舞台となっており，周辺地域の施設や名所も劇中に数多く取り上げられることから，ファンによるアニメ聖地巡礼が活発な作品の一つである[1]。また，交通機関のラッピング車両（鉄道，バス，タクシー，レンタカー）や飲食店のコラボメニューなど，地域とのコラボレーションも盛んに行われており，作品と地域の結びつきの強い点も大きな特徴である。

沼津市への聖地巡礼者，とりわけ外国人の数を正確に把握することは困難であるが，主要な訪問地の一つである「三の浦総合案内所」（**図表 7-6** 参照）でカウントしている訪問者の数を参考に，ある程度の推測が可能である。ま

図表 7-6　三の浦総合案内所の写真

入口の様子　　　　　　　　　　　　　所内の様子

出所：筆者撮影　2021 年 8 月 31 日。

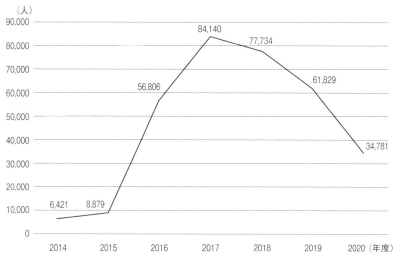

図表 7-7　三の浦総合案内所の訪問者数の推移

出所：沼津市産業振興部観光戦略課より提供されたデータを基に筆者作成。

図表 7-8　三の浦総合案内所の訪問者の国別内訳

2018 年 4 月～ 2019 年 3 月

国籍		訪問者数 （延べ人数）	割合
日本人		75,261	96.8%
外国人	中国	1,422	
	韓国	836	
	台湾	112	
	アメリカ	85	
	インドネシア	10	2,473	3.2%
	イギリス	2	
	ドイツ	2	
	デンマーク	2	
	シンガポール	1	
	ポーランド	1	
計		77,734	100%

2019 年 4 月～ 2020 年 3 月

国籍		訪問者数 （延べ人数）	割合
日本人		59,960	97.0%
外国人	中国	864	
	韓国	513	
	タイ	153	
	アメリカ	152	
	台湾	120	
	マレーシア	21	1,869	3.0%
	ベトナム	14	
	イギリス	12	
	インドネシア	10	
	香港	6	
	ペルー	2	
	スペイン	2	
計		61,829	100%

出所：同所へのインタビューより筆者が作成。

ず**図表7-7**からわかることは，アニメが放送された2016年度より急激に訪問者数が増加していることである。次に，**図表7-8**の「訪問者の国別内訳」からわかるように，2018年4月から2019年3月までの同所を訪問した外国人は2,473人，2019年4月から2020年3月は1,869人であった。訪問者が一般の旅行者なのかファンなのか，外国人訪問者の居住地が海外なのか日本なのかの判別はできていないが，少なくない数の外国人がアニメ聖地巡礼に訪れていた可能性がうかがえる。

(3) 外国人ファンによるアニメ聖地巡礼行動

①外国からの訪問

　先述したように，2019年まで多くの外国人ファンが沼津市を訪れていたことが推察されたが，次に，実際にファンが沼津市においていかなるアニメ聖地巡礼行動を取っていたと考えられるのか，一人の外国人ファンへの詳細なインタビューを基に記述していきたい。

　インタビュー対象者H氏は，日本在住の韓国籍の男性で，2016年に母国にて友人からの勧めで『ラブライブ！サンシャイン!!』を視聴しファンとなった。2017年9月より日本へ留学し，日本の大学院を経て，現在は静岡県静岡市にある日本企業で働いている。この間，静岡県浜松市に数カ月，千葉県に2年間居住し，静岡市の企業への就職を機に沼津市へ移住した。沼津市への移住前の訪問実績は，韓国からは2017年3月に1回，来日後は浜松市，千葉市から1週間か2週間に1回程度の頻度で沼津市を訪れていた。正確な訪問回数は把握できていないが，50回以上は訪れているという。

　最初の韓国からの訪問は友人2名と韓国から静岡空港に入り，そのまま沼津市を訪れ，帰りも静岡空港から直接韓国に帰国した。主要な聖地を10か所程度回り，各スポットではアニメと同じアングルで写真撮影をした。来日に当たっては，韓国のサブカルチャー関連のコミュニティに投稿されていた沼津のアニメ聖地巡礼に関する記事を精読し，限られた時間でより多くの聖地を回るために，各スポットの所在地，交通機関の発着時刻などの確認は綿密に行い，詳細なタイムスケジュールを作成した。H氏によると，日本国

内からの訪問は，「いつでも来られる」という安心感が少なからずあるが，海外からの訪問の場合には，「滅多に来られない」と考え，より計画的になるという。また，巡礼中も各スポットでの滞在経験を大切にしたいという気持ちが強かったという。

②聖地の拡大

来日後の 10 回目くらいの訪問で，聖地と呼ばれる場所のほとんどを回り尽くし，アニメ聖地巡礼へのモチベーションが落ちかけた。しかし，テレビでの放送は既に終了していたものの，ちょうどその頃から新たに発売された音楽 CD に収められているアニメ作品に，これまでと異なる場所が使われていたり，雑誌の特集でも新しい場所が背景として使われていたりと，再び訪問する動機が強くなった。特にその後の H 氏の 50 回以上に及ぶ訪問に影響を与えたのが，アニメのキャラクターがデザインされたスタンプである。現在，スタンプの種類は期間限定のものも含めて 100 種類以上あり，各スタンプが主に沼津市内の各スポットに設置されている。設置場所は，主な聖地はもとより，作品やキャラクターにちなんだ場所，場合によっては作品とは全く関係のない場所もある。H 氏のアニメ聖地巡礼行動は，専用のスタンプ帳を携えながらスタンプ設置場所を巡るという新たな形態へとシフトすることになった。スタンプは制作サイドからの依頼や許可を受けた上で随時追加されるため，その度に H 氏は沼津に向かった。

③母国在住外国人への影響

H 氏は現在，沼津在住ということもあり，現段階で押印可能なほぼすべてのスタンプを収集している数少ないファンの一人である。H 氏がもつスタンプに関する情報は，他のファンにとっても参考となることから，H 氏は現在，スタンプの設置場所に関する情報を，韓国語のサブカルチャー関連のサイトに投稿している。H 氏の投稿を見た韓国人のファンが，これを頼りに沼津に訪れているという。このように，H 氏の自主的な投稿が母国の他のファンのアニメ聖地巡礼行動に影響を与えている点は注目すべきである。また，別途

インタビューを行ったフィリピン人のR氏によると，ファンによって作成された，沼津へのアニメ聖地巡礼に関する英語のサイトもいくつかあり，英語を理解する外国人が来日する際には非常に参考になったとのことである。

④訪問動機としてのファン・コミュニティ

　H氏の沼津へのリピート訪問に影響を与えた大きな要因はもう一つある。それは他のファンとの交流である。当初は一人でアニメ聖地巡礼を行っていたH氏であったが，スタンプの収集で偶然居合わせた他のファン，イベントでの物販を待つ行列で前後に並んだ他のファン，ライブでたまたま隣の席に座った他のファンと，ふとした会話から連絡先を交換し，その中にはその後一緒にアニメ聖地巡礼を行う者もいた。他のファンからさらに他のファンを紹介されることもあり，現在，H氏は国籍に関係なく160人程度の他のファンと連絡先を交換している。やがて仲の良いファン数人と会う際には沼津に集まることも多くなり，沼津を訪れる主な目的がアニメ聖地巡礼というよりも，他のファンに会うことになることもあった。

⑤訪問動機としての地域との交流

　その他，H氏の沼津へのリピート訪問に影響を与えた要因には，地域の人々との交流もある。H氏が訪れるスポットの中には，数十回訪れている場所もあり，特に作品内のキャラクターが住んでいるとされる場所に建つ喫茶店には，ほぼ毎回訪れている。当然ながら店主とは顔見知りになり，訪れた際には親しく会話する関係である。かつて東京で息詰まることがあった場合には，この店だけに来て気を紛らわして，また東京に戻ることもあったという。余談にはなるが，この店も聖地の一つであり，当然のことながらスタンプの主要な設置場所の一つである。筆者がこの店の店主にインタビューしたところによると，スタンプの設置は制作サイドから依頼されたものであり，設置の際には制作会社の社長が挨拶に訪れたという。スタンプの設置に関しては，制作サイドの支援的な姿勢がうかがえる。

⑥聖地の創造

　H 氏が訪れるスポットの中には，舞台として使われた場所やスタンプの設置場所以外の場所も多々ある。例えば，たまたまキャラクターの名前の一部が店名に含まれている飲食店などである。聖地としてみなされるようになったプロセスは不明であるが，少なくとも制作サイドによってオーソライズされたものではなく，SNS などを通じて自然発生的にファンの間での合意形成の中で聖地となったと考えられる。このように，アニメ放送が終了した今でも，ファンによる意味づけによって聖地が絶えず創造されている点は注目すべきである。

⑦沼津市役所による取り組み

　アニメ聖地巡礼における地方自治体の役割も重要である。筆者が行った沼津市産業振興部観光戦略課へのインタビューを基に，アニメ聖地巡礼において沼津市役所がいかなる役割を果たしたのかについて考察を行う。

　作品と沼津市との関係は，作品の舞台が沼津に決定する前に遡る。通常，ドラマなどの撮影場所を決定する際にはロケハンと呼ばれる候補地の下見がある。『ラブライブ！サンシャイン!!』の場合も，候補地の一つとして沼津市にロケハンが訪れた。その際に沼津市役所のスタッフが案内したことから作品との関係が始まった。その後，作品の舞台として沼津市が決定されたことが知られることとなり，作品の放送が始まる前から既に沼津市を訪れる（おそらく前作の）ファンもいたという。その後，2016 年 11 月からの作品の放送とともに，沼津への訪問者は急激に増え（**図表 7-7 を参照**），市役所を含めた地域の人々が，アニメ聖地巡礼がいかなるもので，沼津市がファンの間でアニメ聖地巡礼の対象となっていることを知ることとなる。

　沼津市役所としては，アニメ聖地巡礼を行うファンがいることを認知はしているものの，アニメ聖地巡礼を促すような施策，とりわけ外国人による訪問促進のための施策は取っていないという。どちらかというと，地域の代表として，制作サイドへの支援活動が主である。実際に，沼津市役所は，フィルムコミッションと呼ばれる，地域での撮影を支援するための公的団体を組

織し，同作品に限らず，制作サイドへの支援という形でアニメ聖地巡礼に間接的に関わり，継続的に同作品の製作委員会との連携を図っている。例えば，沼津市の観光大使として同作品のキャラクターを起用したり，同市の夏祭りに声優に来てもらったりする場合の企画に関わっている。また，地元産業との連携も沼津市役所の重要な役割の一つである。

　今回のインタビューからは，外国人のアニメ聖地巡礼を促すための自治体の施策は確認できなかったが，今回のインタビューとフィリピン人ファン R 氏へのインタビューの中で，沼津市の JA が，過去にタイで開催されたジャパニーズポップカルチャー・イベント（JPCE）にテナントとして出展し，作品を前面に出したプロモーション施策を行っていた事実が確認できた（**図表 7-9**）。また，筆者がこれまで訪れた海外の JPCE では，地方自治体が日本への観光を促す目的で，地域をプロモーションするためのブースを出展するケースが散見された。このように，自治体が地域の産業と連携し，海外の JPCE を活用してアニメ聖地巡礼という形でのインバウンドを促進する可能性はあると言える。

図表 7-9　2017 年にタイで開催された Japan Expo での JA のブース

出所：フィリピン人ファン R 氏より提供。

4．JPC を活用したインバウンド戦略

　以上の考察を踏まえて，本節では JPC を活用したインバウンド戦略のフレームワークを提示する。**図表 7-10** に示されるように，まず，JPC を活用したインバウンドに関連する主体には，売り手としての製作委員会等のコンテンツメーカー，買い手としての外国人ファン，そして，地域を構成する地方自治体と地域産業がある。もちろん，政府や政府系機関の側方支援もインバウンド促進において重要な役割を果たすが，本節では，インバウンドによる経済効果を直接享受する主体に注目する。

　図表 7-10 は左側の網掛け部分が日本国内を表し，右側の網掛け部分が海外の国・諸地域を表す。まず日本国内のコンテンツメーカーが作品を制作し，それをテレビやストリーミングサービスといったプラットフォームとの契約を通じて海外の消費者に放送・配信する。作品を視聴した海外の消費者の中には，作品の世界観，キャラクター，ストーリーなどに魅力を感じ，作品や

図表 7-10　JPC を活用したインバウンド戦略のフレームワーク

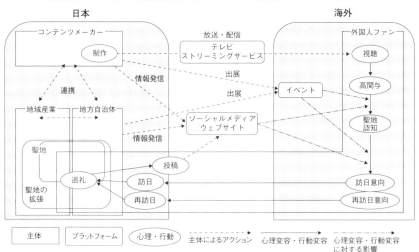

出所：筆者作成。

キャラクターに対する関与度を高める。ただ，海外の消費者の場合，関与度を高めたからと言って，アニメ聖地巡礼への動機が直ちに生起するわけではない。日本に在住する消費者であれば，作品の舞台となっている場所が実在する場所なのか，それがどこなのかについて確認することは可能であるが，海外の消費者にとってはその確認は容易ではない。したがって，海外の消費者に対しては，作品の舞台となっている場所が日本に実在することを認知する段階としての「聖地認知」を，消費者の心理変容段階の一つとして識別しておく必要がある。

　では，海外の消費者は何をきっかけに聖地が存在することを知るのであろうか。その一つが海外で開催されるジャパニーズ・ポップカルチャー・イベント（JPCE）である。関与を高めた消費者は，アクセス可能な場所で開催される JPCE への訪問意向は高く，そこで自身の好きな作品に関する新たな情報を得ることが可能である。JPCE に出展するのは，コンテンツメーカーだけではなく，実際に地方自治体や地域産業も出展しており，JPCE を通じて参加者が聖地の存在を認知することは可能である（**図表 7–9** を参照）。また，フィリピン人ファン R 氏は，作品に関する公式ウェブサイトで声優が沼津市を案内する動画を見て，作品の舞台が実在することを知り，ほぼ同時に，沼津市を訪問したいという思いを強くしたという。その他，近年は，声優による日本でのライブを海外の映画館等で配信するライブビューイングと呼ばれるイベントも，海外の消費者に直接影響を与える重要なプラットフォームとなる。**図表 7–5** で示されるように，ライブビューイングの中には，沼津市内の施設から配信されるものもある。

　そして，聖地の存在を知った消費者は，既に訪問経験のある他のファンによるソーシャルメディア上の投稿などを通じて，現地での交通手段なども含めて，聖地について詳しく知ることになり，日本の消費者がそうであるように，アニメ聖地巡礼への動機，すなわち訪日意向を高めることになる。訪日が叶った海外の消費者は，アニメ聖地巡礼を行い，各スポットを巡りながら写真撮影を行う。撮影された写真は，ソーシャルメディア上に投稿され，この情報が，他の外国人消費者の訪日意向に影響を与えるという循環が存在す

る。フィリピン人ファン R 氏は，アニメ聖地巡礼の様子をライブ配信することもあり，海外のファン 10 名程度が毎回視聴しているという。

　そして，アニメ聖地巡礼を行った海外の消費者の中には，再来日する消費者も少なくない。海外の消費者に限らず，聖地へのリピート訪問を促していくためには，継続的に聖地を拡大していくことが必要である。そのために，地方自治体，地域産業，そしてコンテンツメーカーの三者の連携が欠かせない。『ラブライブ！サンシャイン!!』の場合には，先述したように，スタンプの設置場所を継続的に拡大していく取り組みがファンのリピート訪問を促していく施策となっている。とりわけ地方自治体は，アニメ聖地巡礼に来る個々の消費者への対応というよりも，フィルムコミッションを通じてコンテンツメーカーと地域とをつなぐ役割が期待される。個々の消費者への対応は，むしろ地域産業が現場の特性に応じて個々の判断で対応した方が効果的であろう。

おわりに

　2020 年からの新型コロナウイルス感染症の拡大による入国規制のため，インバウンド需要は全く期待できない状況となった。しかし，一方で，自宅で過ごす時間が増えたことで世界的にも動画配信サービスの利用が伸び，アニメをはじめとした映像コンテンツへの接触が増えている（牧野［2021］，10 頁）。その結果，そこでの接触が外国人の訪日意向を高めることに寄与したと考えることもできる。アニメで言えば，作品の中で取り上げられた場所，すなわち「聖地」への訪問意向を高めているのである。見方を変えれば，この期間はインバウンド需要，とりわけアニメ聖地巡礼需要の熟成期間になっているのである。新型コロナウイルス感染症のパンデミックが収まれば，インバウンド需要は一気に拡大することが予想され，アニメ聖地巡礼を行う外国人の数も増えるであろう。課題はこのチャンスを最大限に生かすことであり，外国人の訪日意向を，訪日，そしてアニメ聖地巡礼という行動に移してもらうために，各主体はいかなるマーケティングを実施できるかということ

である。本章で提示した JPC を活用したインバウンド戦略のフレームワークが，新型ウイルス感染症後のアニメ聖地巡礼需要拡大のための方策の指針となれば幸いである。

1）沼津市は『ラブライブ！サンシャイン!!』の聖地として一般社団法人アニメツーリズム協会による「訪れてみたい日本のアニメ聖地 88」に 2018 年版より最新の 2021 年版まで 4 年連続で選出されている。世界のアニメファンを対象にした投票などの結果をベースに選定されている。参考 URL https://animetourism88.com/ja/88Anime Spot（2021 年 9 月 4 日アクセス）

【参考文献】
岡本健［2010］「コンテンツ・インデュースト・ツーリズム：コンテンツから考える情報社会の旅行行動」『コンテンツ文化史研究』第 3 号，48-68 頁。
——［2013］『n 次創作観光：アニメ聖地巡礼／コンテンツツーリズム／観光社会学の可能性』NPO 法人北海道冒険芸術出版。
——［2018］『アニメ聖地巡礼の観光社会学』法律文化社。
岡本亮輔［2015］『聖地巡礼：世界遺産からアニメの舞台まで』中央公論新社。
国土交通省観光庁観光戦略課観光統計調査室［2020］『訪日外国人の消費動向　2019 年年次報告書』。
酒井亨［2015］「コンテンツツーリズムの国際的展開」岡本健編『コンテンツツーリズム研究：情報社会の観光行動と地域振興』福村出版，60-63 頁。
周藤真也［2016］「アニメ「聖地巡礼」と「観光のまなざし」：アニメ『氷菓』と高山の事例を中心に」『早稲田社会科学総合研究』第 16 巻第 2-3 号，51-71 頁。
高橋光輝・津堅信之［2011］『アニメ学』NTT 出版。
津堅信之［2014］『日本のアニメは何がすごいのか：世界が惹かれた理由』祥伝社。
筒井隆志［2013］「コンテンツツーリズムの新たな方向性―地域活性化の手法として」『経済のプリズム』第 110 号，10-24 頁
一般社団法人日本動画協会[2020]『アニメ産業レポー 2020』一般社団法人日本動画協会。
野村総合研究所オタク市場予測チーム［2005］『オタク市場の研究』東洋経済新報社。
洪起赫［2020］『グラウンデッド・セオリー・アプローチから把握した漫画・アニメオタク消費者の心理と行動』拓殖大学大学院修士論文。
牧野友衛［2021］「ポストコロナのインバウンドと観光のために」『アニメツーリズム白書 2021』一般社団法人アニメツーリズム協会。
増淵敏之［2010］『物語を旅するひとびと―コンテンツ・ツーリズムとは何か』彩流社。
山村高淑［2008］「アニメ聖地の成立とその展開に関する研究：アニメ作品「らき☆すた」による埼玉県鷲宮町の旅客誘致に関する一考察」『国際広報メディア・観光学ジャー

ナル』第 7 号，145-164 頁。

―― ［2009］「観光革命と 21 世紀：アニメ聖地巡礼型まちづくりに見るツーリズムの現代的意義と可能性」『メディアコンテンツとツーリズム』CATS 叢書第 1 号, 3-28 頁。

森裕亮 ［2017］「訪日旅行とアニメ聖地巡礼：何を展望すべきか」『北九州市立大学国際論集』第 15 号，1-18 頁。

【参考 URL】

日本政策投資銀行・公益財団法人日本交通公社 ［2021］「DBJ・JTBF　アジア・欧米豪訪日外国人旅行者の意向調査（第 2 回　新型コロナ影響度　特別調査）」https://www.dbj.jp/upload/investigate/docs/a2daa5fcdbcb44a02f880ec717295b1f.pdf（2021 年 9 月 4 日アクセス）

第3部

JPC の消費者行動

——いかに JPC は消費者・市場から 評価されたか？——

第**8**章

マンガ・アニメの消費者行動
──コンサマトリーで，優劣の客観的判断基準が
ない製品の消費者行動分析──

はじめに

　日本マンガ・アニメを中核とする JPC（ジャパニーズ・ポップカルチャー）は，日本で人気があるだけでなく，世界で評価されていることは，パリの Japan Expo をはじめ世界での展開状況（第 2 部参照）を見れば明らかである。なぜ JPC は日本だけでなく，世界の市場・消費者に広まり，評価されたのだろうか？

　本章ではその秘密に迫るために，マンガ・アニメという製品の本質およびその消費者行動を分析する。これまで日本企業が世界の消費者から評価されてきた自動車や家電，事務機器などの製品分野とは，マンガ・アニメの消費者行動はかなり異なる。日本の車や家電が世界で評価された理由は高品質・耐久性（壊れない）・低価格などであるが，日本のマンガ・アニメが評価されたのはまったく違うメカニズムで，そこには，ハーシュマン＆ホルブルック（Hirschman, E. and Holbrook, M.）が，音楽や絵画，ファッションなどに特徴的だとした「快楽的消費」の要素がある（Hirschman and Holbrook [1982]）。

　以下では，まず第 1 節で，快楽的消費の視点からマンガ・アニメの基礎的特質を抑えた上で，続く第 2 節で，マンガ・アニメの消費者行動の個人

的側面（個人内消費者行動）について，そして第 3 節で，マンガ・アニメの
消費者行動の集団的側面（個人間消費者行動）について，それぞれその特徴
とメカニズムを解明する。

1．快楽的消費研究

「快楽的消費（hedonic consumption）」とは，消費すること自体が快楽であ
る消費者行動のことである（Holbrook［1980］；Hirschman and Holbrook
［1982］；Holbrook and Hirschman［1982］）。従来の認知的で分析的な消費者
情報処理研究が対応しきれなかった，情緒的で感性的な消費者行動であり（三
浦［2014］），衣服や装飾品，映画や音楽 CD，オペラや絵画など，ファッショ
ン性・芸術性の高い製品群に見られる消費者行動である。マンガ・アニメも，
映画やオペラと同様に芸術性の高い製品群であり，快楽的消費が行われる。

　これら快楽的消費の消費者行動には，「コンサマトリー（自己充足的）な消
費」「優劣の客観的判断基準の不在」「購買後の消費者行動の重視」という三
つの特徴がある（三浦［2020］）。

①コンサマトリー

「コンサマトリー（consummatory：自己充足的）な消費」とは，消費する
こと自体が目的である消費者行動であり（cf. 池田・村田［1991］；池田［2000］；
杉谷［2012］），対語が，インスツルメンタル（instrumental：道具的）な消費
である。従来の認知的で分析的な消費者情報処理研究が対象とした家電や洗
剤では，インスツルメンタルな消費（「番組を見る」ためにテレビを道具的に
消費；「汚れを落とす」ために洗剤を道具的に消費）が行われる一方，従来研究
対象でなかったファッション性・芸術性の高い製品群では，コンサマトリー
な消費が行われる。実際，アクセサリーや映画などは，（目的のための手段・
道具ではなく）アクセサリー自体，映画自体を楽しむために消費される。

　同様に，マンガ・アニメも，何らかの手段・道具として消費されるのでは
なく，それ自体を楽しむためにコンサマトリーに消費される。したがって，

従来とは異なる評価プロセスが存在するはずで，そのメカニズムを解明する必要がある。

②優劣の客観的判断基準の不在

　「優劣の客観的判断基準の不在」とは，競合製品間の優劣を客観的に判断する基準がない，ということであり，思考型製品／感情型製品という分類に基づいている（三浦・伊藤［1999］；三浦［2013］）。思考型製品とは，車や家電など，機能や品質を論理的に考えて買うことの多い製品で，感情型製品とは，化粧品や食品など，自身の感情や好みで買うことの多い製品である（Vaughn［1980］；Vaughn［1986］）。思考型製品は，車の馬力や燃費，テレビの解像度や掃除機の吸引力など，製品間優劣を客観的に判断する基準があることが多く，その結果，消費者の選択結果は収斂しやすい（燃費の良い車，解像度の良いテレビが売れる：もちろん予算の範囲内で）。一方，感情型製品は，口紅の色の優劣，チョコレートの味の優劣などを客観的に判断する基準がなく，その結果，消費者は自身の主観的好みで選ぶため，選択結果は多様になる（口紅でピンクを選ぶ人も，ローズを選ぶ人もいる；ビター味のチョコレートが好きな人も，ミルク味が好きな人もいる）。

　快楽的消費が行われる製品群は感情型製品に属し，マンガ・アニメも感情型製品である。マンガ・アニメの優劣を客観的に判断する基準はなく，スポーツマンガが好きな人も，恋愛マンガが好きな人もいるし，同じスポーツマンガでも，消費者によって好みは分かれる。したがって，従来の客観的判断基準とは異なる評価プロセスが存在するはずで，そのメカニズムを解明する必要がある。

③購買後消費者行動の重視

　「購買後の消費者行動の重視」とは，従来の消費者行動研究が，消費者の購買意思決定過程に焦点を当てたものが多かったのに対し，快楽的消費研究では，購買後の使用行動に焦点を当てる。従来の研究では，車，家電，食品，日用雑貨品などをいかに買わせるかというマーケティング視点から消費者行

図表 8-1　快楽的消費の特徴

	快楽的消費	一般の消費
消費対象製品	マンガ，音楽，ファッションなど	車，家電，食品，日用雑貨品など
特徴１：消費の目的	コンサマトリー（自己充足的）	インスツルメンタル（道具的）
特徴２：優劣の客観的判断基準	なし	あることが多い
特徴３：消費者の重視局面	購買後の使用・鑑賞行動	購買過程・購買時点

出典：三浦［2020］，167 頁を若干修正。

動研究が行われることが多く，消費者がどの製品特性（品質，イメージ，価格など）を情報処理して購買決定するかという，購買過程・購買時点の研究が中心であった。一方，衣服やアクセサリー，映画や音楽などの快楽的消費の製品群の場合，購買時点よりも，むしろその後の使用行動・鑑賞行動がより重要なのは明らかである。

　マンガ・アニメも同様に，購買後の鑑賞行動を楽しむために買われる。したがって，従来研究とは異なり，購買後行動を組み入れた新たな方法論が必要である。

　以上の快楽的消費の三つの特徴を，一般の消費と比べて図示すると，**図表 8-1** のようになる。

2．マンガ・アニメの個人内消費者行動

　コンサマトリー（自己充足的）で，優劣の客観的判断基準がなく，購買後鑑賞行動が重視されるマンガ・アニメの消費者行動を明らかにするために，まず本節で，マンガ・アニメの個人内消費者行動（消費者行動の個人的側面）を明らかにし，次の第３節で，マンガ・アニメの個人間消費者行動（消費者行動の集団的側面）を明らかにする（消費者行動は，「消費者個人の行動」「消費者間インタラクション」という二つの次元を持っており，個人・集団という二つの次元から分析するのが基本である：三浦［1996］）。

　以下，説明対象としては，マンガを基本とし，マンガとアニメで相違がある時などは適宜アニメも取り上げる。

　マンガの消費者行動を考える上で，隣接分野の小説の消費者行動（選択行動・読書行動）は大変参考になるので，まずそれをレビューする。

(1) 小説の消費者行動

　消費者が小説を読む時，小説のどの点（属性）を評価し，いかに選択しているのだろうか。

①小説の評価属性

　平野［2009］は，ノーベル生理学・医学賞を受賞したニコラス・ティンバーゲンが動物行動学の基本とした「四つの質問」を参考に，小説を読む際には，「メカニズム」「発達」「進化」「機能」の4要因を考えるべきと指摘した。小説の「メカニズム」として，舞台設定，登場人物の数，配置と出入り，プロットの展開，文体などをあげている（一方，「発達」は作家の中での発展，「進化」は社会・文学の歴史の中での流れ，「機能」は作者と読者の間で持つ意味）。

　岩崎［2011］は，小説の読み方を，「ストーリー」「キャラクター」「テクニック（言葉やモチーフの使い方など）」の三つから分析している。

　野間［2011］は，小説を読む視点として，「語り手から読む」「歴史から読む」「少数派から読む」「謎から読む」の四つをあげている。「語り手から読む」は作者から考え，「歴史から読む」は歴史的背景を考え，「少数派から読む」は少数派の視点から考え，「謎から読む」は作者の意図が理解できない点にこだわって読み返すことである（「語り手から読む」はフランスの博物学者ビュフォンの言葉とされる「文は人なり」に通じる視点）。

　これら先行研究からは，小説という製品の消費者行動において，舞台設定やプロットなどのストーリー，登場人物などのキャラクター，文体や文章テクニックなどが重視されることが理解される。

②設定とキャラクター

　小説の評価属性をうまくまとめているのが，「受賞する小説の条件」（『月刊 公募ガイド』2011年7月号）である。そこでは，小説のおもしろさを支え

ている要因として，「文章（描写力）」「ストーリー」「構成」「設定（世界観／思想）」「人物（キャラクター）」「専門性（ウンチク）」の六つをあげ，「設定（世界観／思想）」と「人物（キャラクター）」が競合作品との決定的な差を生み出すと指摘する。すなわち，「文章」は重要だが，競合作品も当然文章力はあるので決定的な差にはなりにくい。「ストーリー」と「構成」も大事だが，料理の手順のようなもので，少し凝ったところで決定的な差にはならない。「専門性」はウリ（訴求点）にはなるが，これも決定的な差までは行かない。

　その点，「設定（世界観／思想）」と「人物（キャラクター）」は，競合作品と比べて大きく異なる。よく「ストーリーがおもしろい」と言うが，「誰が，どうして，どうなった」というのがストーリーであれば，それはどの小説でも大きな違いはなく，「おもしろい」と感じたのは「ストーリー」ではなく，「設定」なのだと指摘される。「ストーリー」と「設定」の区別は大変重要で，斬新な「設定（世界観／思想）」を最初に作れれば，その後の「ストーリー」は自然に展開する。アガサ・クリスティ著『そして誰もいなくなった』では，童謡「10 人のインディアン」の歌詞になぞらえて人が一人ずつ殺されていくという設定自体が，その後の「ストーリー」の斬新性を生み出している。

　もう一つの重要要因の「人物（キャラクター）」については，多くの先行研究が述べている通りで，魅力的なキャラクター（主人公，脇役，敵役など）を作れるかどうかが小説の価値を大きく規定する。アガサ・クリスティ作品ならエルキュール・ポアロやミス・マープルなどの魅力的な探偵たちが，作品評価・選択の重要要素になっている。

　以上をまとめると，設定（世界観）とキャラクターが，小説の選択行動・読書行動の重要な決定因であることが理解される。

⑵ マンガの消費者行動

　マンガは，小説と表現形式は異なるが（小説は文章，マンガは絵と言葉），共に物語を表現するもので，消費者の重視属性はほぼ同じと考えられる。すなわち，マンガの消費者行動は，「文章（描写力：マンガでは，絵と言葉）」[1]「ストーリー」「構成」「設定（世界観／思想）」「人物（キャラクター）」「専門性（ウ

ンチク）」という六つの評価要因を持っており，小説と同様に，「設定（世界観／思想）」と「人物（キャラクター）」が最重要の2要因と考えられる。

　「設定（世界観／思想）」と「ストーリー」は密接な関係にあるのでひとまとめにし（設定の基礎の上にストーリーが生まれる），以下では，①キャラクターに関する消費者行動と，②設定・ストーリーに関する消費者行動に分けて考察する。

①キャラクターに関する消費者行動

　小池［2000］が，マンガ家の経験から，「小説はストーリーで，漫画はキャラクターで展開する」と言うように，小説に比べ，マンガではキャラクターの重要度が増す。その理由は，マンガではキャラクターが絵や動きで，（小説の文章よりも）内容を明快に表現するからである。手塚治虫も，「マンガには小説以上にリアリティがある」から，読者が作品に同化しやすいと述べている（手塚・石子［1992］; cf. 竹内［2006］）。

　キャラクターの評価属性は，「見た目」「パーソナリティ」「登場人物（キャラクター）の構成」の三つが重要である。

見た目

　「見た目」は，映画やドラマで，どのような俳優が評価されるかと同様である。かっこよい男優，美しい女優が消費者の人気を得るように，マンガ・アニメの主要キャラクター（主人公など）の見た目は，マンガ・アニメの第一印象を決める重要な要因である。単に見栄えがよい（かっこよい，美しい，など）だけでなく，キャラクターの役柄によって，強そうなキャラクター，弱そうだが頭の切れるキャラクター，メインではないが味のある一言を言えるキャラクター等々があるところは，俳優の評価とまったく同じである。主人公たちに対峙する悪役キャラクターについても同様で，いかにも悪そうな（悪さの表現にはいろいろなタイプがある）キャラクターを描けていることが重要である。

パーソナリティ

　「パーソナリティ」は，どのようなものであれ，明快であることがまず重

要である。赤塚［1971］は，ストーリーは主人公を中心に展開するので，主人公がはっきりしない性格の人では困ると述べているし，脇役も，脇役のアクが強いと主人公の正義が引き立つように，個性ある脇役をつくる必要性を述べている。性格のはっきりした，個性的な人物（キャラクター）を描ければ，彼らが勝手に活躍して物語を作るという（手塚［1977］）。実際の俳優が演じる映画・ドラマのキャラクターの場合，当該俳優固有の「パーソナリティ」を利用することもあるが，マンガの場合は一から作り上げねばならない。人気マンガ「ジョジョの奇妙な冒険」の作者の荒木飛呂彦は，自身の作品の登場キャラクターの作成にあたって，キャラクターの履歴書（「キャラクター身上調査書」）を作ることで有名だが，それによって，詳細で，リアリティのある，魅力的なパーソナリティが創造できる（他の多くの人気マンガも，登場キャラクターの過去のエピソードを語って，そのパーソナリティをリアリティある明快なものにしている）。

　パーソナリティと見た目は関係が深く，小池［2000］によると，顔（見た目）こそがキャラクターを性格づける重要項目である。眼がキャラクターの喜怒哀楽を表し，顔の輪郭がキャラクターの性格（パーソナリティ）を表すという。顔を生かす身体，キャラクターを演出するファッション，キャラクターの生活感を表す手・足も重要という。顔，身体，ファッション，手足の動きなどの見た目から，キャラクターのパーソナリティを確固としたものにする。

登場人物（キャラクター）の構成

　「登場人物（キャラクター）の構成」の基本は，主役と脇役である。主役（主人公）のキャラクターが一番重要だが，「ひとりキャラクターは立ちにくい」といわれる（小池［2000］：「立つ」とはキャラクターが生き生きと行動し考え始めること）。その時，主人公と個性（パーソナリティ）の違う脇役（仲間・敵役）をうまく設定できると，主人公の個性が引き立つ（小池［2000］；石ノ森［1988］；赤塚［1971］）。「NARUTO—ナルト—」（岸本斉史原作）におけるナルトとサスケ，「ハイキュー!!」（古舘春一原作）における日向翔陽と影山飛雄など，主人公とまったく性格・個性の異なるライバル・仲間を設定し，

両者のキャラクターを際立たせているヒットマンガも多い。

　マンガでは多数の脇役が登場するので，一度に大量の脇役キャラクターを立たせねばならないが（生き生きと行動するキャラクターにする），一つの方法として「ある共通の事やモノに対する各自の反応の違いを描く」ことがある（小池［2000］）。「ONE PIECE」（尾田栄一郎原作）では，四皇や七武海というキャラクター群が登場するが，「王としての支配の仕方」（四皇），「強さの種類」（七武海）に対するそれぞれの違いが明確なので，四皇，七武海のキャラクターが明確に立っている。

②設定・ストーリーに関する消費者行動

　マンガ・アニメの設定・ストーリーを分析するには，神話・昔話から近年の小説などの物語を分析してきた，物語構造分析の諸理論が参考になる。

　物語構造分析の主目的は，物語の訴求構造の同定にあり（竹野・高田［2009］），ドイツの哲学者ガダマー（Gadamer, Hans-Georg）の解釈学によると，訴求力（魅力）は，受容者（読者・視聴者）が，「自己移入（empathy）」「感情移入（sympathy）」して，当該物語を「再演」することにより発生する（竹野・高田［2009］）。「自己移入」とは，受容者が物語の意味構造の中に入り込むことを意味し，「感情移入」とは，物語の登場人物に心を重ねることをいう（石原［1999］）。マンガ・アニメなら，物語（ストーリー）の持つ世界観に自己移入し，登場するキャラクターに感情移入して，物語の意味を解釈し（再演），当該物語に魅力を感じる。したがって，読者が「自己移入」したくなるマンガの意味構造（世界観）を作ることと，読者が「感情移入」したくなる魅力的なキャラクターをつくることが大事になる。

　このうち，「自己移入」を受け持つのが，設定・ストーリーなので，以下では，「設定（世界観）」「ストーリー（実際の話の流れ）」に分けて考察する。「設定」とは，ストーリー開始時点での設定（テーマ設定・舞台設定・キャラクター設定），「ストーリー」とは，（設定の下での）話の展開を指すものとする。

設定（世界観）

　「設定」は，小説を面白くする6要因でも見たように，物語（小説，マンガ・

アニメなど）の消費者行動における最重要の要因である。「設定（世界観）」が革新的で魅力的であれば，その後のストーリーの斬新性・差別性が生まれる。発行部数でギネス記録を持つ「ONE PIECE」（尾田栄一郎原作）は，悪魔の実（ゴムゴムの実）を食べた少年ルフィという設定が，その後のストーリーを動かしており，かつての「巨人の星」（梶原一騎原作：元巨人軍の父・星一徹にスパルタ教育で針の穴を通す豪速球を投げる星飛雄馬という設定）や近年の「鬼滅の刃」（吾峠呼世晴原作：鬼に家族を惨殺され，一人残ったが鬼になった妹を助けるために鬼と戦う竈門炭治郎という設定）なども同様である。

　設定には，テーマ設定，舞台設定，キャラクター設定の三つがあり，全体として一つの世界観を提示する。設定の中では，テーマ設定がまず一番最初に重要である。多くのマンガ家が，まずテーマ設定から始めるべきと述べている（赤塚［1971］；手塚［1977］など）。テーマとはマンガ作品が語りたい主題であるが，話の展開の中であまりに強く出過ぎると鼻持ちならなかったり，堅苦しくなるので，さりげなく示すことが必要という（手塚［1977］）。一方，シノプシス（あらすじ）は丁寧に書くべきことが主張されており（手塚［1977］），舞台設定などの丁寧な作り込みに通じる。魅力的なキャラクター設定は読者の感情移入のために大変重要であるが，「主人公の顔はテーマが選ぶ」と主張されるように（手塚［1977］），テーマとキャラクター設定との緊密な関係性も重要である。

　「漫画は出だしで勝負する」（手塚［1977］），「イントロ（導入部）が大切」（石ノ森［1988］）と言われるように，マンガの導入部の大事さは多くのマンガ家が語るが，導入部とはまさに設定（テーマ，舞台，キャラクターの設定）であり，魅力ある設定（世界観）を提示できるかどうかが，マンガの消費者行動では最重要な要因と考えられる[2]。

ストーリー（実際の話の流れ）

　「ストーリー（設定の基礎の上に作られる，実際の話の流れ）」については，物語（ストーリー）の構造分析において，古来，多くの研究がある。

　バルト（Barthes, R.）によると，物語の構造分析には三つの手法がある（Barthes［1966］；cf. 竹野・高田［2009］）。一つは，ブレモン（Bremond, C.）

の方法で，物語の進行において登場人物が行う，何らかの「選択」の道筋（シーケンス）を追う手法である（Bremond［1966］）。二つは，グレマス（Greimas, A. J.）の方法で，多様な「対立関係」によって構造を明らかにする手法である（Greimas［1966］）。三つは，トドロフ（Todorov, T.）による方法で，物語の最小構成単位を「属性の付与」と「属性を変化させる行為」という観点から考える手法である（Todorov［1969］；cf. 三好［1975］）。それぞれ問題関心が異なり，第一の手法は，ストーリーの実際の通時的流れに，第二の手法は，背後にある構造に，第三の手法は，要素還元的な立場から物語構造の構成単位に，それぞれ関心があり，その解明を目指しているとまとめられる。

　ストーリーの流れを考える上では，背後にある対立関係などの構造を考える第二の手法が有用と考えられるので，以下では，グレマスの物語論について検討する。

　グレマスは，物語論の祖といわれるプロップ（Propp, V. I.）がロシアの魔法昔話を研究して抽出した物語の31機能（物語の最小単位；Propp［1969：露版初版は1928］）を整理して，以下のような，二項対立概念を基礎とする20の機能を示した（Greimas［1966］）。1. 不在，2. 禁止－違反，3. 調査－情報，4. 欺瞞－屈服，5. 裏切り行為－欠落，6. 命令－主人公の決心，7. 出発，8. 試練の割当－試練との直面，9. 補助者の受入れ，10. 空間的転移，11. 戦闘－勝利，12. 標識，13. 欠落の除去，14. 帰還，15. 迫害－救出，16. 気づかれない到着，17. 任務の割当－成就，18. 判別，19. 裏切り者の曝露－主人公の曝露，20. 罰－結婚である。抽象度には若干高低があるが，物語の実際の流れ（筋）を検討するのに有用なツールである。

　さらに，機能（物語行為）が生み出す意味について，「大きい－小さい」などの二項対立関係を意味作用の基本構造と捉え（Greimas［1966］），それを二つ組み合わせた「記号論四角形（carré sémiotique）」という関係図を創造し[3]，そこに物語の意味が存在すると主張した。記号論四角形とは，「1つの語が意味をもつのは，当該語と3つの関係（矛盾，対立，前提）にある語による四角形が分節できるからである」ことを示したものである（小野坂［1998］）。これを応用・展開させたのが高田らによるモデル（竹野・高田［2009］；

高田［2010］）で，2 組の二項対立概念（例：光－闇，愛－憎しみ）が組み合わされた平面（3 組なら立体）が，物語の意味を生み出すとした。**図表 8-2** は，マンガ（後に実写映画化，テレビアニメ化）の「DEATH NOTE」（大場つぐみ原作）における記号論四角形の例である。

　図表 8-2 のように，「DEATH NOTE」では，生－死，信頼－疑念という 2 組の二項対立概念が物語の中心で，その間で揺れる物語の意味の変遷が受容者（読者・視聴者）の心をつかむ。受容者は，「信頼－疑念」軸上の世界観に自己移入し，登場人物（キャラクター）である「L」もしくは「夜神月」に感情移入する（感情移入も，場面に応じて，両者の間で揺れ動く）。この「DEATH NOTE」の対立軸は，受容者の現代若年層が直面する問題に含まれると言われるように（竹野・高田［2009］），受容者と共振するとき，物語は大きく評価される。一見してわかる通り，説明の構造は単純で，「DEATH NOTE」の

図表 8-2　記号論四角形：「DEATH NOTE」の例

（a）2 組の対立軸による記号論四角形

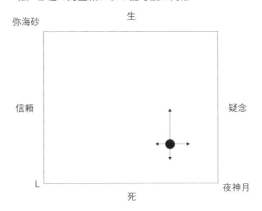

（b）対立軸への自己移入と感情移入

出典：三浦［2014］，p. 155。竹野・高田［2009］，2767 頁を若干修正。

図表8-3　マンガ・アニメの個人内消費者行動

評価次元・属性	評価ポイント
評価次元1：キャラクター	感情移入（sympathy）できるキャラクター
評価属性①：見た目	見栄えの良さ，役柄に合った見た目
評価属性②：パーソナリティ	明快さ，履歴に合ったパーソナリティ
評価属性③：キャラクター構成	主役と脇役が重要，共通事への反応の違いで描き分け
評価次元2：設定・ストーリー	自己移入（empathy）できる設定（世界観）
評価属性①：設定（世界観）	テーマ・舞台・キャラクターの設定，出だしで世界観提示
評価属性②：ストーリー	シーケンス（20機能）の組合せ，記号論四角形のダイナミズム

出典：三浦［2020］，179頁を加筆修正。

ストーリーが訴求する価値は，これら二項対立の意味の変遷を超えている可能性も高い。ただ，ストーリーの価値を分析する枠組みを荒削りながらも提示した点は大いに評価される。

　以上，マンガ・アニメの個人内消費者行動の分析結果をまとめると，**図表8-3**のようになる。

3．マンガ・アニメの個人間消費者行動

　前節のマンガ・アニメの個人内消費者行動の分析に続いて，本節では，マンガ・アニメの個人間消費者行動（消費者行動の集団的側面）について分析する。

　マンガ・アニメは，快楽的消費が行われる製品分野（感情型製品，コンサマトリー消費の製品）であるため，それ以外の一般的製品（思考型製品，インスツルメンタル消費の製品）と消費者行動が大きく異なり，個人間消費者行動（集団的側面）が重要になる。優劣の客観的判断基準のあることの多い思考型製品（車，家電など）や，インスツルメンタルな消費を行う製品分野（家電，日用雑貨品など）では，判断基準や手段－目的関係が客観的・明快に存在するので，個人一人でも意思決定がしやすい。一方，マンガをはじめ，音楽やファッションなど快楽的消費の製品分野では，客観的判断基準は存在せず，

主観的に判断せざるを得ず，一個人だと選択に迷うことも多い（赤いシャツと青いシャツで迷う；スポーツマンガと恋愛マンガで迷う，など）。したがって，マンガ・アニメなど快楽的消費の製品分野では，他人の評価の影響を受けやすくなるのである。

　以下では，マンガ・アニメの個人間消費者行動について，「解釈共同体」「集散地」「集合知」という三つの概念に基づいて分析する。

(1) 解釈共同体

　「解釈共同体（Interpretive communities）」とは，スタンレー・フィッシュ（Fish, Stanley）が提出した概念で，テクスト（コンテンツなど）の解釈コードを共有する集団のことであり（Fish［1980］；cf. 金田［2007］），マンガ・アニメの個人間消費者行動を考える上で大変重要な概念である。

　以下では，「マンガ・アニメと解釈共同体」「リメイク（2 次創作）と解釈共同体」について考察する。

①マンガ・アニメと解釈共同体

　マンガ・アニメ以外でも，多様な製品分野で解釈コード（製品や事象の評価の仕方）を共有する解釈共同体が存在するが，優劣の客観的判断基準がなく，コンサマトリー消費が行われるマンガ・アニメの消費者行動では，解釈共同体は，競合作品間における作品選択に大変重要な役割を果たす。

　解釈共同体は一つのコミュニティであるので，消費者が所属する準拠集団と関連が深い。マンガで考えると，小学校や中学校のクラスという準拠集団内に，同じ少年マンガ・少女マンガを愛好する集団（解釈共同体）が成立していると考えられる（テレビアニメも多い）。その結果，どのマンガ作品を読もうか迷っている小中学生にとって，自分の準拠集団内における解釈共同体の影響を受ける可能性が高い。あるマンガを読み始めて，その解釈共同体の一員になれば，（週刊マンガなら）毎週読後感想を語り合えて，より一層当該マンガへの評価が高まる（曖昧だった自分のマンガ作品評価基準が，解釈共同体のおかげで明確になる）。

②リメイク（2次創作）と解釈共同体

　マンガでは，マンガ自体（1次創作）に加え，同人誌やコスプレなどのリメイク（2次創作）も重要な位置を占めるが，そこにも解釈共同体が大きく関わる。

　日本マンガ・アニメの隆盛とも連動し，同人誌即売会のコミケ（コミックマーケット：1975年から開催。8月の夏コミ，12月の冬コミ，おのおの3日間で50万人規模）や，コスプレ世界大会の世界コスプレサミット（03年以来名古屋で開催。約1週間で30万人規模）などが拡大しているが，これらイベントの拡大は，日本マンガ・アニメを評価する集団（解釈共同体）が，世界的に広がったことを意味している。

　解釈共同体（当該マンガ・アニメを評価する解釈コードをもつファンの集団）によって，当該マンガ・アニメの2次創作同人誌やコスプレも評価される。中世以来の本歌取り（万葉集の歌の雨のシーンを，新古今和歌集で雪のシーンに翻案［リメイク］して詠んだ藤原定家など：渡部［2009］）や江戸期のねりもの（江戸時代の京都で，人気芸妓が歴史や物語の著名人に扮して［コスプレ］行った仮装行列：田中［1936］）の隆盛の背景に，和歌を知悉する貴族の解釈共同体，歴史や物語をよく知る京都町民の解釈共同体があったように[4]，当該マンガ・アニメの解釈共同体があるからこそ，自身の評価するマンガ・アニメを違う形で楽しめる同人誌やコスプレが評価される。1次創作（当該マンガ）に加えて，2次創作（同人誌・コスプレ）も評価する解釈共同体の存在は，マンガ・アニメの世界観を強化・拡大して，消費者行動に大きな影響を与える。

(2) 集散地

　マンガ・アニメ（2次創作も含む）の評価には解釈共同体が欠かせないが，解釈共同体もいきなりできるわけではない。解釈共同体の形成・拡大には，集散地が重要な役割を果たす。

　集散地とは，文化資源による地域活性化の文脈の中で，集積地という概念を乗り越えるものとして提案された（山村［2008］）。集積地とは，歴史的な街並みや文化遺産など，地域に高質の文化資源を集積する戦略である。京都

やローマなどに見られる戦略だが，「文化歴史的な資源」を持つ地域はよいが，持たない地域は難しい，「博物館など文化資源集積の施設」を作る場合，莫大な費用（建設費・収集費・維持費など）がかかる，などの課題があった。

　一方，集散地とは，文化資源（情報・技術・知識・知的財産・メディアコンテンツなど）が集まり，人的交流によって，他地域へ文化資源が散るソフトの「集散地＝集まって散るハブ」である。マンガ・アニメの場合，集まる人（マンガオタクなど）が情報を持ち寄り，彼らが来訪地で情報を発信するので，地域は，歴史遺産など集める必要はなく，来訪者が交流する場所（プラットフォーム）と機会さえ提供すればよい。代表例として，1975 年に始まるコミケ（コミックマーケット）や，パリで 2000 年来行われている Japan Expo（4 日間で来場者 25 万人規模）がある（三浦［2017］）。これらリアルな集散地に加え，当該マンガ好きの読者が来訪するネット上のサイトや SNS も集散地であり，それら集散地が活動して，当該マンガ・アニメを評価する解釈共同体が作られ，拡大する。

　特に，マンガ・アニメは，購買後の使用（鑑賞）行動が重要な快楽的消費の製品なので，各人の感想を語り合える集散地は，当該マンガ・アニメへの評価を高め，解釈共同体の絆も深める。また，快楽的消費の製品は，インスツルメンタルな機能価値でなく，コンサマトリーな経験価値を重視するので，経験価値マーケティングが五つ目の経験価値として Relate（他者とつながる価値）をあげるように（バイク好き同志が語らう場を提供するハーレー・ダビッドソンの H. O. G［オーナーだけが入会できるハーレーのオフィシャルグループ］，など：Schmitt［1999］），マンガ・アニメの場合も，ファン同士で，設定・ストーリーやキャラクターなどを語り合える集散地は，非常に価値が高い。

⑶ 集合知

　マンガ・アニメの消費者行動の集団的側面を考える場合，集合知の概念は大変重要である。

　集合知（wisdom of crowds, collective intelligence）とは，特定専門家の知識でなく，普通の人の知識を集合させて新たな知を生み出す考え方で（cf.

木村［2008］），web 2.0 を提唱したオライリーの 7 原則にもある。発想の端緒は，91 年にヘルシンキ大学院生リーヌス・トーバルズが開発した Linux（UNIX 互換 OS）で，無料で，誰でも改良可能だったので，世界中のユーザーが改良し，いまや PC やスマホなどの組み込みソフトで使われている。Linux は，セミプロのユーザー（大学院生や研究者）が改良したが，インターネットの普及で，一般消費者が簡単に参加できるようになり，クックパッドや YouTube に多くのレシピや動画がアップされ，集合知の状態を示している。

　マンガ・アニメ系では，「初音ミク」が集合知で成功した代表例である（三浦［2012］）。女声ボーカルの DTM（デスクトップ・ミュージック）ソフトの「初音ミク」では，発売元（クリプトン・フューチャー・メディア社）が非営利無償の 2 次創作を公式認可した結果，ソフトを使った曲がニコニコ動画に投稿されると，別の誰かがアニメや CG をつけ再投稿し，また誰かがダンスをつけて再々投稿するなど，2 次創作，3 次創作の輪が広がった。曲自体も，アマからプロまで多数が初音ミクにオリジナル曲を提供し，数は何万曲にも達し，日本のオリコンや米国アップル iTunes Store のワールド部門チャートでも上位を賑わせた。09 年以来，3DCG の初音ミクと生バンドによるコンサートも世界各国で行われ，11 年には米国トヨタが新カローラのメインキャラクターに初音ミクを起用し，14 年にはレディーガガの世界ツアーの前座に選ばれるなど，世界的にも大成功している。

　デザインやイメージなど感情型製品的な側面が強いスマホや車では，iPhoone が好きなブランド・コミュニティ（解釈共同体に近い）や，BMW が好きなブランド・コミュニティも存在する。ただ，スマホや乗用車に，ファンの消費者が手を加えて 2 次創作する側面は少ない。一方，マンガ・アニメの消費者行動では，同人誌でキャラクターはそのままに筋を変える，コスプレで自分なりのキャラクターを演じるなど，ファン（消費者）が入り込む余地が大きい。初音ミクのダンス 2 次創作と同様に，「ハイキュー!!」「僕のヒーローアカデミア」等々，自分の好きなマンガのキャラクターをヒット曲に合わせてダンスさせる動画を作成し，YouTube などにアップする消費者

図表 8-4　マンガ・アニメの個人間消費者行動

要因	消費者行動への影響
他者影響要因 1：解釈共同体	1 次創作（マンガ）の評価を方向づける
	2 次創作（同人誌・コスプレ）の評価の基礎
他者影響要因 2：集散地	解釈共同体形成の一助
	購買後行動が重要なマンガ・アニメに適合
他者影響要因 3：集合知	2 次創作・3 次創作形成の原動力
	消費者が手を加えやすいマンガ・アニメに適合

出典：三浦［2020］，179 頁を加筆修正。

も多い（MMD［MikuMikuDance］という，フリーの 3DCG ソフトウェアが普及）。このように，マンガ・アニメは，集合知が作品に入り込んで作品の世界観（ブランド世界）を強化・拡大することが比較的容易な製品であり，集合知によって，解釈共同体がさらに強化される。

　以上，マンガ・アニメの個人間消費者行動の分析結果をまとめると，**図表 8-4** のようになる。

おわりに

　本章では，JPC（ジャパニーズ・ポップカルチャー）が世界で評価された仕組みを探るため，JPC の中核であるマンガ・アニメという製品の本質およびその消費者行動を分析した。

　マンガ・アニメは，快楽的消費が行われる製品群の一つであり，コンサマトリー（自己充足的）な消費を行い，選択に当たっての優劣の客観的判断基準がなく，購買後の使用行動・鑑賞行動が重視される製品であることが理解された。

　このようなマンガ・アニメの消費者行動は，個人内消費者行動（消費者行動の個人的側面）は，設定（世界観）・ストーリーとキャラクター（見た目・パーソナリティ・キャラクター構成）を作り込んで消費者の自己移入と感情移入を獲得することが重要であり，個人間消費者行動（消費者行動の集団的側面）は，

解釈共同体が評価を方向づけ，集散地での交流で解釈共同体が拡大し，集合知で 2 次・3 次創作が広がってマンガ・アニメの世界観がさらに拡大することが理解された。

　コンサマトリーで，優劣の客観的判断基準のないマンガ・アニメの消費者行動は，音楽やファッションなど快楽的消費の対象製品同様，「それは好みだから」の一言の下に，その意思決定のメカニズムの解明が進んでいなかった。その意味で，本章がマンガ・アニメの消費者行動研究として議論されていくと共に，快楽的消費研究としても議論されていくことを期待する。

1) マンガの描写力（絵と言葉）について，竹内 ［2005］ は，「映画的手法（第 1 章参照）」「コマ割りの技術」「視覚情報（絵）と言語情報（吹き出し）の照応」などをあげており，夏目房之介らによる『マンガの読み方』（『別冊宝島 EX』，1995 年 5 月）では，「線（人物・物に付随する線で動きを表現，など）」「形喩（後頭部の「汗」で困った／呆れた気持ちを喩えるなど）」「音喩（同じ拳銃音でも，バンとズギューンで意味が異なる，など）」「コマ（時間的流れなどさまざまなものを表現）」などをあげている。
2) 設定を提示する役割から，ストーリーの最初は大変重要であるが，ストーリーの最後も設定（世界観）に大きく関わる重要部分である。ストーリー全体をどういう風に作るかというアイデアの出し方には，演繹法と帰納法という二つがある（手塚 ［1977］；石ノ森 ［1988］）。帰納法とは，オチ（最後）をまず考えて，それに合わせてストーリーを作る方法で，演繹法とは，最初から行き当たりばったりにストーリーを作る方法という。
3) この発想は，1968 年の共著論文に 4 極構造として視覚化され，1973 年の論文でこの名称（「記号論四角形」）が用いられた（後藤 ［1994］）。
4) 本歌取りやねりものなど，日本には古来からリメイクの伝統があり，江戸期には，多くの剽窃・模倣を行っていた近松門左衛門（代表作『心中天網島』ではライバル紀海音『梅田心中』に筋の展開，人物設定，場面構成などをほとんど借用）が作者の氏神と尊敬されていたように，江戸期までの文芸が翻案やリメイクを評価した点は中世以来一貫している一方，明治以降の近代文学では模倣・剽窃は許されず，個性的な独創性が評価されるように変わった（諏訪 ［1997］）。

【参考文献】
赤塚不二夫 ［1971］『まんが入門』小学館。
池田謙一・村田光二 ［1991］『こころと社会』東京大学出版会。
―― ［2000］『コミュニケーション：社会科学の理論とモデル 5』東京大学出版会。

石ノ森章太郎［1988］『石ノ森章太郎のマンガ家入門』秋田書店。

石原孝二［1999］「「感情移入」と「自己移入」―現象学・解釈学における他者認識の理論（1）「感情移入」の概念史」『北海道大学文学部紀要』第 48 巻第 1 号，1-19 頁。

岩崎夏海［2011］『小説の読み方の教科書』潮出版社。

小野坂弘［1998］「物語の意義と構造（三）」新潟大学法学会編『法政理論』第 31 巻第 1 号，1-54 頁。

金田淳子［2007］「マンガ同人誌」佐藤健二・吉見俊哉編『文化の社会学』有斐閣，163-190 頁。

木村忠正［2008］「解説　ウィキペディアと日本社会」P. アスリーヌ他著・佐々木勉訳『ウィキペディア革命―そこで何が起きているのか？』岩波書店，118-158 頁。

小池一夫［2000］『キャラクターはこう創る！』小池書院。

後藤尚人［1994］「読解理論のレトリック（4）」『Artes liberales』第 54 号，岩手大学人文社会科学部紀要，99-122 頁。

杉谷陽子［2012］「情報の伝播と消費者行動」杉本徹雄編著『新・消費者理解のための心理学』福村出版，183-201 頁。

諏訪春雄［1997］『江戸文学の方法』勉誠社。

高田明典［2010］『物語構造分析の理論と技法―CM・アニメ・コミック分析を例として』大学教育出版。

竹内一郎［2006］『手塚治虫＝ストーリーマンガの起源』講談社。

竹内オサム［2005］『マンガ表現学入門』筑摩書房。

竹野真帆・高田明典［2009］「コンピュータゲームの訴求構造分析―物語構造分析の応用として」『情報処理学会論文誌』第 50 巻第 12 号，2761-2771 頁。

田中緑紅［1936］『祇園ねりもの』郷土趣味社。

手塚治虫［1977］『マンガの描き方―似顔絵から長編まで』光文社。

――・石子順［1992］『手塚治虫　漫画の奥義』講談社。

野間正二［2011］『小説の読み方 論文の書き方』昭和堂。

平野啓一郎［2009］『小説の読み方―感想が語れる着眼点』PHP 研究所。

三浦俊彦［1996］「消費者行動」和田充夫・恩蔵直人・三浦俊彦著『マーケティング戦略』有斐閣，100-123 頁。

――・伊藤直史［1999］「思考型／感情型製品類型と国際マーケティング戦略―APD 世界 10 地域消費者調査を題材に」『マーケティングジャーナル』第 72 号，日本マーケティング協会，12-31 頁。

――［2012］「ブランド戦略のコンテクストデザイン―コンテクスト・ブランディングがブランド戦略の要諦」原田保・三浦俊彦・高井透編著『コンテクストデザイン戦略―価値発現のための理論と実践』芙蓉書房出版，291-313 頁。

――［2013］『日本の消費者はなぜタフなのか―日本的・現代的特性とマーケティング対応』有斐閣。

―― ［2014］「「クールジャパン」の理論的分析―COO（原産国）効果・国家ブランドと快楽的消費」『商学論纂』第 56 巻第 3・4 号，中央大学商学研究会，123-167 頁。

―― ［2017］「国家ブランドとしてのクールジャパン」三浦俊彦・丸谷雄一郎・犬飼知徳『グローバル・マーケティング戦略』有斐閣，248-278 頁。

―― ［2020］「マンガ・アニメの消費者行動―コンサマトリーで，優劣の客観的判断基準がない製品の消費者行動分析」『三田商学研究』第 63 巻第 4 号，慶應義塾大学出版会，165-181 頁。

三好郁朗 ［1975］「T. トドロフの＜物語分析＞について―要素命題と変換の概念」『人文研究』第 27 巻第 6 号，大阪市立大学文学部，340-353 頁。

山村高淑 ［2008］「観光情報革命時代のツーリズム（その 3）―文化の集散地の可能性」『北海道大学文化資源マネジメント論集』第 3 巻，北海道大学大学院国際広報メディア・観光学院観光創造専攻文化資源マネジメント研究室，1-5 頁。

『月刊公募ガイド』2011 年 7 月号。

『別冊宝島 EX』1995 年 5 月。

渡部泰明 ［2009］『和歌とは何か』岩波書店。

Barthes, Roland ［1966］ *Introduction à l'Analyse Structurale des Récits*, Editions Seuil.（花輪光訳 ［1979］『物語の構造分析』みすず書房）

Bremond, Claude ［1966］ *La Logique des Possibles Narratifs*, Editions du Seuil.（阪上脩訳 ［1975］『物語のメッセージ』審美社 ; Bremond ［1964］ と同様）

Fish, Stanley ［1980］ *Is There a Text in This Class?—The Authority of Interpretive Communities*, Harvard University Press.（小林昌夫訳 ［1992］『このクラスにテクストはありますか―解釈共同体の権威』みすず書房）

Greimas, A. J.［1966］*Semantique Structurale: Recherche de Méthode*, Librairie Larousse.（田島宏・鳥居正文訳 ［1988］『構造意味論―方法の探究』紀伊国屋書店）

Hirschman, Elizabeth C. and Morris B. Holbrook ［1982］ "Hedonic Consumption: Emerging Concepts, Methods and Propositions," *Journal of Marketing*, Vol. 46, No. 3 (Summer), pp. 92-101.

Holbrook, Morris B. ［1980］ "Some Preliminary Notes on Research in Consumer Esthetics," *Advances in Consumer Research*, Vol. 7, pp. 104-108.

―― and Elizabeth Hirschman ［1982］ "The Experiential Aspects of Consumption: Consumer Fantasies, Feelings and Fun," *Journal of Consumer Research*, Vol. 9, No. 2, pp. 132-140.

Propp, Vladimir Iakovlevich ［1969］ *Morphology of the Folktale* (*in Russian*)（露版初版 1928 年）.（北岡誠司・福田美智代訳 ［1987］『昔話の形態学』水声社）

Schmitt, B. H. ［1999］ *Experiential Marketing*, The Free Press.（嶋村和恵・広瀬盛一訳 ［2000］『経験価値マーケティング』ダイヤモンド社）

Todorov, Tzvetan ［1969］ *Grammaire du Décaméron*, Mouton.

Vaughn, Richard［1980］"How Advertising Works: A Planning Model," *Journal of Advertising Research*, 20（October）, pp. 27–33.

—— ［1986］"How Advertising Works: A Planning Model Revisited," *Journal of Advertising Research*, 26（February/March）, pp. 57–66.

第9章

日本人の美意識とJPC
——日本の美意識，美術・芸術感，
社会意識が生み出したJPC——

はじめに

　JPC（ジャパニーズ・ポップカルチャー）がなぜ世界で評価されたかについて，前章ではJPCの中核としてのマンガ・アニメの消費者行動を分析した。本章では，そのような日本マンガ・アニメを育んだ日本人の美意識，美術・芸術感，社会意識の特徴を分析して，それらがいかに現在のJPCの発展につながったかを明らかにする。

　まず第1節で，日本人の「小さきもの」に対する美意識の伝統について考察し，続く第2節で，日本美術・芸術の特徴を論じ，そして第3節で，日本人の社会意識（契約や共感など）を考察する。

1．日本人の「小さきもの」に対する美意識とJPC

　日本人の美意識は，古来，「汚れのない清きもの」「小さき可憐なもの」を美しいと捉えていたが（大野［1966］），このうち，「小さき可憐なもの」を愛でる美意識が，今日のJPCにつながったと考えられる（一方，「汚れのない清きもの」を愛でる美意識は，モノづくり大国につながった：三浦［2013］）。

(1) 欧米の「強きもの」と日本の「小さきもの」

　高階［1978］は，西欧における美意識の根幹であるギリシャの美意識と比較しながら，小さきものへ向けられる日本人の美意識を説明する。ギリシャ人にとって，美とは，真や善と同じく理想化された価値で，人間よりも上位の神に属し，力の世界とつながる。一方，日本では，力強いものよりも，弱い，小さなものに美的感情を持った。日本人の美意識は，自分より小さいもの，弱いもの，保護してやらねばならないものに向けられており，欧米の美意識と大きく異なる。

　同じアジアでも，中国の「美」は日本よりも欧米に近いようである。漢字の成立で言うと，「美麗」という単語の「美」が「羊」の「大」なるもの，「麗」が大きな角を 2 本つけた立派な「鹿」から転じたように（大野［1966］），美しさと大きさが大いなる関係をもっている。中華思想（中国こそが世界の中心であるという思想：cf. 黄［1997］）をもつ中国は，力への大いなる欲求をもっているようで，「小さきもの」を愛する日本の美意識とは大きく異なる。

①日本における「うつくしい」の歴史的変遷

　日本人の美意識を歴史的に分析するために，今日，美について一般的に用いられる「うつくしい」という用語の変遷を見る（大野［1966］）。

　「うつくしい（当時は，"うつくし"）」という語は，奈良時代には，『万葉集』（759 年以降編纂）の歌にあるように，父母・妻子・恋人など肉親的な愛情の表現であったが，平安時代には，『竹取物語』（9 世紀末〜 10 世紀初）や『枕草子』（10 世紀末〜11 世紀初）にあるように，小さい者への愛情や可憐の感情を表すようになり（三寸のかぐや姫や小さな雀の振る舞いを「うつくし」と表現），室町時代にようやく，美そのものを表すようになった（狂言「鈍太郎」など）。すなわち，「うつくしい（うつくし）」という語は，肉親への愛情から小さいものへの愛情，そして，美そのものを表すように変遷した。

②美しさを小さく凝縮する

　日本人の小さきものへの愛情には，小さく凝縮するという側面もある。

　『盆栽の社会学』で池井［1978］は，すべての日本文化の好尚はミニアチュア性にあり，「日本の古典文学に登場する自然礼賛は，みな小さい，かわいらしい自然に対するもの」と述べているし，『花と木の文化史』で中尾［1986］は，日本には矮小品の美学があり，「栽培法によって矮小化させてみたり，小型の植物に目をつける」と述べている。

　『「縮み」志向の日本人』で，韓国人の視点から日本文化を分析した李［1982］は，扇子に始まり，俳句，石庭，盆栽，茶室などの日本文化の中に，なにかを小さく凝縮し緻密にする「縮み」志向があると述べている。現代日本の「縮み」文化の一つの現れとして，ウォークマンを初めとするソニーの小型化技術をあげている。

　小さきものを愛する日本人であるが，もとあったものを小さくして愛でるという特徴もあわせもっているようである。

(2) 「かわいい」の歴史

　小さき可憐なものを愛でる日本人の美意識の現在における一つの現れが，「かわいい」である。

① 「かわいい」の言語的変遷

　四方田［2006］によると，「かわいい」の文語体「かはゆし」の文献初出は『今昔物語集』（平安末の 12 世紀）であるが，意味は現在とは大きく異なり，「痛ましくて見るに忍びない。気の毒だ。不憫だ」というものであった（当時は，小さき可憐なものには，「うつくし」を使用）。

　中世（鎌倉・室町時代）末期には，「愛らしい」という新しい意味が優位になり，江戸時代には，今日の「かわいい」の原型となる意味がほぼ確定し（『狂言記』など），「かはゆらし（かわいらしい）」，「かはいがる（かわいがる）」などの派生語も生まれた。

　近代（明治～戦前）には，二葉亭四迷の『平凡』（1907 年）における老い

た父親に見える「無邪気っぽさ」の描写や，太宰治の『女生徒』（38年）における主人公の女生徒の自分の顔の描写に，今日と変わらない「かわいい」の用例がある。

　小さき可憐なものを尊重する美意識は，平安時代には「うつくし」という語が用いられた後，中世末頃から「かはゆし（かわいい）」が用いられるようになり，今日に続いている。

②近現代における日本の「かわいい」の歴史

　ファッションにおける「かわいい」の歴史を分析した古賀［2009］によると，戦前からの日本における「かわいい」の歴史は，次のように説明される。

　「かわいい」のルーツは戦前の少女文化から始まり，明治末〜大正にかけて，『少女の友』（1908年創刊）などに掲載された少女小説や挿絵の中に，「清く正しく美しく」という形で誕生した。その流れは，戦後の『それいゆ』（46年創刊）などに引き継がれ，スタイルブックや料理のレシピ，インテリアにマナーなど「おしゃれで品の良い西洋のお嬢様」イメージが一つのモデルとなった。団塊の世代が活躍する60年代になると，ロンドン発祥のミニが67年のツィギー（Twiggy）来日を機に浸透し，リブ編みセーターやカラータイツ，ブーツなど子供っぽくキュートなファッションが好まれるようになる。「少女」から脱皮し「若者」として自己認識した当時の若い女性は，戦前の「清く正しく美しく」から「かわいさ」へと志向を大きく変えた。

　70年代に，『an・an』（70年創刊），『non-no』（71年創刊）などのファッション誌の相次ぐ登場でこの流れが加速し，74年にサンリオから「ハローキティ」が誕生し，「かわいい」文化に決定的な推進力を与える。80年代に『Olive』（82年創刊）が，「リボンやフリル，レースや花柄などの「少女らしさ」」「ボーイッシュなイメージ」「小物やアクセサリー・雑貨への強い志向」という，「オリーブ少女」スタイルを作り上げ，いまに続く「かわいい」の流れを強化した。

　90年代には，『CUTiE』（89年創刊）など「原宿系」といわれる先端的ストリートファッションや，「アムラー」など安室奈美恵を一つのファッション・

リーダーとする「渋谷系」ギャルファッションが流行し，「かわいい」の考え方を大きく転換した。安室のミニスカートに厚底ブーツ，長い茶髪に浅黒い肌，極端な細眉というスタイルは，一時代前のアイドルが男性にとっての「かわいさ」を意識していたのに対し，自分自身の主張をもち，同性の女性たちから「かっこいい」「かわいい」と思えるアイドル・イメージを目指していた。オタク的な「原宿系」も，アムラーらの「渋谷系」も，新しい「かわいい」（自分達にとっての「かわいい」）を生み出した。

　一方で，セレブ系カジュアルスタイルといわれた『CanCam』(81 年創刊)や，若い女性向けファッションイベントの「東京ガールズ・コレクション（TGC）」(05 年開始) など，異性に好かれる価値としての「かわいい」(いわゆるモテ系) も依然として多くの支持を集めており，いくつかの「かわいい」が並存しているのが現在だと考えられる。

⑶ 小さい／かわいいへの希求が生み出した　　クールジャパン（JPC など）

　小さきもの，かわいいものを愛でる日本人の美意識があったので，それに対応するために作り手は，小さく，かわいいものを作り上げ（扇子・俳句・盆栽や，キティやアイドルやマンガ・アニメの JPC など），世界からクールジャパンと評価されるようになった。

　90 年代から，「GHOST IN THE SHELL ／攻殻機動隊」「Pokémon The First Movie」「千と千尋の神隠し」などが世界で評価され，JPC に対して国際的支持が得られてきたが，それを端的に言い当てたのがマクグレイ（McGray, D.）である。彼は，02 年，外交専門誌『Foreign Policy』に「Japan's Gross National Cool」という論文を発表し，国の国力を，GNP（Gross National Product：国民総生産）などの経済的指標でなく，GNC（Gross National Cool：国民文化力）といった文化的尺度で測れば，日本は，アニメやマンガ，ファッション，アートなどのポップ・カルチャーのかっこよさ（クールさ）で，まだまだ世界に圧倒的な影響力を持っていると主張した（McGray［2002］；cf. 山口［2004］）。

　この論文以降，「クール・ジャパン（Cool Japan）」というキーワードは世

図表 9-1　日本人の美意識と欧米比較

	日本	欧米
a. 重視価値（大きさ）	小さい，かわいい	大きい，強い（中国も同様）
b. 作り手意識　−大小嗜好	ミニチュア性，矮小品の美学	ギリシャ彫像（美麗という漢字）
−凝縮度	縮み志向	縮めない
−かわいさ	キティ，TGC	子ども向け
c. 日本の COO イメージ	クールジャパン（JPC）	

界に広がり，フランスの『Le Monde』紙は，03 年 12 月に「クール・ジャパン─日本はポップのスーパーパワー」と題する記事を載せ，アニメなど日本のポップ・カルチャーは，「生産性と同質性という固定観念を修正」し，「日本のイメージ・チェンジに貢献」と述べている（杉山［2006]）。車や家電など機械モノに代表される高品質（しかし面白みに欠ける）という日本の原産国（Country of Origin：COO）イメージに，日本アニメやマンガなどの JPCによって，異質的で面白いクールジャパンという新たな側面が追加された。

　小さきもの，かわいいものを愛でる日本人の美意識の伝統が，古くからの和風文化に加え，近年の JPC によって，世界からクールジャパンと評価されるようになったのだと考えられる（三浦［2013]）。

　以上をまとめると，**図表 9-1** のようになる。

2．日本美術・日本芸術の特徴と JPC

　本節では，美意識が最も顕れる日本美術・日本芸術の特徴について考察し，JPC の源流にさらに迫りたい。以下では，日本美術・芸術の，「美的感覚」「芸術と非芸術の線引き」について，欧米とも比較しながら分析する。

(1) 美的感覚

　以下では，「日本美術・芸術の美的感覚」「JPC への影響」について考察する。

①日本美術・芸術の美的感覚

「日本美術・芸術の美的感覚」について，世界における位置づけを考える上で重要な時期が，19 世紀後半のヨーロッパである。

当時，英仏を中心に万国博覧会が数多く開催される中，浮世絵など日本美術は，ヨーロッパで熱狂的に受け入れられ，ジャポニスム（Japonisme）という言葉も生まれ（高階［2000］）[1]，今日のクール・ジャパンの源流の一つとなった（三浦［2014］）。

19 世紀後半の西欧絵画は，ルネサンス期に成立した遠近法，肉付け法，明暗法に基づく表現が中心であった一方，浮世絵など日本絵画は，「構図（左右のバランスを敢えて崩し主要モチーフを画面の一部に偏在，対象の一部分だけを敢えてクローズアップ，など）」「輪郭線（流麗な輪郭線による形態の把握）」「色彩（陰影のない鮮明多彩な色彩）」「単純化（余計なものを思い切って捨てる単純化）」など，独自の日本的特徴を有していた（高階［2000］）。つまり，2 次元のキャンバスに 3 次元の現実世界を作り出すことが基本であった西欧絵画に対し，浮世絵など日本絵画は，現実の模写を超えて，新たな世界を創造していたと捉えられる（三浦［2014］）。

同じ 19 世紀後半，イタリア人のヴィットーリオ・ビーカ（Pica, Vittorio）はその著『極東の美術』（Pica［1894］）で，日本美術の特徴として，「優れた色彩感覚」「熟練した視覚的統合」「アシンメトリー志向」をあげており（石井［1999］；cf. 加藤［2007］），日本美術が西欧絵画と大きく異なると認識されていたことがわかる。アシンメトリー（asymmetry:非対称）志向は，上記，高階［2000］の「構図」と関わるものであり，古来，日本美術の特徴といわれるが，単に日本美術だけでなく，日本芸術全体にも言えるもので，最も鮮やかに表れているのは建築と庭園だといわれる（加藤［2007］）。

浮世絵など日本絵画は当時のヨーロッパ世界に大きな衝撃を与え，モネの影と断片の美学，マネの平面化への志向，ゴッホの強烈な色彩，ゴーガンの色面構成，ロートレックの奔放流麗なデッサンなど，特に印象派の画家たちに多くのインスピレーションを与えた（高階［2000］）。現在も多くの外国人がその美しさから浮世絵を評価するが（堤［2011］），西欧など外国にはない

日本的な美的感覚を表している。

②日本美術・芸術の美的感覚の JPC への影響

　日本美術は構図・輪郭線・色彩・単純化で西欧とは異なる革新を行い，日本芸術全体でも，アシンメトリー（非対称）性など西欧とは異なる新たな価値を創造する伝統をもつが，それら日本美術・芸術の美的感覚は，今日の JPC にどのような影響を与えているのであろうか。以下では，「マンガ・アニメ」と，「ファッション」への影響を考える。

マンガ・アニメ

　90年代の「攻殻機動隊」やポケモン，スタジオジブリ作品の世界的ヒットの中，日本マンガ・アニメが JPC として世界で評価されているが，理由として，日本マンガ・アニメが，「フラットな絵」であること，「限られた種類の色で均質に塗られた絵＝キャラクター」であることから，浮世絵との関連性を指摘する声は多い（おかだ・鈴木・高畑・宮崎［1988］；片岡［2011］；津堅［2014］）。これらは高階［2000］が浮世絵など日本絵画の特徴とした構図・輪郭線・色彩・単純化と軌を一にしており，日本マンガ・アニメが，日本美術の伝統の上に創造されていることがわかる。

　NHK 衛星放送「COOL JAPAN 発掘！かっこいい日本」の初代プロデューサーが番組放送内容をまとめた著書では，マンガやアニメが世界的に支持された理由として，メキシコやイギリスからの在日外国人は，「大人向け」や「ストーリーが面白く，主人公が成長」などと共に，タッチや画角の素晴らしさをあげている（堤［2013］）。画角とはまさに構図であり，在日外国人も日本マンガ・アニメの中に，日本美術の伝統を感じている。

ファッション

　ファッションでも，日本美術・芸術の伝統を感じさせる例がある。

　近年，ルイ・ヴィトン（LV）のデザイナーに採用された中尾隆志は，「手先が器用な日本人はパタンナーとして重宝されるケースは多いが，デザイナーとして活躍する人は珍しい」と業界関係者から驚かれている。中尾によるとデザイナーに採用され LV から求められているのは，「アシンメトリッ

クなデザインや和のタッチ」と言う（日本経済新聞, 2017. 4. 2）。Pica［1894］
や加藤［2007］が言うように，アシンメトリー（非対称性）は日本美術・芸
術の核心の一つであり，和のタッチとは，輪郭線・色彩・単純化などに関わ
るものと考えられる。日本美術・芸術の美的感覚の伝統が，中尾隆志など今
日の日本のファッションの作り手たちにも脈々と受け継がれていることがわ
かる。

(2) 芸術・非芸術の線引き

　日本美術・芸術の特徴を考える上で，美的感覚の違いと共によく指摘され
るのが，芸術・非芸術の線引き（境界）である。以下では，「芸術・非芸術
の線引き」「JPC への影響」について考察する。

①芸術と生活道具に境界無し

　19 世紀後半，浮世絵など日本絵画と共にヨーロッパに紹介された日本の
陶磁器，漆器，木工金工の家具，調度，什器などは，日常使いの道具であり
ながら，同時に見事な芸術品であることが，ヨーロッパの人々に工芸に対す
る新しい眼を開かせた（高階［2000］）。西欧では，絵画や彫刻などの「大芸
術」に比べ，工芸品は「小芸術」と見られ，製作者も芸術家というより職人
で，画家や彫刻家より一段低く見られた。一方，日本では，尾形光琳や尾形
乾山など，画家と同時に工芸デザイナーという芸術家が珍しくなく，日本の
工芸品は，平凡な日用品でも優れた芸術品が多く，それを知ったヨーロッパ
の人々は大いに驚き，大いなる刺激を受けた。日本では芸術と生活道具の間
に境界線がなく，生活そのものが芸術化されていることへの驚きと言い換え
られる（高階［2000］）。

　このようなジャポニスムの衝撃が，19 世紀末のイギリスのアーツ・アンド・
クラフツ運動（生活と芸術の一致をめざしたデザイン運動）や，ヨーロッパ大
陸のアール・ヌーヴォー（家具，調度，宝飾なども含む総合装飾芸術）に，影
響を与えた（高階［2000］）。ジャポニスムの影響を受けた芸術家たちが工芸
の分野に広く参加し，フランスでは，印象派の次の世代のナビ派の画家たち

は特に意欲的にこの種の作品を制作し，パリの美術商 Samuel Bing の店「Maison de l'Art Nouveau（アール・ヌーヴォーという名前の由来）」の販売にも手を貸した（馬渕［1997］）。

②芸術・非芸術に境界無しの JPC への影響

　外来のものを何でも取り込む雑種文化（加藤［1955］；加藤［1956］）を持つ日本では，古来，絵画（芸術）も工芸品（生活道具）も分け隔てなく美的に作り，美的に愛でてきたが，そのような日本の芸術・非芸術を分けない美的伝統は，今日の JPC にどのような影響を与えているのであろうか。

　マンガで考えると，フランスとの違いが一番わかりやすい。

　第 1 章で見たように，フランスでは，マンガはバンド・デシネ（bande dessinée：BD）と呼ばれ，1 冊に複数タイトルの日本のマンガ週刊誌と異なり，1 冊 1 タイトルの A4 ハードカバーの単行本（"アルバム"と呼ばれる）で，作家ごとに 1 年や数年に 1 冊のペースで出され，ストーリー性が高い日本マンガに比べ，ストーリーよりも絵の芸術性を主張する。フランスでは，バンド・デシネは「第 9 芸術」と呼ばれ，芸術性が高く問われ，作家もその意識が強い。ただ，絵画や彫刻のように古代から芸術と認められたわけでなく，60 年代のベトナム反戦運動や 5 月革命でカウンター・カルチャー運動が沸き立つ中，芸術的価値が認められてなかったバンド・デシネにも光が当たり，有力政治家や隣接分野（映画監督，文学者など）の支援もあり，90 年にバンド・デシネや映像の研究機関 CNBDI が創設され，09 年に同機関から研究誌「Le Neuvième Art（第 9 芸術）」が創刊されるに至った（古永［2010］）。

　一方，日本では，マンガを芸術と捉える意識はない。ただ，非芸術と切り捨てるわけでもなく，美術館の絵画も，マンガ週刊誌も，好きならば，どちらを楽しんでも自由である。絵画もマンガも分け隔てなく愛でる伝統は，江戸期の葛飾北斎が，「富嶽三十六景」の浮世絵と共に「北斎漫画」[2)] も描いている時代からあり，今日のマンガ・アニメも，絵画などの芸術と対抗意識を持つことなく生産・消費され，今日の JPC の隆盛につながっている。

　以上をまとめると，**図表 9-2** のようになる。

図表 9-2　日本美術・芸術の特徴と欧米比較

(1)美的感覚

	日本	欧米
a. 美的感覚　－絵画 　　　　　　－建築・庭園	構図・輪郭線・色彩・単純化 アシンメトリー（非対称）	遠近法・肉付け法・明暗法 シンメトリー（対称）
b. JPC への影響　－マンガ 　　　　　　　　－ファッション	フラットな絵，限られた色で均質に アシンメトリックなデザイン	

(2)芸術・非芸術の線引き

	日本	欧米
a. 芸術のランク付け	無し(芸術と生活道具に境界無し)	大芸術（絵画・彫刻）と小芸術 （工芸品）
b. JPC への影響　－マンガ	絵画もマンガも同等に楽しむ	（第9芸術と認められたいバンド・ デシネ）

3．日本人の社会意識と JPC

　第1節で，小さきものを愛でる日本人の美意識がクールジャパン（中核が JPC）を生み出したことを明らかにし，第2節で，西欧と異なる日本美術・芸術の美的感覚および芸術に対する考え方が，今日のマンガ・アニメ（JPC の中核）の隆盛を導いたことを示した。

　本節では，視点を変えて，契約や共感などに対する社会意識の欧米との違いが，今日のマンガ・アニメの世界的評価を招来したことを明らかにする。

(1) 欧米の契約社会と日本の人間関係重視社会

　「社会」とは，人と人，集団と集団の関係のシステムであり（宮島［2012］），社会意識とは，人間関係・集団関係を動かす原理の認識である。欧米社会と日本社会はこの原理が大きく異なり，一般に，欧米は，関係を契約に基づいて決定する契約社会，日本は，契約よりも実際の人間関係を重視する社会と言われる。

　この違いをコンテクスト（context：状況）という概念を用いて明快に示したのが，ホール（Hall, Edward）である（Hall［1976］）。

　高コンテクスト文化とは，コミュニケーションにおける言葉の意味の解釈がその場のコンテクスト（状況）に大きく依存する文化で，日本などアジアが代表的である。日本で「阿吽の呼吸」と言うように，口に出さなくても，場の状況や相手の表情から，相手の気持ちをおもんばかる。一方，低コンテクスト文化とは，メッセージ自体に多くの情報が含まれ，意味の解釈をコンテクストに頼る必要のない文化で，アメリカなど欧米が代表的である。アメリカは，自分の意思は言葉ではっきり明確に主張することが尊ばれる社会で，相手の表情や場の状況などのコンテクストに依存しない。

　その結果，欧米では，企業間取引の契約書は明確・詳細に書かれるため，日本に比べ，はるかに分厚いものになり，社内における職務記述書（job description）も同様である。このような欧米の契約社会は，17〜18世紀以降の近代市民社会の成立（17世紀 英名誉革命，18世紀 フランス革命・米独立革命）の中で生まれた，経済や社会を発展させる近代化の原理に基づいており，マックス・ウェーバーは，それを脱魔術化（disenchantment）と呼んだ。中世は魔術化（enchantment）の時代で，人々は錬金術などいかがわしいが魅惑的な営みに心奪われたが，そのような人々の蒙を啓いたのが近代的個人による近代社会の脱魔術化であり（Ritzer［2005］；三浦［2013］），合理性，客観性，効率性（時間当たりコスト）などから構成される。社会を，客観的に，合理的に考えた一つの帰結が欧米の契約社会である。

　一方，日本は契約よりも，その場の人間関係を重視する社会で，欧米とはかなり異なる。リースマンの同調形式の3類型（伝統志向型，内部志向型，他人志向型）でいうと，近代に特徴的な内部志向型の一つ前の，中世封建社会に典型的で，外的な権威へ同調するタイプである伝統志向型の側面も残っている社会と言える（cf. 三浦［2016］）。

⑵ 契約社会に抜け落ちていた「共感」

　契約社会の欧米で，それとは異質な日本発のマンガ・アニメがなぜ支持さ

れたのかについて，明快に答えているのが，70 年代生まれの「フランス・
オタク第 1 世代」で，『水曜日のアニメが待ち遠しい』の著者のブルネ（Brunet,
Tristan）である（ブルネ［2015］）。

　ブルネによると，日本アニメがヒットした理由は，作品と読者の「共感」
の強さにある。

　「宇宙海賊キャプテン・ハーロック」（松本零士原作）では，主人公ハーロッ
ク（もと宇宙船艦長だったが，宇宙人の侵略に気づけない堕落した地球政府に反
旗を翻し，宇宙海賊となって宇宙人と戦う）は，正義のヒーローであると同時に，
地球政府の反逆者という二面性を持つ。もともとすごい能力を持っている
スーパーマンなどアメコミのヒーローに対し，「ドラゴンボール」（鳥山明原
作）の孫悟空のかめはめ波は，彼の怒りや根性の表出である。そこには等身
大の「人間」がいて，読者はハーロックや孫悟空の悩みや意思を共に感じ，
深い感情移入が可能になる。物語の魅力は，第 8 章で見たように，「自己移
入（物語の世界観に入り込む）」「感情移入（登場キャラクターに感情移入）」に
よるが，日本アニメの登場人物は，悩み，争いながらも，周りを信じて成長
するところに読者の共感を得た。

　フランスなど欧米の契約社会では，日本アニメの共感ベースの物語世界は，
実は，圧倒的な異物であったという。フランスと日本では人間関係の原理が
大きく異なり，ルソー『社会契約論』（1762 年）やそれに影響されたフラン
ス革命（1789 年）以来の契約社会であるフランスでは，「個人の権利」が最
も重要で，権利を侵すものは「敵」とみなされる。一方，人間関係を大事に
する日本では，コミュニケーションの基本は共感の雰囲気を作り出すことで
あり（共感のさまざまな「印」も見せる：「すみません」の多用など），他者との
共通性をベースに社会を組織する日本人の世界観は，悪役にも共感の可能性
を与える（ブルネ［2015］）[3]。個人の権利をベースに，（同様に権利を有する）
他者との関係を契約によって取り決めるフランスという契約社会において，
日本アニメの共感ベースの物語世界は，圧倒的な異物であったが，フランス
社会の提示する世界観の欠如を埋めるものとして，また，フランス人のアイ
デンティティの作り方の欠陥を埋めるものとして評価された（ブルネ

図表 9-3　日本人の社会意識と欧米比較

	日本	欧米
a. 社会システム	人間関係重視社会	契約社会
b. 社会を動かす原理	実際の人間関係	客観的な契約
c. 社会の大事な価値	他者との共感	個人の権利
d. 日本マンガの共感ベースの物語世界	社会の価値と一致	圧倒的な異物だが，世界観の欠如を埋める

［2015］）。

　日本アニメの欧米での成功は，単にストーリーが面白かったり（第1章参照），美的に素晴らしかったり（本章1・2節参照）というだけでなく，それらを越えて，世界観の欠如を埋めるものとして，大きな意味（決まりを淡々と行う「契約」を超えた，人間的な「共感」の価値）が評価されたからだと言える。

　以上をまとめると，**図表 9-3** のようになる。

おわりに

　本章では，日本マンガ・アニメを中核とする JPC が世界で評価された理由について，JPC を育んだ日本人の美意識，日本美術・芸術の特徴，日本人の社会意識から分析した。

　得られた結果は，どの側面においても，欧米とは異なる日本の独自性であった。

　すなわち，欧米が「大きく強いもの」に美を感じるのに対し，日本は「小さく可憐なもの」を愛でる伝統をもっていた。欧米が，遠近法・肉付け法・明暗法によって，3次元の世界を2次元のキャンバスに移し替えていたのに対し，日本では，構図（非対称性など）・輪郭線・色彩・単純化の革新によって，2次元の画面に新たな美を創造していた。また欧米が，大芸術（絵画や彫刻）と小芸術（工芸品）を厳しく線引きし，近年ようやくバンド・デシネ（フランスのマンガ）を第9芸術と捉えるようになったのに対し，日本では，芸

術（絵画）と非芸術（工芸品）が共に美的なものとして最初から境界がなく，マンガも絵画や彫刻と同じ美的なものとして楽しまれている。そして，欧米が個人の権利を大事にする契約社会であるのに対し，日本は人間関係の共感を大事にする人間関係重視社会であり，そのような日本社会で生み出された共感ベースの日本マンガ・アニメが，契約社会の欧米では異物でありながら，世界観の欠如を埋めるものとして評価された。

　19 世紀後半のヨーロッパにおいて，日本の浮世絵や工芸品が，ヨーロッパとは全く異なる，ただ新たな価値ある美として評価され，ジャポニスムと呼ばれたように，現在の日本マンガ・アニメを中核とする JPC は，同様に，ヨーロッパの美的感覚や社会意識とは異なるものだが，ただ新たな価値を提供するものとしてクールジャパンとして評価された。現在の JPC やクールジャパンは，21 世紀のジャポニスムと言える（cf. 三浦 [2014]）。

1) ジャポニスム（Japonisme）は，「19 世紀後半の西洋芸術に見られる日本の影響現象の全て」と定義されるが（廣田 [1994]），似た用語のジャポネズリ（Japonaiserie：日本趣味）とは若干異なる。ヨーロッパで 18 世紀ロココの時代に中国の風俗・工芸・装飾モチーフへの嗜好がシノワズリ（Chionoiserie：中国趣味）と呼ばれたように，ジャポネズリは，日本の文物に対するエキゾチックな異国趣味のことを言う。一方，ジャポニスムは，それらを含みつつも，日本と全く関係のない主題を扱った作品でも日本との関係や影響がある場合は含まれる，より広い概念である（高階 [2000]）。
2) 北斎漫画の「漫画」とは，「事物をとりとめもなく漫（そぞ）ろに描いた」という意味であり，現在の漫画／マンガとは少し異なり，さまざまな事物（花鳥山水から人物，架空の動物，伝説上の人物，建築物に至る森羅万象）を描いた絵本で，北斎の観察眼と描写力を伝えている（津田 [2008]）。表情や動きの描写の秀逸さを見ると，手塚治虫著『マンガの描き方』[1996；初出は 1977] の絵手本と似ているところも多く，現在の漫画／マンガに通じるものと言える。「北斎漫画」をマンガ／漫画の源流とする意見も多い（津堅 [2014] など）。
3) 東・唐澤 [1988] が日米大学生に行った道徳的判断の実験調査では，「学生 A が先生に故意にけが」「学生 A が学年末試験でカンニング」という情報の評価を聞いたところ，アメリカ人の方が日本人より，「先生にけが」「カンニング」ともに厳しかった。特徴的なのは，インタビューで判断の理由を聞いたところ，日本人の過半数が，「この情報だけならもっと厳しくなるが，よく事情がわからないから少し甘くした」と説明した点である。日本人の場合，この情報以外に，同情できる文脈を漠然と想定していた

と考えられる（「先生にけが」「カンニング」には，何か訳があるのではないかと考えた）。一方，アメリカ人では同種の反応は少数で，「ほかに情報がない以上，本来暴力は悪いのだから悪いとしか言いようがない」など，規範に照らして判断したものが多かった。「悪人にも三分の理」という諺もあるように，悪人・善人に関わらず，人との共感を図る日本的な社会がここにも垣間見える。

【参考文献】

東洋・唐澤真弓［1988］「道徳的判断過程県境のための一方法」『発達研究』第 4 巻，103-123 頁。

李御寧［1982］『「縮み」志向の日本人』学生社。

池井望［1978］『盆栽の社会学—日本文化の構造』世界思想社。

石井元章［1999］『ヴェネツィアと日本—美術をめぐる交流』星雲社。

大野晋［1966］『日本語の年輪』新潮文庫。

おかだえみこ・鈴木伸一・高畑勲・宮崎駿［1988］『アニメの世界』新潮社。

片岡義朗［2011］「日本のアニメ市場」高橋光輝・津堅信之編著『アニメ学』NTT 出版，152-183 頁。

加藤周一［1955］「日本文化の雑種性」『思想』第 372 号，635-647 頁。

――［1956］『雑種文化—日本の小さな希望』講談社ミリオンブックス。

――［2007］『日本文化における時間と空間』岩波書店。

黄文雄［1997］『中華思想の嘘と罠—中国の正体を見る』PHP 研究所。

古賀令子［2009］『「かわいい」の帝国—モードとメディアと女の子たち』青土社。

杉山知之［2006］『クール・ジャパン—世界が買いたがる日本』祥伝社。

高階秀爾［1978］『日本近代の美意識』青土社。

――［2000］「序・ジャポニスムとは何か」ジャポニスム学会編『ジャポニスム入門』思文閣出版，3-10 頁。

津堅信之［2014］『日本のアニメは何がすごいのか—世界が惹かれた理由』祥伝社。

津田卓子［2008］「北斎漫画」国際浮世絵学会編『浮世絵大事典』東京堂出版。

堤和彦［2011］『ニッポンのここがスゴイ！—外国人が見たクールジャパン』武田ランダムハウスジャパン。

――［2013］『NHK「COOL JAPAN」かっこいいニッポン再発見』NHK 出版。

手塚治虫［1996；初出は 1977］『マンガの描き方—似顔絵から長編まで』光文社。

中尾佐助［1986］『花と木の文化史』岩波書房。

廣田正敏［1994］「ジャポニスム（研究資料）」『近代』第 76 号，神戸大学，155-168 頁。

古永真一［2010］『ＢＤ—第九の芸術』未知谷。

ブルネ，トリスタン［2015］『水曜日のアニメが待ち遠しい—フランス人から見た日本サブカルチャーの魅力を解き明かす』誠文堂新光社。

馬渕明子［1997］『ジャポニスム—幻想の日本』ブリュッケ。

三浦俊彦［2013］『日本の消費者はなぜタフなのか―日本的・現代的特性とマーケティング対応』有斐閣。

――［2014］「「クールジャパン」の理論的分析―COO（原産国）効果・国家ブランドと快楽的消費」『商学論纂』第 56 巻第 3・4 号，中央大学商学研究会，123-167 頁。

――［2016］「消費者行動分析」和田充夫・恩蔵直人・三浦俊彦著『マーケティング戦略 第 5 版』有斐閣，104-129 頁。

宮島喬［2012］『社会学原論』岩波書店。

山口裕美［2004］『COOL JAPAN：The Exploding Japanese Contemporary Arts―疾走する日本現代アート』ビー・エヌ・エヌ新社。

四方田犬彦［2006］『「かわいい」論』筑摩書房。

De Mente, Boye L.［1990］*Japan's Secret Weapon: THE KATA FACTOR*, Phoenix Books.（田附正夫訳［1991］『「型」日本の秘密兵器』HBJ 出版局）

Hall, Edward T.［1976］*Beyond Culture*, Anchor Press.（岩田慶治・谷泰訳［1979］『文化を超えて』TBS ブリタニカ）

McGray, Douglas［2002］"Japan's Gross National Cool," *Foreign Policy*, 130（May/June）.

Pica, Vittorio［1894］*L' Arte dell Estremo Oriente*, Torino Roma.

Ritzer, George［2005］*Enchanting a Disenchanted World (2rd ed.)*, Pine Forge Press.（山本徹夫・坂田恵美訳［2009］『消費社会の魔術的体系―ディズニーワールドからサイバーモールまで』明石書店）

第 4 部

JPC とマーケティング戦略
──いかに JPC はマーケティングを革新
したか？──

第**10**章

JPC マーケティングの体系
──戦略の特徴とその革新性──

はじめに

　第1部（JPCの創造戦略）で，いかにJPC（ジャパニーズ・ポップカルチャー）が日本で生まれたかを考察し，第2部（JPCの展開戦略）で，いかにJPCが世界に広がっていったかを検討し，第3部（JPCの消費者行動）で，いかにJPCが世界の消費者・市場から評価されたかのメカニズムを分析してきたので，最後の第4部（JPCとマーケティング戦略）の本章では，いかにJPCが現代マーケティングを革新したかを論じる。

　以下では，まず第1節で，JPCマーケティングの四つの特徴を分析し，第2節で，JPCマーケティングの展開メカニズムと戦略ポイントを考察し，第3節で，JPCマーケティングの三つの戦略革新について述べる。

1．JPC マーケティングの四つの特徴

　JPCが日本だけでなく，世界で評価された過程・戦略を分析すると，「共感のマーケティング」「下（消費者）からのマーケティング」「世界観が拡大するマーケティング」「国境を乗り越えるマーケティング」という四つの特徴がある。

(1) 共感の JPC マーケティング

　共感の JPC マーケティングには，「作者と読者の共感」「読者間の共感」の二つの側面がある。

①作者と読者の共感

　「作者と読者の共感」とは，作者（マンガ家）が提供する世界観・ストーリーという主観的価値への読者の共感である。「鬼滅の刃」なら，吾峠呼世晴（作者）が提示する主人公・竈門炭治郎を中心とする世界観・ストーリー（主観的価値）に共感できるとき，消費者は購買者・ファンとなる。「少年ジャンプ」が掲げる「友情・努力・勝利」に基づく世界観・ストーリー（主観的価値）に共感するとき，同誌の愛読者になる。ブルネ［2015］が指摘するように，共感をベースとした日本マンガ・アニメの物語世界は，欧米の契約社会が忘れていた人間本来の悩み・葛藤・成長などの感情の大切さに光を当てて，世界の消費者から圧倒的な支持・共感を獲得した（第 9 章参照）。

　これは車や家電などの思考型製品の場合に，燃費や解像度などの客観的価値で判断するのと大きく異なる。車や家電の場合，よりよい燃費，よりよい解像度の競合製品が出ると，（予算が許せば）合理的にブランドスイッチされてしまう。非常にわかりやすいメカニズムで，ブランド・ロイヤルティの持続性は，客観的価値の優劣で簡単に崩れる。

　一方，マンガの世界観・ストーリーの場合，一度共感を得たなら，ブランド・ロイヤルティは盤石に近い。共感を得るだけの世界観・ストーリーの創造力をもつ作家である必要はあるが，共感のマーケティングは，ブランド・ロイヤルティの持続性・頑健性を構築する上で，車や家電を含めた，すべてのマーケティングに新たな方向性を示している。

②読者間の共感

　「読者間の共感」とは，共感が作者と読者の 1 対 1 の関係にとどまらず，読者間でも共感を確認し合い，共感の輪が広がることである。これを説明す

るのが，第 8 章で見た「解釈共同体」である。解釈共同体とは，テクスト（コンテンツなど）の解釈コードを共有する集団のことで（Fish［1980］；cf. 金田［2007］），マンガ・アニメの場合，同じマンガを好意的に評価するコードを共有するファンの集まりのことであり，小中学校なら「鬼滅の刃」ファン仲間などが代表的である。そこでマンガ・アニメについて語り合って，作者世界観との共感の強度がさらに増し，共感の輪も広がる。高校・大学・社会人でも多様な解釈共同体（ファン仲間）があるが，最近は世界にも広がり，YouTube で外国のファンの動画やコメントを見れば，世界ともつながって，共感の輪がさらに広がる。

　車や家電でも，製品について語り合うことはできるが，燃費や解像度などの客観的スペックの話だけだと，なかなか話が広がらない。その点，マンガ・アニメの場合は，語りたいことが豊富にあるので，仲間同士の共感度合いを確かめあう共感のマーケティングは非常に有効である[1]。さらにマンガやアニメの場合，自分の好きなマンガ・アニメを友達など他者に紹介・推薦する可能性も高い。解釈共同体が自己増殖するのである。近年流行のブランド・アンバサダーやファン・マーケティング（cf. 佐藤［2018］）に通じる話であり，JPC マーケティングは，マーケティングの新たな方向性を示している。

(2) 下（消費者）からの JPC マーケティング

　下（消費者）からの JPC マーケティングには，「消費者が普及」「消費者が参加・拡大」の二つの側面がある。

①消費者が普及

　消費者による普及を説明するのが，第 8 章で見た「集散地」である。集散地とは，文化資源を蓄積する集積地と異なり，「文化資源（情報・技術・知識・知的財産・メディアコンテンツなど）が集まっては散るハブ」であり（山村［2008］），マンガ・アニメの集散地には，コミケ（コミックマーケット：3 日間で来場者 50～60 万人規模）や，パリで 2000 年来開催の Japan Expo（4 日間で来場者 25 万人規模）などがある。これら集散地では，企業側（出展者）

が自社のコンテンツをプロモーションするだけでなく，消費者側（多数の来場者）が自分が見聞きしたマンガ・アニメなどコンテンツの画像・映像を，自発的にSNSにどんどんアップする。多数の来場者が膨大な情報をアップするので，拡散効果は絶大である。企業でなく，消費者自身が普及しており，消費者が（自発的に）営業パーソンになっている。

　コミケやJapan Expoなどのリアルの集散地に加え，ネット上の集散地もこれから重要になる。ニコニコ動画を展開するドワンゴは，20年12月，「The VOCALOID Collection（ボカコレ）」をネット上で初開催し，初音ミクなどのボカロのオリジナル曲やリミックス曲，歌ってみた・踊ってみた・演奏してみたなどの2次創作も含めて2,000件がアップされ，ネット総来場者数104万人を超えた。

　リアル・ネットの集散地は，消費者が普及してくれるという意味で，「消費者参加（主導）型製品普及」と言える。

②消費者が参加・拡大

　コミケやJapan Expo，ネット上のボカコレの来場者の消費者は，当該コンテンツを普及してくれるが，さらに進んだ段階が，出展者の消費者による参加・拡大である。

　消費者による参加・拡大を説明するのが，第8章で見た「集合知」である。集合知とは，「特定専門家の知識でなく，一般の人の普通の知識を集合させて新たな知を生み出すこと」であり（cf. 木村 [2008]），JPCの集合知の成功例は，初音ミクが有名である。女声ボーカルのDTM(デスクトップ・ミュージック) ソフトの「初音ミク」では，発売元のクリプトン・フューチャー・メディア社が非営利無償の2次創作を公式認可したので，誰もが初音ミクの楽曲をニコニコ動画などにアップし，それに誰かがアニメやCGをつけ，さらに誰かがダンスをつけるという2次創作，3次創作の輪が広がった（三浦 [2012b]）。初音ミクというコンテンツを普及するだけでなく，そこに参加して楽曲をつくり，アニメやダンスをつけて，初音ミクのコンテンツを拡大した。コミケなどの同人誌も同様で，「ONE PIECE」「鬼滅の刃」というマン

ガ・コンテンツを普及させるだけでなく，そこに自身の新たなストーリーを
加えて，そのマンガ世界を拡大した。

　初音ミクの新たなダンス動画の投稿者やコミケの2次創作同人誌作者は
明らかに元のコンテンツを拡大しているが，コスプレや聖地巡礼も，単なる
普及を超えている。「鬼滅の刃」の主人公・竈門炭治郎の市松模様の羽織の
コスプレをする消費者や，「鬼滅の刃」の聖地として有名な福岡県太宰府市
の「宝満宮竈門神社」に聖地巡礼に行く消費者は，単に「鬼滅の刃」という
コンテンツを普及させているだけでなく，自身がそのコンテンツの世界観に
参加している。

　初音ミクや同人誌の2次創作だけでなく，コスプレや聖地巡礼も，当該
コンテンツの世界に参加し，拡張しているという意味で，「消費者参加型製
品拡張」と言える。

(3) 世界観（価値）が拡大する JPC マーケティング

　世界観（価値）が拡大する JPC マーケティングには，「消費者による追加・
拡大」「作り手のメディアミックス戦略による追加・拡大」の二つの側面が
ある。

① 消費者による追加・拡大

　「消費者による追加・拡大」は，前項②のように，初音ミクや同人誌，コ
スプレや聖地巡礼が代表的である。これら消費者の2次創作や3次創作，
消費者のマンガ物語世界への参加（コスプレ，聖地巡礼）によって，当該コ
ンテンツの世界観（価値）は確実に拡大する。一般の消費者がやるので玉石
混交で，おかしな同人誌，似合わないコスプレもあるが，ネットやリアルの
世界の中で，玉石が取捨選択され，「玉」が残ることによって，全体として
価値は高まる。

　さらに近年のネット社会の進展の中，ネット上での追加・拡大も増えてい
る。MAD（海外では AMV［Animation Music Video］と呼ばれる）というもの
があり，既存のアニメ映像を自主編集し，音楽をつけた映像作品で，多数の

消費者が自身の YouTube チャンネルなどで大量に配信している。「呪術廻戦17 話×怪物」という MAD（249 万回視聴）は，呪術廻戦のテレビアニメ 17話を切り貼りした映像の背後で，YOASOBI の 21 年新曲「怪物」（テレビアニメ「BEASTARS」第 2 期オープニングテーマ）が流れるもので，「呪術廻戦」の世界観に「怪物」の世界観が掛け合わされ，呪術廻戦ワールドを拡張する。MAD は，「ハイキュー!!」「僕のヒーローアカデミア」など，ほぼすべてのヒットアニメのものが無数にアップされており，MAD も含め，今後，ネット上の消費者による追加・拡大が増大すると考えられる。

②作り手のメディアミックス戦略による追加・拡大

　企業側のメディアミックス戦略も，当該コンテンツの世界観（価値）を拡大する。

　マンガのストーリーとキャラクターが人気を得ると，そこを起点に，テレビアニメ，劇場アニメ，ゲーム，2.5 次元（舞台・ミュージカル），実写映画などへ広がり，同時に玩具や食品・日用雑貨品などが展開される（澤村[2020]）。この拡がりを捉える上で有用なのが，コンテクストの考え方である（三浦［2012a]）。コンテクスト（context：文脈）とは，語の意味は前後の文脈の中で決定されるという言語学の概念で，そこから敷衍したコンテクスト・ブランディングでは，ブランドは製品を中心に多様なものを統合して形成されると考える。例えば，09 年のサントリー「角ハイボール」戦略では，ウイスキー「角瓶」を中心に，ソーダ，氷，レモンスライス，亀甲ジョッキ，気の合う仲間，しゃれた居酒屋，小雪の CM，「ハイボール　はじめました」のポスターなどで，全体として角ハイボール・ワールドを形成して成功した（三浦［2012b]）。同様に，マンガ・アニメでは多様で多彩なメディアミックス戦略が展開されるので，それら全体をどのようなコンテクストとして統合し，全体としてどのようなブランドワールドを築き上げるかを考えるコンテクスト・ブランディングの考え方は有効である。

　このようにマンガ・アニメの場合は，消費者が同人誌などの 2 次創作やコスプレ・聖地巡礼でコンテンツに参加して当該コンテンツの世界観を拡大

し，企業もメディアミックス戦略によって当該コンテンツに新たな価値を加
えており，価値が基本的に一定の車や家電や洗剤などと大きな違いを見せて
おり，JPC マーケティングの大いなる可能性を感じさせる。

⑷ 国境を乗り越える JPC マーケティング

　国境を乗り越える JPC マーケティングには，「アニメは吹替需要が一般的」
「テーマが世界のヤングアダルト共通ニーズに合致」の二つの側面がある。

①アニメは吹替需要が一般的

　JPC が国境を乗り越える上で，アニメは吹替需要が一般的なのは，事実と
して大きい。

　日本のテレビアニメは，60 年代の「鉄腕アトム」「鉄人 28 号」「マッハ
GoGoGo」などから始まるが，ほぼ同時期に放送された米国では吹替版が基
本で，タイトルを変え（それぞれ「Astro Boy」「Gigantor」「Speed Racer」），登
場人物の名前も変え，暴力的描写を和らげて放送され，米国の子ども視聴者
は日本文化と認識せずに受容した（中垣［2018］）。吹替放送に加え，ほぼリ
アルタイムという特徴を生み出したのが，アニメーション専門チャンネル
「カートゥーン・ネットワーク」（97 年放送開始）である。「ポケモン」「ドラ
ゴンボール」「セーラームーン」を皮切りに，「犬夜叉」「鋼の錬金術師」な
どの作品をほぼリアルタイムで大量に視聴でき，言語が吹替であるだけでな
く同時代性も感じられ，さらに国境を低くした（リアルタイム配信は，10 年
代以降の Netflix などのサブスクにも受け継がれる）。

　吹替に，リアルタイム配信も加わり，日本アニメを特別な異文化と認識す
ることはなく，グローバル化，無国籍化が進んでいる（中垣［2018］）。筆者
が 90 年代末，NY で米国人大学院生に「なぜポケモンなどの日本人が主人
公のアニメがアメリカで人気があるの？」と聞いたところ，彼の答えは「ポ
ケモンの登場人物は，皆目がパッチリしていて，髪の毛もいろんな色なので，
誰も日本人だと思っていない」というものだった。声が英語というだけでな
く，見た目も日本人でないので，日本マンガ・アニメは簡単に国境を乗り越

える。

　海外の日本アニメ好きが，「日本アニメが好きなのはそれ自体が好きなのであって，日本に興味があるわけでない」と言ったり（櫻井［2010］），「（80年代のフランスの小学生は）日本製だからドラゴンボールを見たのではなく，面白いから見たらたまたま日本製だった」と言ったりするが（ブルネ［2015］），これらはまさに日本アニメのグローバル性を示している。いい意味でも悪い意味でも日本の色がつかない日本マンガ・アニメは，国境を簡単に乗り越える。

②テーマが世界のヤングアダルト共通ニーズに合致

　日本マンガ・アニメが国境を乗り越える理由は，世界観やキャラクター，ストーリーが，世界のヤングアダルト層（中高大・青年層）のニーズに合致しているからである。日本のマンガ・アニメでポピュラーな作品群のロボット物では，巨大ロボットが登場し，戦争や民族問題などの下，キャラクターの葛藤や成長，恋愛模様などが心理描写も鮮やかに描かれるが，単純な勧善懲悪を越えた深みのあるストーリーに，日本のヤングアダルト層と同様に，世界のヤングアダルト層が感情移入し，作品にのめり込む（津堅［2014］）。日本アニメを観るアメリカ人は，日米の文化差を感じる前に，絵に感動したり，キャラクターの感情を理解しようとするので，カルチャーギャップはあまり感じない（津堅［2014］）。

　新海誠作品のプロデューサーによると，「秒速 5 センチメートル」（新海作品の海外初劇場公開作）の時の経験から，女性に対する淡い想いや，心の病などの生きづらさは，先進国共通の意識で，アジアの新興国でも共感の対象だと言う（角南［2016］）。新海監督自身は，特にグローバルなものをつくろうと思っているわけでなく，ドメスティックなものを追求したら，ユニバーサルに通用するものになったと言う（角南［2016］）。異性に対する想いや心の葛藤は，舞台設定は変わっても，ユニバーサル，グローバルな意識・ニーズなのである。

　このように，日本マンガ・アニメの世界観・ストーリーは，欧米やアジア

図表 10-1　JPC マーケティングの四つの特徴

	内容	関連する概念
共感の JPC マーケティング	①作者と読者の共感 ②読者間の共感	共感 解釈共同体
下（消費者）からのJPCマーケティング	①消費者が普及 ②消費者が参加・拡大	集散地 集合知
世界観（価値）が拡大する JPC マーケティング	①消費者による追加・拡大 ②作り手のメディアミックスによる追加・拡大	集合知 コンテクスト・ブランディング
国境を乗り越える JPC マーケティング	①アニメは吹替需要が一般的 ②テーマが世界のヤングアダルト共通ニーズに合致	無国籍性，グローバル性 グローバル性（ユニバーサル性）

新興国のヤングアダルト層の意識やニーズに合致しているので，簡単に国境を乗り越える[2]。

　以上，JPC マーケティングの四つの特徴をまとめると，**図表 10-1** のようになる。

2．JPC マーケティングの展開メカニズムと戦略ポイント

　「共感」「下から」「世界観の拡大」「国境の乗り越え」という四つの特徴をもつ JPC マーケティングについて，以下では，「展開メカニズム」と，「戦略ポイント」を分析する。

(1) JPC マーケティングの展開メカニズム

　JPC マーケティングの展開メカニズムについて，「マンガ・アニメの場合」「キャラクターの場合」に分けて，そのブランド・ライフサイクルを考察する。

①マンガ・アニメのブランド・ライフサイクル

　マンガ・アニメのブランド・ライフサイクル（BLC）は，**図表 10-2** のようになる[3]。

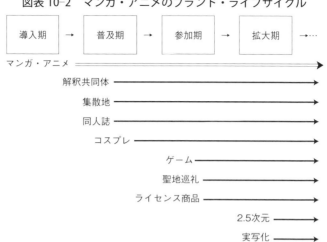

図表10-2　マンガ・アニメのブランド・ライフサイクル

　「導入期」に，マンガ，続いてアニメが市場導入されると，BLCを進めるためには解釈共同体の形成が不可欠である。小中高の当該マンガ好きクラス仲間から，大学・社会人のファンの集まり，またネット上のファンの交流などの解釈共同体が形成されることにより，当該マンガブランドの基礎が形作られる。

　解釈共同体の形成と共に「普及期」が始まり，普及に推進力を与えるのが集散地である。コミケやJapan Expoなど，既存ファンやファン予備軍が集うプラットフォームとしての集散地によって，多くの参加者の集合知が集まり交流し，そこでの情報がSNSにアップされ拡散して，当該マンガブランドが国内外に普及する。集散地では，一部セミプロの同人誌作家による世界観の拡大も試みられ，コスプレイヤー達のコスプレは，マンガの世界観への参加である。

　世界観への参加は続く「参加期」に多く見られ，当該マンガブランドのゲームを行い，聖地巡礼に行き，コスプレをし，各種ライセンス商品を買うことによって，マンガ世界観への参加が実感され，当該マンガブランドへの愛着が増大する。

　「拡大期」では，2.5次元（舞台・ミュージカル）や実写映画化など，リア

ルの人間がそのマンガ世界を表現して，新たな価値が付加され，世界観が強化・拡大される。

「ブランド・インキュベーション（ブランド孵化）」という概念を提示した和田充夫は，「ブランドは生きもののように成長する」と述べるが（和田・梅田・圓丸・鈴木・西原［2020］），日本マンガ・アニメのブランドも成長する。車や家電，洗剤などの思考型製品と比べ，成長の量も質もはるかに大きいところがマンガ・アニメブランドの特徴であり，導入から，普及，参加，拡大という BLC をいかにマネジメントし回していくかが大変重要である。

②キャラクターのブランド・ライフサイクル

初音ミクやキティ，くまモンなどのキャラクターのブランド・ライフサイクル（BLC）は，**図表 10-3** のようになる。

キャラクターの BLC は，マンガ・アニメの BLC と基本的に同じだが，異なるところは，「導入期と普及期の間に「確立期」」が入り，「キャラクター・コンセプトの確立に n 次創作（2 次創作や 3 次創作など）が大きく関わる点である。

初音ミクで考えた場合，07 年の発売時点では，単なる女声ボーカルの

図表 10-3　キャラクターのブランド・ライフサイクル

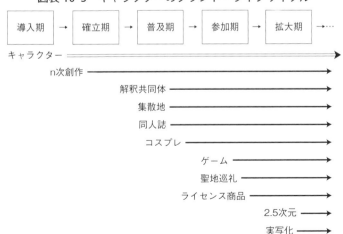

DTMソフトのキャラクターに過ぎなかった。その後，同ソフトを使った楽曲がニコニコ動画などにアップされ，それに誰かがCGやアニメ，さらにダンスをつけるなど，n次創作が広がって，キャラクターのコンセプトが確立する「確立期」を迎える。キャラクター・コンセプトが確立すると，（コンセプトを確立して市場導入する）マンガ・アニメと同様の道筋を辿る。解釈共同体の形成と共に「普及期」が始まり，ゲームやコスプレや聖地巡礼（例えば，沖縄に初音ミクの聖地がある）やライセンス商品による「参加期」，09年以来世界で行われる生バンドを従えてのコンサート（3DCGの初音ミクが歌い，踊る）や，3DCGの初音ミクと中村獅童の共演による「超歌舞伎」（16年ニコニコ超会議でスタート：19・21年には京都南座で公演）などの「拡大期」を経て，初音ミクワールド（世界観）が強化・拡大される。

　日本のかわいい文化を推進した「キティ」（74年市場導入）や，地域のゆるキャラ人気No.1の「くまモン」（10年市場導入）など，日本には多くのキャラクターが存在し（日本にはすべてのものをキャラクター化する文化があるともいわれる：cf. 擬人化たん白書製作委員会［2006］），n次創作でキャラクター・コンセプトを確立させ，BLCを効果的に進めて行くことができれば，新たなキャラクー・ブランドワールドが創造される可能性は高い。

⑵ JPCマーケティングの戦略ポイント

　上記二つのBLCの図表から明らかなように，解釈共同体は常に一番の基礎としてBLCに関わり続ける。したがって，JPCマーケティングの戦略の核心ポイントは，解釈共同体の形成・拡大にある。

　以下では，「解釈共同体の形成」「解釈共同体の拡大・発展における企業の役割」を考察する。

①解釈共同体の形成

　解釈共同体とは，テクスト（コンテンツなど）の解釈コードを共有する集団のことで（Fish［1980］；cf. 金田［2007］），マンガ・アニメの場合，同じマンガを好意的に解釈する読者の集まりのことである。代表的なのが，小中

学校のクラスに形成される,「マンガ好き」「マンガ好きの集団」であり,自然発生的に生じる。小中の場合は,解釈共同体は持続性・頑健性があると考えられるが,高校,大学,社会人となるに従い,定期的に会うことが減り,仮に解釈共同体ができたとしても持続性・頑健性は低い。

　したがって,解釈共同体のメンバー間の関係性を深め,持続性・頑健性を高める方策が必要になる。参考になるのが,下位文化の「臨界値（critical mass）」の理論で言及される,下位文化を支える諸制度の議論である（Fischer［1975］；cf. 松本［2008］）。下位文化（サブカルチャー）が社会である程度の存在感を得るには,当該下位文化を支える人口の規模が一定水準（臨界値）以上になる必要があるという理論で,人口が一定水準を超えると,下位文化を支える諸制度（服装のスタイル,新聞,結社など）が確立され,下位文化が社会的境界を定められる（社会で認められる）。都市部の犯罪者のコミュニティ研究で,独自の集会場やたまり場が制度の一つと例示されるように（Fischer［1975］）,特定マンガの解釈共同体が持続的であるためには,集会場やたまり場などのプラットフォームが必要である。マンガ・アニメの場合,学校における部室などのリアルなプラットフォームも大事であるし,今日のインターネット社会では,Twitter アカウントや YouTube チャンネルなどをネット上のたまり場（プラットフォーム）にして,解釈共同体の持続性・頑健性を高めることが重要である。

②解釈共同体の拡大・発展における企業の役割

　一般ファンの Twitter アカウントや YouTube チャンネルで,特定マンガの解釈共同体のたまり場（プラットフォーム）を作るのは重要だが,個人の力では限界がある。ここで重要なのが,企業の役割である。資金力・情報力のある企業は,特定マンガの解釈共同体のメンバーが集えるたまり場を簡単に作れる。ONE PIECE 公式 YouTube チャンネル（登録者 85 万人）では,第1 回 ONE PIECE キャラクター世界人気投票（1,000 話を記念した全世界対象の人気投票）の結果発表の特別番組を 21 年 5 月 5 日に配信した,世界各国から多くのコメントも書き込まれ,世界のファンが集うプラットフォームに

なっている。鬼滅の刃公式 Twitter（231.3 万フォロワー）では，マンガやテレビアニメ・映画の情報はもとより，グッズ情報やクイズ企画などさまざまな切り口で，日本および世界のファンが集うプラットフォームになっている。

　解釈共同体の発展・拡大における企業のもう一つの役割が，ファンの消費者個々人だけでなく，消費者グループ（解釈共同体）が集えるプラットフォームの確立である。一般ファンの自発的解釈共同体は，日本および世界で，リアル・ネット問わず無数に存在するが，自発的に生起しているので，いつ衰退・消滅してもおかしくない。したがって，企業は，それら解釈共同体が集える（解釈共同体をネットワーク化できる）プラットフォームを安定的に提供し，自然発生的な解釈共同体の持続性を保つ必要がある。例えば，上記 ONE PIECE 公式 YouTube チャンネルで全国各地のリアルな解釈共同体がグループで参加するゲーム企画などが考えられるが，企業は，リアル・ネットのプラットフォームに，消費者個人に加え，消費者グループ（解釈共同体）でも参加してもらい，解釈共同体の持続性を高め，解釈共同体間の関係性（ネットワーク）も深め，全体として，当該マンガの解釈共同体を発展・拡大していく役割をもっている。

3．JPC マーケティングの三つの戦略革新

　第 1 節で見たように，JPC マーケティングには，「共感」「下から」「世界観の拡大」「国境の乗り越え」という四つの特徴があり，第 2 節で見たように，マンガ・アニメ，キャラクターの JPC マーケティングの展開に当たっては，ブランド・ライフサイクル（BLC）の視点が重要で，その際に，解釈共同体の形成・拡大を基礎とすべきことが理解された。

　このように JPC マーケティングは，これまでのマーケティングを大きく超える特徴を持つので，本節では，JPC マーケティングの戦略革新の方向性について，「共創戦略の革新」「ブランド開発の革新」「イノベーション論の革新」の三つを考察する。

(1) 共創戦略の革新

　製品やブランドの価値を企業が一方的に作るのでなく，顧客と共創する考え方は，カスタマー・コンピタンスの議論（Prahalad and Ramaswamy［2000］など）や S–D ロジックの議論（Vargo and Lusch［2004］など）以降，製品開発戦略の重要な選択肢の一つである。イノベーション研究において，研究開発の情報源をどこに求めるかというアンケート（対象：日本の主要企業 643 社，94 年実施）で，顧客（消費者および取引先）をあげる企業が，既存・新規プロジェクト共に 7 割を超えていた（一橋大学イノベーション研究センター［2001］）。

　このように顧客との共創は，用語や程度は違えど重要な戦略と従来から考えられてきたが，JPC マーケティングは，共創戦略を，「時期」「目的」という二つの面で革新する。

　「時期」は，従来の共創戦略では，一番の目的が企業と顧客の共同製品開発であったため，製品開発時点までの共創が重要であった。世界 65 万人以上のパソコン好きに Windows 2000 の β 版（試験版）を配布して彼らの意見を製品改良に活かしたマイクロソフト（Prahalad and Ramaswamy［2000］）や，近年では，カルビーの「あつまれ！とびだせ！じゃがり校」による 3,000 人規模の入学生（消費者）とのコラボによる「じゃがりこ　カルボナーラ味」（09 年）などの新製品開発が有名であるが，これら共創事例では，製品開発（製品改良も含む）までの時期において，企業と消費者が共に意見を述べあい共創することに最終ゴールが設定されており，製品開発（市場導入）によって共創戦略がひとまず終了する。

　一方，マンガ・アニメでは，製品開発（市場導入）時に共創戦略がスタートするのであり，その理由が，「目的」の変化である。

　すなわち，共創の目的が，マンガ・アニメの場合，製品開発でなく，製品拡張（世界観の拡大）だからである。先に見たように，マンガ・アニメは，市場導入された後，消費者のコスプレや聖地巡礼，また 2 次創作同人誌やネット上の MAD で世界観が付加・拡大され，ブランドの価値がどんどん高まる。

製品開発（市場導入）後に価値が大きく拡張する製品なのであり，したがって，市場導入後の共創に焦点を当てることが必要で，そこが JPC マーケティングによる共創戦略の大きな革新である。

　キャラクターの場合，製品拡張の内容として，世界観の拡大だけでなく，まず世界観の確立という大きな課題もあるが，ただ，マンガ・アニメと同様，共創の目的が，製品開発でなく製品拡張であるので，キャラクターの JPC マーケティングも共創戦略を大きく革新する。

(2) ブランド開発の革新

　マンガ・アニメは，市場導入後に消費者・コラボ企業から多彩な価値が付加されることによって，従来までのブランド開発を，「共時的」「通時的」という二つの面で革新する。「共時的（synchronique）」とは，同一の時点での要素間の関係を分析する視点で，「通時的（diachronique）」とは，ある要素の時間を経ての歴史的変容を分析する視点である（Ducrot, Osward and Todorov［1972］）。

　「共時的」には，JPC マーケティングのブランド開発は，従来のブランド開発とはブランドを全体として捉える視点が大きく異なる。従来のブランド開発では，市場導入前に，企業の強みと市場ニーズを統合してブランド・コンセプトを作っていたが，JPC マーケティングでは，市場導入後の消費者・コラボ企業からの多彩な価値の付加を，最初から見込んでブランド全体を作る。従来のように，ブランド開発後に，いい案件があればコラボするという形でなく，ブランド開発前から，最終的な理想形（全体像）を頭に描いて企業とのコラボ・消費者との共創を考えるのである。この点で，JPC マーケティングは，従来のブランド開発を共時的に大きく革新する。

　「通時的」には，JPC マーケティングのブランド開発は，従来のブランド開発とはブランド・ライフサイクル（BLC）を念頭に置くところが大きく異なる。従来のブランド開発でも，BLC の考え方はあったが，PLC から援用した導入期・成長期・成熟期・衰退期以上の戦略提案は少なかった[4]。一方，JPC マーケティングでは，上で見たように消費者・コラボ企業からの多彩な

価値の付加を最初から考えており，どの時期に，どのような価値付加を，誰（消費者・企業）から，共創・コラボするのかという，ブランド・ライフサイクルを考える。消費者・企業からの多彩な共創・コラボをブランド競争力拡大に活かすブランド・ライフサイクルを考えるので，JPC マーケティングは，ブランド開発を通時的に大きく革新する。

(3) イノベーション論の革新

　イノベーション論は，これまで多大な研究実績が積み重ねられてきたが，JPC マーケティングは，イノベーションのモデルを大きく革新する。

　これまでのイノベーション研究は，アバナシー（Abernathy, W. J.）とアッターバック（Utterback, J. M.）の一連の研究（Utterback and Abernathy［1975］；Abernathy and Utterback［1978］；Abernathy［1978］）で提示された，プロダクト・イノベーション，プロセス・イノベーション，ドミナント・デザインの概念に基づいており（cf. 秋池［2012］），画期的なプロダクト・イノベーションが複数競合する中，最終的に一つがドミナント・デザインとして市場に定着し，その後，ドミナント・デザインの製法などのプロセス・イノベーションにイノベーションの中心が移ると考える（1970, 80 年代の VHS vs. ベータ，2000 年代のブルーレイ vs. HD DVD など）[5]。

　ただ，これらは主にメーカーのイノベーション研究から生まれたため，JPC マーケティングの対象であるマンガやアニメなどの製品のイノベーションを説明できない。車や家電なら，複数のプロダクト・イノベーションの競合の中で理想形（ドミナント・デザイン：詳細な製品仕様）が確立すると，後は，PDCA を回してプロセス・イノベーションを展開する。一方，マンガ・アニメでは，理想形（ドミナント・デザイン）のフォーマットが粗く（週刊マンガの場合，毎週連載，1 話 19(20)ページ，など），フォーマットが決まっても，PDCA の回しようがない。マンガ・アニメでは，ドミナント・デザイン（詳細なフォーマット）が実質的に無く，各マンガ家は，プロダクト・イノベーションに挑戦し続けている（どのような世界観・ストーリーのマンガが理想形か？，などを目指して）。従来の研究が対象とした車や家電，洗剤などの製品は，大

量生産を前提としたイノベーションであったのに対し，マンガやアニメは，独自性こそが重要な製品なので，イノベーションの考え方が基本的に異なる（マンガにおける大量生産は，週刊マンガ雑誌を 100 万部印刷することだけなので，印刷戦略にしか従来のイノベーション研究は使えない）。

　従来の研究で基本であった，ドミナント・デザイン，プロセス・イノベーションがない JPC マーケティングのイノベーションは，新たなモデルが必要で，それを考える上で重要なのが，製品開発後の価値拡大のイノベーションである。

　従来の研究では，プロダクト・イノベーションの後にプロセス・イノベーションが続くが，マンガ・アニメでは，プロダクト・イノベーション（マンガの発刊）の後に，消費者・企業との共創・コラボによる，プロダクト価値拡大のイノベーションが続く。換言すれば，プロダクト・イノベーションに，ユーザー・イノベーションが続くのである。ユーザー・イノベーションとは，ユーザーによるイノベーションで（von Hippel［1988］），もとは生産財のユーザー（顧客企業）でよく見られ（半導体メーカーのイノベーションに，顧客の PC メーカーが自社 PC に適合する半導体の設計・製造を提案，など），その後，セミプロの消費者（バスケットシューズのイノベーションに NBA 選手が協力）を経て，一般の消費者もイノベーションに関わる事例が増えている（カルビーの「あつまれ！とびだせ！じゃがり校」など）。

　ただ，いままでのユーザー・イノベーションは，プロダクト・イノベーションの代替戦略として捉えられており，製品開発を完全自社内で行うか（従来型のプロダクト・イノベーション），企業・消費者などのユーザーに多くを任せるか（ユーザー・イノベーション）という選択であった。一方，マンガ・アニメの JPC マーケティングでは，両者を代替戦略と捉えるのではなく，「プロダクト・イノベーション→ユーザー・イノベーション」という連続戦略として捉える。

　このように JPC マーケティングは，「従来型の「プロダクト・イノベーション→プロセス・イノベーション」」という流れでなく，「プロダクト・イノベーション→ユーザー・イノベーション」という流れを提示した点，「ユーザー・

図表 10-4　JPC マーケティングによる，現代マーケティングの三つの革新

	内容
共創戦略の革新	①時期の革新（製品開発前共創から，製品開発後共創に拡大） ②目的の革新（製品開発共創から，製品拡張共創に拡大）
ブランド開発の革新	①共時的革新（消費者共創・企業コラボを含む，ブランド全体で価値創造） ②通時的革新（PLC モデル借用から，BLC オリジナルモデルの構築）
イノベーション論の革新	①モデルの革新（「プロダクト・イノベーション→ユーザー・イノベーション」） ②ユーザー・イノベーションの革新（代替戦略から，連続戦略への拡大）

イノベーションの意味づけを代替戦略だけでなく連続戦略」に広げた点で，イノベーション研究を大きく革新した。

　以上をまとめると，**図表 10-4** のようになる。

おわりに

　本章では，マンガ・アニメを中核とする JPC マーケティングが，従来型マーケティングとどのように異なり，どのように革新したかを明らかにするために，JPC マーケティングの特徴，その展開メカニズムと戦略ポイント，革新の方向性を考察した。

　JPC マーケティングの特徴は，「共感」「下から」「世界観の拡大」「国境の乗り越え」という四つの大きなものがあり，JPC マーケティングの展開メカニズムは，従来型 PLC を超える新たな「BLC（ブランド・ライフサイクル）」の流れに，戦略ポイントは，「解釈共同体」の発展・拡大の重要性に見られ，JPC マーケティングの戦略革新の方向性は，「共創戦略の革新」「ブランド開発の革新」「イノベーション論の革新」という三つが明らかになった。

　従来型マーケティングの有用性の上に，JPC マーケティングという新たな枠組みを構築することによって，現代マーケティングはさらに大きく発展していくことが期待される。

1）経験価値マーケティング（Experiential Marketing）を提唱したシュミット（Schmitt, B. H.）が経験価値の一つとして Relate（他者とつながる価値）をあげ，ハーレイ・ダビッ

ドソンのH. O. G（オーナーだけが入会できるハーレーのオフィシャルグループ）の例をあげたように（Schmitt［1999］），車や家電などの思考型製品でも，ハーレーのような高関与でデザイン性・イメージ性が重要な製品・ブランドは，共感のマーケティングが大いに適用可能と考えられる。

2）ヤングアダルト層より下の子ども向けアニメでは，中国で大人気の「クレヨンしんちゃん」やアジア全体で人気の「ドラえもん」が，欧米諸国ではそれほど人気がないのは，両作品とも日本的な家庭や家族を舞台にしているため，日本やアジアと文化がかなり異なる欧米では，カルチャーギャップを感じてそれほど受け入れられないのだと考えられる（cf. 津堅［2014］）。

3）製品・ブランドのライフサイクルは，一般に，導入期・成長期・成熟期・衰退期の4段階なので，本来なら本章でも衰退期も含めて考察する必要があるが，マンガ・アニメなどのブランド・ライフサイクルの研究は緒に就いたばかりなので，まずは理論的・戦略的重要性の高い衰退期以前を検討する。衰退期の議論は次稿に譲る。

4）その中で，『ブランド・インキュベーション戦略』（和田ほか［2020］）は，ブランド・ライフサイクルを理論的・戦略的に検討した数少ない例である。

5）クリステンセン（Christensen, Clayton M.）の用語との関連では（cf. Christensen［1997］），プロダクト・イノベーションが破壊的イノベーション，プロセス・イノベーションが持続的イノベーションに近い。

【参考文献】

秋池篤［2012］「A–Uモデルの誕生と変遷」『赤門マネジメント・レビュー』第11巻第10号，665–680頁。

金田淳子［2007］「マンガ同人誌」佐藤健二・吉見俊哉編『文化の社会学』有斐閣，163–190頁。

擬人化たん白書製作委員会［2006］『擬人化たん白書』アスペクト。

木村忠正［2008］「解説　ウィキペディアと日本社会」P. アスリーヌ他著・佐々木勉訳『ウィキペディア革命—そこで何が起きているのか？』岩波書店，118–158頁。

櫻井孝昌［2010］『日本はアニメで再興する—クルマと家電が外貨を稼ぐ時代は終わった』角川グループパブリッシング。

佐藤尚之［2018］『ファンベース—支持され，愛され，長く売れ続けるために』筑摩書房。

澤村修治［2020］『日本マンガ全史—「鳥獣戯画」から「鬼滅の刃」まで』平凡社。

角南一城［2016］「「君の名は。」がアジアでも支持される理由　コミックス・ウェーブ・フィルムの角南氏に聞く」，NNA ASIA（アジア経済ニュース），2016/12/30。
https://www.nna.jp/news/show/1551556

津堅信之［2014］『日本のアニメは何がすごいのか—世界が惹かれた理由』祥伝社。

中垣恒太郎［2018］「海外アニメーションと日本アニメ—表現技法の多様性と異文化受容」小川昌宏・須川亜紀子編著『アニメ研究入門［応用編］—アニメを究める11のコツ』

現代書館，276-290 頁。

一橋大学イノベーション研究センター編［2001］『イノベーション・マネジメント入門』日本経済新聞社。

ブルネ，トリスタン［2015］『水曜日のアニメが待ち遠しい―フランス人から見た日本サブカルチャーの魅力を解き明かす』誠文堂新光社。

松本康［2008］「サブカルチャーの視点」井上俊・伊藤公雄編『都市的世界』世界思想社，53-62 頁。

三浦俊彦［2012a］「コンテクストデザインに至る理論の流れ―言語学・心理学・芸術・文化人類学・経営・マーケティングなどの先行研究レビュー」原田保・三浦俊彦・高井透編著『コンテクストデザイン戦略―価値発現のための理論と実践』芙蓉書房出版，23-74 頁。

―――［2012b］「ブランド戦略のコンテクストデザイン―コンテクスト・ブランディングがブランド戦略の要諦」原田保・三浦俊彦・高井透編著『コンテクストデザイン戦略―価値発現のための理論と実践』芙蓉書房出版，291-313 頁。

山村高淑［2008］「観光情報革命時代のツーリズム（その 3）―文化の集散地の可能性」『北海道大学文化資源マネジメント論集』第 3 巻，北海道大学大学院国際広報メディア・観光学院観光創造専攻文化資源マネジメント研究室，1-5 頁。

和田充夫・梅田悦史・圓丸哲麻・鈴木和宏・西原彰宏［2020］『ブランド・インキュベーション戦略―第三の力を活かしたブランド価値協創』有斐閣。

Abernathy, W. J.［1978］*The Productivity Dilemma*, Baltimore: Johns Hopkins University Press.

――― and Utterback, J. M.［1978］'Patterns of industrial innovation,' *Technology Review*, Vol. 80, No. 7, pp. 40-47.

Christensen, Clayton M.［1997］*The Innovator's Dilemma: When New Technologies Cause Great Firms to Fail*, Harvard Business School Press.（伊豆原弓訳［2000］『イノベーションのジレンマ―技術革新が巨大企業を滅ぼすとき』翔泳社）

Ducrot, Osward and Tzvetan Todorov［1972］*Dictionnaire Encyclopédique des Science du Language*, Editions du Seuil.（滝田文彦他訳［1975］『言語理論小事典』朝日出版社）

Fischer, Claude S.［1975］"Toward a Subcultural Theory of Urbanism," *American Journal of Sociology*, Vol. 80, No. 6.（フィッシャー，C. S.［1983］「アーバニズムの下位文化理論へ向けて」奥田道大・広田康生編訳『都市の理論のために―現代都市社会学の再検討』多賀出版）

Fish, Stanley［1980］*Is There a Text in This Class? ―The Authority of Interpretive Communities―*, Harvard University Press.（小林昌夫訳［1992］『このクラスにテクストはありますか―解釈共同体の権威―』みすず書房）

von Hippel, E.［1988］*The Sources of Innovations*, Oxford University Press, N.Y.（榊原清則訳［1991］『イノベーションの源泉』ダイヤモンド社）

Prahalad, C. K. and Venkatram Ramaswamy［2000］"Co-opting Customer Competence," *Harvard Business Review*, January–February, pp. 79–87.（中島由利訳［2000］「カスタマー・コンピタンス経営」『DIAMOND ハーバード・ビジネス・レビュー』11 月号，ダイヤモンド社）

Schmitt, B. H.［1999］*Experiential Marketing*, The Free Press.（嶋村和恵・広瀬盛一訳［2000］『経験価値マーケティング』ダイヤモンド社）

Utterback, J. M. and W. J. Abernathy［1975］"A Dynamic Model of Process and Product Innovation," *Omega*, Vol. 3, No. 6, pp. 639–656.

Vargo, S. and Lusch, R.［2004］"Evolving to a New Dominant Logic for Marketing," *Journal of Marketing*, Vol. 68, No. 1（January）, pp. 1–17.

終　章

JPC はいかにマーケティングを
革新するのか

はじめに

　これまでジャパニーズ・ポップカルチャー（以下，JPC）に関わる主体が行うマーケティングに寄与する考察がなされてきたが，本章ではこれまでに得られた知見が，JPC 以外の産業においていかに再現可能なのかを議論していく。マンガ・アニメファンによる購買行動や消費行動は極めて高関与であるがゆえに，作品やキャラクターに対するファンの執着は強く，購買額も大きい。おそらく，こうした熱烈な消費者を有する JPC 関連産業に対して羨望のまなざしを持つ他の産業も少なくないであろうし，JPC 関連産業が熱烈なファンをつくりだし，そして惹きつけ続ける秘訣があるのならば，それを参考にしたいと思う企業もあるだろう。そこで，これまでの章の内容を基に，JPC 市場の魅力とその要因について再確認した上で，JPC マーケティングのいかなる特徴が，他の産業においてもいかに再現可能で，いかなる点で従来のマーケティングを革新する可能性があるのかの議論を行う。そして，他の産業が JPC のマーケティングを実践する上での具体的なマーケティングのあり方についても考察を行う。

1．なぜ JPC 市場は魅力的なのか

　なぜ JPC 市場は魅力的なのか。この問いに対する解答は二つに分けて考える必要がある。一つは，JPC 市場が魅力的であると言える理由としての魅力の内容に関する分析であり，もう一つは JPC 市場が魅力を持つに至った，その要因に関する分析である。

(1) JPC 市場の魅力とは

　何をもって魅力的であると考えるかは議論の余地があるが，マーケティングの文脈における「魅力的」とは，一定のマーケティング投資に対して一定のマーケティング成果が期待される場合に，より少ないマーケティング投資で同等のマーケティング成果が得られたり，同等のマーケティング投資でより大きなマーケティング成果が得られたり，そして，より少ないマーケティング投資でより大きなマーケティング成果を得られたりする場合と考えることができよう。そこで，以下では，JPC 市場が他の産業に比べて，マーケティング投資に対するマーケティング成果の割合が大きいと考えられる理由について述べていく。

①なんどもなんども値段にかかわりなく消費する（高関与購買）

　JPC 市場の魅力を構成する要素としてまず注目するのが，作品またはその構成要素に対する消費者の関与度の高さである。関与度とは，消費者にとってのある対象に対する重要性の程度であり，消費者行動研究では，消費者の行動や情報処理を規定する重要な変数として位置づけられてきた。ピーター＆オルソン（Peter and Olson）［2010］（p. 77）によれば，消費者にとって，製品の属性や機能が個人的な目的や価値と密接に結びついているほど，対象となる製品に対する関与度が高まる。そして，製品熱狂者（Product enthusiasts）について精力的に研究を行ってきたブロック（Bloch）［1986］は，製品熱狂者の観察可能な行動的特徴として，能動的かつ継続的な情報探索，オ

ピニオンリーダーシップ，初期採用，製品の手入れ（Product nurturance）などを挙げている（pp. 52-53）。サブカルチャーのファンに関する研究では，ソーン＆ブルーナー（Thorne and Bruner）[2006] は，ファンに共通する特徴として，「高い関与度」「関与の表出願望」「関連商品の取得欲求」「同じ趣味を持つ人との交流願望」があることを見出した。

　さらに，堀田 [2017] は，対象に対して関与度が際立って高い状態を「超高関与」と呼び（p. 111），鈴木 [2015] は，超高関与であるか否かを把握する特徴として，極めて多頻度な消費，高関与型情報処理，高支払意向額，関連コミュニティへの参加といった C to C インタラクション，ブランド支援活動などを挙げている（p. 62）。

　以上より，消費者が，JPC の作品に対して高い，または極めて高い関与を有しているとするならば，**図表終-1** の左側に示されるような行動特性をもつと考えられる。彼らはまず，購買前行動として，作品や作品に関連した商品サービスの購買に際して，能動的な情報探索を行う。能動的な情報探索とは，消費者自らが商業的，非商業的を問わず情報源にアクセスしてくれることを意味し，売手にとっては，テレビ広告など，消費者にとっての受動的なプロモーション費用の削減につながる。また，購買・消費の局面では，同じような製品であっても，すべてのバリエーションを購入しようとするという意味で購入点数は多くなったり，購入頻度も高くなったりする。例えば，キャラクターがプリントされた缶バッジを全種類収集しようとするような行動である。

　高関与であるがゆえに対象に対して執着する度合いは強くなるため，対象に関連する製品・サービスを排他的かつ継続的に購入・消費する傾向にあり，結果として，支払意思価格も高くなる。実際に，第 7 章で取り上げたアニメの聖地である沼津市の商店街に設置されている，あるメーカーの自動販売機では，普通のミネラルウォーターが 110 円で販売されているのに対して，パッケージにキャラクターをあしらったものは，同じ自動販売機内でも 160 円で販売されており，約 1.4 倍の価格設定が可能であることがわかる。

　購買場所についても，高関与な消費者は，低関与な消費者に比べて，購買

場所へのアクセスに労力を惜しまない傾向にあるため，消費者への近接性を意識した販路は，相対的に重要性は低い。したがって，売手としてのコンテンツホルダーは，必ずしも商業者に販路を委ねる必要はなく，自社ECサイトや直営店を通じて消費者に直接販売することも可能である。そうなった場合には，中間流通を通さない分，より大きな利幅が期待できるであろう。

　さらに，第8章第3節でも述べられたように，消費者の社会的行動として，ファンたる消費者が形成するコミュニティにおいて，製品・サービスに関する推奨行動も期待できる。これは，売手にとっては大きなプロモーション効果となるであろうし，第7章で論じたファンの聖地巡礼行動に見られるように，消費者間での意味づけのプロセスを通じて，購買・消費対象としての新たな聖地が創造され，さらなる購買・消費行動を動機づけることになる。

　以上のように，JPC市場における消費者の行動が高関与なものであることは，JPC市場に関わる企業にとって，より少ないマーケティング投資でより大きなマーケティング成果が期待できるという意味で，JPC市場が「魅力的」であると考えることができる。

②さまざまに展開されるコンテンツにどんどん参加していく（拡張可能性）

　JPC市場の魅力を構成するもう一つの要素が，**図表終-1**の右半分に示されるJPCコンテンツの「拡張可能性」である。JPC市場における消費者の主たる消費行動はマンガやアニメなどの視聴であるが，コンテンツとしての消費対象はそれだけに留まらず，ファンたる消費者は他のさまざまなメディアで展開されるコンテンツにも積極的に関心を示し，消費する傾向にある。テレビで放送されたコンテンツはDVD，動画配信サービス，映画などで楽しめる他，アニメ作品内の曲を収めたCD，ゲーム，トレーディングカード，グッズ（フィギュア，ポスター，缶バッジ，アクリルスタンド，文具など），アニメ作品の声優のライブ，ライブビューイング，アニメ作品にちなんだミュージカル，種々の関連イベント，コラボ製品（キャラクターをパッケージにあしらった加工食品や玩具など），二次創作物，コスプレ，聖地巡礼スポットも消

費対象となる。

　こうした製品やサービスを，消費者がコンテンツを楽しむためのメディアとして広義に捉えるならば，売手にとって，JPC のコンテンツはさまざまなメディアへの拡張可能性が高いと考えることができる。それぞれのメディアは一見すると異質であるものの，ファンたる消費者にとってはメディア間の垣根は高くなく，メディア横断的にコンテンツを楽しむ傾向にある。したがって，コンテンツホルダーとしての売手がコンテンツをさまざまなメディアに拡張することは難しいことではなく，より少ないマーケティング投資でより大きなマーケティング成果を手にすることが可能である。

　上記のメディア間の拡張可能性の他に，第 2 部の各章でも示唆されたように，JPC が国・文化を問わず世界で受容されている現状を鑑みれば，JPC は文化間の拡張可能性も高いと考えられる。もちろん，翻訳や，進出先の文化にそぐわない表現の修正などの適応的なタスクは必要となるが，グローバルな市場への拡張は比較的容易であることがわかる。それは，第 8 章で考察されたように，日本のマンガ・アニメで描かれる世界観やキャラクターに対しては，日本人だけでなく，世界の人々，とりわけ若者が普遍的に自己移入や感情移入可能であると考えられるからである。また，第 9 章で考察さ

図表終-1　JPC 市場の魅力を構成する要素

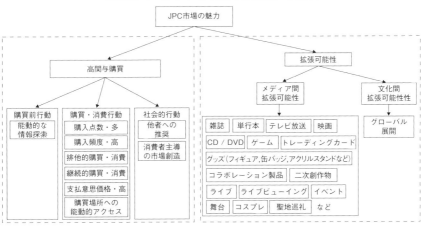

出所：筆者作成。

れたように，日本のマンガやアニメが，日本美術の伝統の上に創造されていると考えるのであれば，世界でJPCが受容される背景には，普遍的な受容要因に加えて，欧米とは異なる価値，すなわち西欧と異なる日本美術・芸術の美的感覚および芸術に対する考え方に対する世界の敬意や共感もあったかもしれない。

(2) JPC市場が魅力的である要因

次に，JPC市場がその魅力を持つに至った要因に関して，需要要因，供給要因，そして競争要因の三つに分けて考察を行う。

①理想の人，理想の恋人，理想の指導者…（需要要因）

まず，需要要因，すなわち，消費者がなぜJPCコンテンツに対して高い関与を示すのかという，その消費者の個人的要因に注目する。後述するように，日本のマンガやアニメに登場するキャラクターは非常に多様である。おのおのが持つパーソナリティや登場人物間の関係性も綿密に設定され，心理描写も詳細に描かれる。主人公と行動を共にするキャラクターだけでなく，主人公に対立し，一見敵として見えるキャラクターであっても，消費者が十分に共感できる信条を有していたりする。消費者は作品のストーリーや設定の中で描かれるキャラクターの外見，能力，信条・思想，行動，そしてキャラクター間の関係に自己との強いつながりを感じる。それは，自分との類似であったり，日常生活の中で自分が得られなかったものや理想とするものの投影であったりする。例えば，理想の自分，理想の友人，理想の恋人，理想の家族，理想の先輩・後輩，理想の指導者，そして彼らとの理想の関係である。

とりわけ，アイデンティティの形成途上にある思春期の消費者にとっては，キャラクターへの共感は，今の自分の満たされないものを埋め，自己の安定性を保つ機能を果たすと考えられる。また，こうした思春期における消費者の心理が，文化間の多少の違いはあるにせよ，世界共通のものであるならば，JPCが世界で受容される理由の一つとして考えることもできよう。そして，

こうした投影は，思春期の消費者に限ったことではなく，思春期を過ぎた大人であっても，日常の満たされない部分を埋める役割があると考えられる。JPC には多様な作品の中に多様な登場人物が存在することで，どの消費者も自己の理想を投影可能なキャラクターを見つけることが可能である。

　さらに，作品やキャラクターへの強い関わりは，作品の視聴時だけに限定されるものではなく，さまざまなメディアを通じて得ることが可能である。とりわけ，作品の視聴だけでは満足できないほど日常的にキャラクターとの結びつきを感じていたい場合には，メディア横断的に作品やキャラクターと関わろうとする強い動機づけが生起する。具体的には，DVD を購入して頻繁に作品を視聴したり，グッズを部屋に飾ったり，普段使用しているバッグにキーホルダーなどを取り付けたり，聖地巡礼に出かけたりする。こうした志向は JPC 市場の拡張可能性を高める大きな要因になっていると考えることができる。以上のように，マンガ・アニメに代表される JPC は，単なる娯楽でもなく，子供向けのコンテンツでもなく，自己とキャラクターとの強い結びつきを生み出すエンターテイメントであることがわかる。

②ストーリーに重点をおく（供給要因）

　二つ目に，供給要因である。供給要因とは，消費者の JPC コンテンツに対する高い関与を促すために，JPC に関わる作り手達が練り上げてきた生産システムや技法である。詳細は第 1 章で論じられているので，ここではその内容を簡単に振り返りたい。日本のマンガやアニメは，他国に比べて，芸術性よりもストーリーに重点を置いてきた歴史があり，良質なストーリーを生み出すための生産システムや，消費者が作品に継続的に没入できる作画技法などがある。マンガ週刊誌のマーケティング志向の下，ターゲットとなる読者層が明確に設定され，とりわけ子供だけでなく，若者や大人の興味をも惹きつけるのに足る良質なストーリーを生み出すシステムがある。具体的には，1 週間をサイクルとしたストーリー作成，原作・作画分離方式，担当者制度，読者アンケート，マンガ家専属制度，マンガ家育成志向など，偶発的な作者の創造性に依存するのではなく，継続的に良質なマンガを生み出す「シ

ステム」が機能している。結果として，このようなシステムによって生産される
マンガには，消費者の興味をそそる世界観やキャラクターが設定され，
そして続々と新しいストーリーが展開されることになり，消費者が継続的に
強く関わろうとする動機，すなわち，高い関与を生み出すことになると考え
られる。

　また，線画技法，コマ割り，同一化技法といったマンガの作画技法も作品
への没入を促す重要な要因である。

　さらに，テレビ局，DVD販売会社，元請制作会社，出版社，広告代理店，
玩具会社などで構成される製作委員会という制度は，番組販売，キャラクター
商品販売，DVD販売，ゲームソフト販売などの著作権の二次利用をしやす
くするための仕組みとして機能し，JPC市場の拡張可能性を高める重要な要
因ともなっている。

③作品間の競争の中でどんどん洗練されていく…（競争要因）

　最後に，競争要因である。供給要因でも言及した少年週刊誌の存在が日本
のマンガの競争を活発化させ，実に多様な作品を生み出す大きな要因となっ
ている。複数の週刊誌間の競争もさることながら，同一週刊誌内でも作品間
の激しい競争が繰り広げられており，結果として，これまで膨大な数の作品
が生まれてきた。サッカーを題材とするマンガのジャンル一つとってみても，
各作品がフォーカスする対象は，少年サッカー，高校サッカー，プロサッカー，
女子サッカー，ブラインドサッカー，監督，戦術，特定のポジション，球団
経営，エージェント，チームの裏方で働く人々など，実にさまざまである。
そして，競争の中で差別化と洗練を繰り返し，世界のさまざまな嗜好を持つ
消費者を惹きつけるのに足る世界観やキャラクターの設定とストーリー展開
が生み出されるのである。

2．JPC はいかにマーケティングを革新するのか

(1) JPC マーケティングのエッセンス

　第 1 節で考察したように，JPC 市場は魅力的である。そして，その魅力の本質は，消費者の JPC コンテンツに対する極めて高い関与である。消費者はお気に入りの作品や作品内のキャラクターと自己との間に強い関係性を構築し，この関係性を常に感じていたいと考える。そのため，熱心な消費者は，作品を視聴している最中だけでなく，日常的に対象に関わろうとする。もし，こうした対象に対する消費者の関わりを，JPC 市場以外の市場においても再現可能であると考えるのであれば，どのようなことに留意すればよいのだろうか。そこで，本書の締めくくりに当たり，本節では，本書で記述されてきた JPC のマーケティング戦略が，いかに一般化可能で，そして，JPC 市場以外の市場でいかに実践可能なのかについて試論を行いたい。

　第 10 章第 3 節においても，JPC マーケティングが拓く新たなマーケティングの可能性について論じられているが，本節では JPC マーケティングの本質を，「JPC コンテンツに対して関与度が高い消費者に対して，拡張可能性の高い製品・サービスを提供するマーケティング」として捉えたい。作品の視聴だけでなく，日常生活において継続的にコンテンツに関わろうとする消費者像を想定すれば，消費者が関与の対象としているのは，実は従来のマーケティングの 4P の一つとして考えられてきた Product，すなわち製品やサービスではなく，もっと観念的なものであると考えられる。グッズを所有したり，ライブに行ったり，聖地を訪れたりする行為には触知可能な製品やサービスが存在するものの，消費者がその場で価値を見出しているのは，製品やサービスではなく，自己と対象との関係の確認やコミュニケーションであると考えることができる。その際に消費される製品やサービスは，関係を確認するためのアイテムであり，従来のマーケティング手段の一つとして識別されてきた Promotion やコミュニケーションが，Product に相当するものとし

て捉えた方が実り多き理解が得られると考えられる。すなわち，従来のマーケティング論において想定されてきた「製品やサービスを売るためのマーケティング」ではなく，「消費者との関係性やコミュニケーションを売るためのマーケティング」であり，「製品やサービスを売るためのコミュニケーション」ではなく，「コミュニケーションのための製品やサービス」である。そこで，次項ではこのような視点に立った場合に，JPC市場以外のさまざまな市場においてJPCマーケティングをいかに実践していくべきかについて論じていく。

⑵ JPC マーケティングの実践

①低関与型製品における JPC マーケティング実践の重要性

　消費者が高い関与を示す対象は，何もJPCに限ったことではなく，耐久消費財ブランドやラグジュアリー・ブランドなども同様である。こうしたブランドは，ブランドが持つ世界観やストーリーを伝えることで，これまで消費者のブランドに対する関与を高める，または高い関与を維持するためのマーケティングを実践してきた。したがって，このようなブランドが，製品やサービスをアイテムとして，消費者とブランドとの関係性やコミュニケーションを売るという発想を持つことはそれほど難しいことではないであろう。例えば，愛知ドビー株式会社が展開する無水調理鍋ブランド「バーミキュラ」のマーケティングでは，「バーミキュラのある生活」という世界観を消費者に提示することを強く意識した上で，「購入から，レシピ，修理まで，一生サポート」と，消費者との関係性を構築し，継続的なコミュニケーションを行っていく姿勢が見られ（川北［2020］, 96頁），本章が主張するJPCマーケティングに通ずるところがある。

　一方，相対的に安価な日用品や加工食品などの低関与型の製品が，JPCマーケティングを実践することは容易ではない。なぜならば，消費者にとって低関与であるがゆえに，消費者の能動的な情報探索や特定ブランドへの執着があまり期待できないからである。しかしながら，常日頃からコンビニエンスストアやスーパーマーケットなど品揃えがオープンな売場で売られることの

多い低関与型製品は，多くのライバルと同じ売り場で売られ，激しい競争に晒されており，このようなブランドにこそ，JPC マーケティングを実践することの意義は大きい。特定のブランドへの関与度を高めることで，特定の製品カテゴリーの中の 1 ブランド以上の存在になることが可能である。そのためには，低関与型の製品であっても，マンガやアニメなどの JPC が消費者を惹きつけたように，消費者の関与を高めるような，ブランドの世界観の設定や継続的なコミュニケーションの実践を試みる必要がある。

②低関与型製品における JPC マーケティングの実践：STP

しかし，低関与型製品はそもそも低関与であることから，関与度の水準をコントロールすることの難しさや，マスマーケットに対応していることが多いことから，すべての顧客の関与を高めることの難しさがある。そこで以下では，比較的低関与な製品を想定しながら，このような製品の製造業者がいかなるマーケティングを実践することが可能なのかを論じていく。

まず，マーケティングの「戦略」に該当する STP，すなわちセグメンテーション（Segmentation：市場細分化），ターゲティング（Targeting：ターゲット設定），ポジショニング（Positioning：ターゲットに期待する製品に対する知覚）に注目する。セグメンテーションについては，より多くの消費者の関与を向上させることに越したことはないが，マスマーケットに無差別に対応するのではなく，関与を高めるべき消費者を差別的に絞り込む必要がある。すなわち，セグメンテーションにおいては，細分化の程度を高めることが必要である。

ターゲティングについては，インターネット上かリアルかを問わず，コミュニティ化しやすい消費者群を選ぶことが望ましい。なぜならば，コミュニティの一員として企業が参加することができれば，企業と消費者との関係性を構築しやすく，継続的なコミュニケーションも行いやすいからである。イベントなどを開催してリアルで企業と消費者との接点を作る方法（例えば，クラフトビールの製造・販売を手掛ける株式会社ヤッホーブルーイングによる「超宴」飛ばれるイベント，詳しくは中川［2021］（77 頁）を参照のこと）もあるが，

特にソーシャルメディアなど，インターネット上でコミュニティ化しやすい消費者群の方が，後述する「戦術」に落とし込みやすく，コミュニケーションに関わるコストも相対的に低いであろう。

　ポジショニングについては，通常は同じ業界の既存ブランドや他社ブランドとの差別化を考慮して設定されるべきものであるが，関係性やコミュニケーションを商材とするのであれば，ブランドが消費者といかなる関係性を構築したいのか，いかなるコミュニケーションを行っていきたいのかという観点から設定されるべきであろう。マンガやアニメでは，消費者が登場キャラクターに理想の誰かを投影することが，関与が高まる要因の一つとなるが，人ではないブランドであっても，ターゲットとなる消費者が関係性を構築したいと思ったり，継続的にコミュニケーションを行いたいと思ったりという期待を生起させることは可能であろう。具体的にはソーシャルメディアなどを通じて，消費者に対して，それまでの日常では得られないような気づきや感情を喚起するような発信を続けるといった方法が考えられる。そして，どのような設定やストーリーとするのかについては，第8章で論じられた知見が参考になる。

③低関与型製品におけるJPCマーケティングの実践： マーケティング・ミックス

　次に，マーケティング・ミックスにおけるJPCマーケティングの実践について考察する。マーケティング・ミックスは，上述したSTPを戦略とした場合の，戦略の具体的なアクション・プランであり，その要素は製品（Product），プロモーション（Promotion），流通（Place），価格（Price）の四つがあり，英語の頭文字を取って4Pと呼ばれる。

　まず製品（Product）については，ポジショニングで設定された消費者の知覚を具現化するものとして捉える必要があるため，製品やサービスは，その関係性やコミュニケーションのアイテム（コミュニティへの参加条件としての購入・消費）やシンボル（所有や消費を通じてブランドとの関係性やコミュニケーションについてのポジティブな感情を喚起するもの）として位置づけるべ

きである。

　プロモーション（Promotion）では，いかなるメディアを通じてターゲットとなる消費者と関係性を構築し，コミュニケーションを行うべきかを考慮するものである。企業が消費者と直接コミュニケーションを取るには，既に存在するコミュニティに企業が参加するか，企業が主催するイベントや，企業がアカウントを持つソーシャルメディアなど，オウンドメディアの活用が有効である。ただ，企業アカウントのソーシャルメディアについては，アカウントの取得自体は消費者との接点の確保を何ら保証するものではないことから，ソーシャルメディアへの消費者からの能動的なアクセスを促すために，マス広告の活用など，受動的な消費者に効果的な別のコミュニケーションが必要となる。なお，製品（Product）で言及した製品やサービス自体も重要なオウンドメディアであることを忘れてはならない。また，言うまでもないことであるが，話題性だけの一過性のコミュニケーションに終始してはならず，継続的にコミュニケーションを行うための予算取りや組織体制による支援も必要である。

　流通（Place）については，ターゲットとなる消費者の関与が多少なりとも高まった状態であれば，自社 EC（電子商取引）サイトを通じた，製造業者から消費者への直接販売が可能である。低関与型製品の場合，消費者は EC よりも最寄りの小売店で購買することを選好するかもしれないが，EC を通じた特典や，小売店では扱われにくいロングテール製品を取り扱うことで，消費者による自社 EC サイトの利用が期待できる。

　価格（Price）では慎重な対応が必要である。前述したように，自社 EC サイトを通じて直接販売を行う場合，流通業者を介さない分だけ低価格で販売することが可能である。低価格対応は，消費者を自社 EC サイトに惹きつける上では魅力的な政策ではあるが，同じ製品を既存の流通業者，すなわち間接流通を通じて販売している場合には，流通業者からの反感を買う恐れがある。したがって，既存流通との関係を考慮すれば，同じ製品を異なる価格で販売することは得策ではない。製品（Product）・プロモーション（Promotion）の奏功が前提となるが，ターゲットの関与が高まった状態であれば，消費者

図表終-2　JPC マーケティング実践のフレームワーク

	セグメンテーション （Segmentation）	・高い細分化の程度
STP	ターゲティング （Targeting）	・（特にインターネット上で）コミュニティ化しやすい消費者群
	ポジショニング （Positioning）	・ブランドが消費者といかなる関係性を構築したいのか，いかなるコミュニケーションを行っていきたいのかという観点から設定
マーケティング・ミックス（4P）	製品（Product）	・関係性やコミュニケーションためのアイテムやシンボルとしての製品やサービス ・製品やサービスの拡張的展開
	プロモーション （Promotion）	・ソーシャルメディアやイベントなどを通じたコミュニティの構築 ・コンテンツホルダーによる消費者に対する直接的かつ継続的なコミュニケーション
	流通（Place）	・（間接流通への配慮を伴った）直接販売が可能
	価格（Price）	・（間接流通への配慮を伴った）高価格設定が可能

出所：筆者作成。

の支払意思価格は相対的に高まるため，小売店と同程度か，またはそれ以上の価格を設定することは可能である。以上の JPC マーケティングの実践に関する記述は，**図表終-2** の通りまとめることができる。

④ JPC マーケティングの実践例

　上述した JPC マーケティングの実践に対する理解を深めるために，最後に，日清食品株式会社（以下，日清食品）の取り組みを紹介する。日清食品が扱う主な製品は，チキンラーメンやカップヌードルに代表される即席麺であり，車や家電製品などの耐久消費財やラグジュアリー・ブランドが扱う製品などと比べれば，相対的に低関与な製品である。しかし，コミュニケーションを核に置いた同社のマーケティングや，ソーシャルメディアを通じた消費者との継続的なコミュニケーション，自社 EC サイトを通じた直販体制などは，前述した JPC マーケティングの実践に通底するものがある。

　栄枯盛衰の激しい即席麺市場において，日清食品の主力製品，カップヌードルがブランドとして 50 年にわたって売れ続けてきた最も大きな要因は，

そのコミュニケーション政策にあると言える（田嶋［2021］，200-211頁）。カップヌードルのコミュニケーションの中心はテレビ広告であり，そのテレビ広告は時代時代で評判を呼んできた。カップヌードルのテレビ広告について社長の安藤徳隆氏は，「カップヌードルは当社を代表する商品で，そのCMは当社の企業広告と言ってもいい。当社が商品を通じて世の中に訴えたいメッセージや問題意識をカップヌードルのCMに込めている」と述べている（『日経デザイン』［2011］）。近年は若年層を中心にテレビ離れが進み，テレビ広告を中心としたコミュニケーションだけではこれらの層にリーチしにくくなってきた。こうしたテレビ離れを背景に，日清食品としても，こうした動きに対応する形で，ソーシャルメディアを積極的に活用することになった。同社にとって最初のソーシャルメディア・アカウントは，2012年のFacebookであった。その後，2013年からはYouTubeを，2015年からはTwitterを，そして2016年からはInstagramの利用を開始した。このうち，YouTubeは公式チャンネルの基地としての役割を担い，Twitterは同社がネタと呼ぶ，消費者間での話の種となるような情報を発信する場として活用することとなった。

　社長の安藤徳隆氏は同社の課題と今後のマーケティングの方向性について，2015年の雑誌のインタビュー記事で「主力商品を"100年ブランド"に育てなければならない。目指すのは，どの時代でも一番面白くて，フレッシュで，情報発信力のあるブランドである。」（『日経ビジネス　アソシエ』［2015］）と述べている。このインタビュー記事からうかがえるのは，同社がコミュニケーションをマーケティングの基軸に据え，ブランドは継続的に情報発信するものとして捉えていることである。

　近年の同社のコミュニケーションは，テレビ広告を流して完結するのではなく，ソーシャルメディアなどで若年層の間でブランドの話題が拡散することを心掛けている。自社でアカウントを保有するソーシャルメディアでは，従来のテレビ広告では伝えきれない詳細な製品情報，裏話，ウェブ限定広告などが発信されている。また，テレビ広告も1回視聴しただけではわからないようなネタをふんだんに盛り込むことによって，若者に動画共有サイト

日清食品株式会社 HP より

を通じて何度も広告を視聴してもらい，さらにそれを話題としてソーシャル
メディアで拡散してもらう仕掛けが施されている。

　話題化を促す取り組みはソーシャルメディアの活用だけではない。カップ
ヌードルのテレビ広告では，これまでもガンダムやマンガ家の大友克洋が描
くアニメなど，JPCとコラボレーションしたものを何度となく放映してきた。
コラボレーションする対象がアニメである必要はないが，アニメファンとい
う，ソーシャルメディア上のコミュニティを形成している消費者をターゲッ
トとするという点でJPCマーケティングのターゲティングに合致する。ア
ニメファンを納得させるだけのCM制作やソーシャルメディアを通じた情報
発信を継続的に行うことができれば，カップヌードルは，単なるカップ麺カ
テゴリーの1ブランドではなく，彼らにとっては，それ以上のブランドと
して知覚されることになるであろう。結果として，消費者はさらに他のメディ
アを通じてカップヌードルや日清食品と関わろうとする動機，すなわち拡張
可能性が高まると考えられる。具体的には，カップヌードル・ミュージアム
への訪問，そこで販売される多種多様なグッズの購入，2019年より東京本
社ビルの地下に開設された「日清POWER STATION［REBOOT］」と呼ばれる

日清食品株式会社 HP より

配信型ライブハウスといったメディアへの展開である。

　消費者とのこうした関係性や継続的なコミュニケーションが前提になるが，同社は，流通政策の一つとして，2016 年より自社 EC サイトを通じた直接販売を本格化させた。自社 EC サイトでは，小売店ではなかなか扱われないようなロングテール製品も含めて，原則として，同社が扱うすべての製品の購買が可能である。その他，人気のアニメやゲームなどとコラボレーションしたカップヌードルをオンライン販売限定で販売するなどした。価格政策については，2021 年 10 月現在，自社 EC サイトでのカップヌードルの価格は通常サイズ 1 食あたり 208 円（税込）で，量販店での実売価格より 50 円程度，コンビニエンスストアでの実売価格より 10 円程度高かった。流通業者を介していない分，より低価格で販売することは可能であるが，同じ製品を扱う小売店への配慮や，EC サイトにアクセスする意欲のある消費者の支払意思価格の高さを考慮すれば，妥当な価格帯であろう。

おわりに

　本章では，本書の終章として，本書で得られた知見が JPC 産業のみならず，マーケティング全般にどのように寄与できるのかという視点で論じてきた。JPC は世界で拡大を続ける非常に有望な市場であるのと同時に，従来のマーケティングを革新する可能性を秘めている。何かに熱中する消費者は今も昔も変わらず存在するし，JPC に熱中する消費者自体が目新しいわけではない。しかし，今日のメディア環境の変化，すなわちメディアの多様化を考慮に入れると，企業と消費者との接点が格段に増えたという意味で，企業と消費者との関係は変わってきた。かつては自己完結した世界の中で楽しんでいた消費者も，今は他の消費者や，企業との関わりの中で何かを楽しむようになってきたと言える。とすると，売手としての企業と，買手としての消費者という基本的な関係は変わらないものの，関わり方は大きく変わってくる。企業と消費者との取引というより，むしろ企業と消費者との関係を主軸に置いたマーケティングが求められるようになってくるのである。本章ではこのような考え方を，「製品やサービスを売るためのマーケティング」ではなく，「消費者との関係性やコミュニケーションを売るマーケティング」と呼び，「製品やサービスを売るためのコミュニケーション」ではなく，「コミュニケーションのための製品やサービス」と捉える重要性を主張した。新型コロナウイルス感染症の拡大によって，ビジネス，すなわち顧客との関係の再構築を迫られている多くの企業にとって，本書の知見が少しでも参考になれば幸いである。

【参考文献】
川北眞紀子［2020］「バーミキュラ」余田拓郎・田嶋規雄・川北眞紀子著『アクティブ・ラーニングのためのマーケティング・ショートケース』中央経済社，94–99 頁。
鈴木和宏［2015］「超高関与消費者群像の位置づけ」和田充夫編著『宝塚ファンから読み解く超高関与消費者へのマーケティング』有斐閣，27–67 頁。
田嶋規雄［2021］「日清食品株式会社：ソーシャルメディア活用型コミュニケーション政

策とD2C」池尾恭一編著『ポストコロナのマーケティング・ケーススタディ』碩学舎，183-214頁。

中川正悦郎［2021］「株式会社ヤッホーブルーイング：ECチャネル政策」池尾恭一編著『ポストコロナのマーケティング・ケーススタディ』碩学舎，61-86頁。

『日経デザイン』［2011］4月号，40-45頁。

『日経ビジネス　アソシエ』［2015］10月号，4-7頁。

堀田治［2017］「体験消費による新たな関与研究の視点—認知構造と活性状態への分離」『マーケティングジャーナル』第37巻第1号，日本マーケティング学会，101-123頁。

Bloch, P. H.［1982］"Involvement Beyond the Purchase Process: Conceptual Issues and Empirical Investigation," Andrew Mitchell eds., *Advances in Consumer Research*, Vol. 9, No. 1, pp. 413-417.

―――［1986］"The Product Enthusiast: Implications for Marketing Strategy," *Journal of Consumer Marketing*, Vol. 3, No. 3, Summer, pp. 51-62.

Peter, J. P. and J. C. Olson［2010］*Consumer Behavior and Marketing Strategy Perspectives*, 9th edition, McGRAW-HILL International Edition.

Thorne, S. and G. C. Bruner［2006］"An exploratory investigation of the characteristics of consumer fanaticism," *Qualitative Market Research: An International Journal*, Vol. 9, No. 1, pp. 51-72.

むすびにかえて

Leipziger Buchmesse
主催者へのインタビュー
2016年3月
（右から）三浦，黒岩

コミティア108
スタッフとして
2014年5月
石川
（愛称ギフトちゃん）

Japan Expo
量的調査実施
2019年7月
（上左から）田嶋，中川
（右）川又

むすびにかえて

　本書の執筆者の大半は，2015年から始まる科研費（科学研究費補助金）によるJPCEの海外調査に参加してくださった先生方です。調査のほとんどが3泊5日での欧米出張などという，とんでもない日程であったにも関わらず，快く参加してくださり，感謝の念に堪えません。また，別の研究プロジェクトでご一緒している石川ルジラット（ギフト）先生は，突然の執筆依頼であったにも関わらず，ご快諾を賜りました。誠にありがとうございました。そして，個々のお名前はあげられませんが，快くインタビューに応じてくださった国内外の皆様にも感謝申し上げます（**図表11-1**）。

　JPCE研究チームでは，2020年3月にイタリア・ローマで開催されるRomicsを視察する予定でしたが，イタリアにおける新型コロナウイルス感染症拡大のため中止せざるを得なかったのが大変残念でした。当時はまさか東京オリンピック・パラリンピックが延期され，2021年の大半が緊急事態宣言下になるとは夢にも思いませんでした。脱稿時には緊急事態宣言も解除されて，徐々に日常生活が戻りつつありましたが，2022年に入りオミクロン株による感染爆発が続いています。日本のソフトパワーの源泉であるJPCに対する海外の若手研究者の関心が高まりつつあることを実感している昨今，一日も早い学術・文化交流が再開されることを願ってやみません。

　末筆ですが，本書は株式会社千倉書房取締役 川口理恵氏がいらっしゃらなければ刊行できませんでした。同氏の的確なご助言により，プロジェクトがスムーズに進行し，今日を迎えることができました。編著者一同，心より感謝申し上げます。

2022年2月

編著者を代表して　川又　啓子

図表 11-1　インタビュー先一覧

	日付	関連 JPCE		インタビュー先
1	2015/7/2	Japan Expo	Paris, France	出展者
2	2015/7/4	Japan Expo	Paris, France	出展者
3	2016/1/19	Japan Expo	東京，日本	出展者
4	2016/2/13	Japan Expo in Thailand	Bangkok, Thailand	出展者，JETRO
5	2016/2/15	Japan Expo in Thailand	Bangkok, Thailand	現地商工会議所
6	2016/3/17	Japan-tag	Düsseldorf, Germany	JETRO，日独産業協会
7	2016/3/17	Nippon Connection	Frankfurt, Germany	運営者
8	2016/3/17	観光関連	Frankfurt, Germany	政府観光局現地事務所
9	2016/3/18	Japan-tag	Düsseldorf, Germany	現地商工会議所
10	2016/3/19	Leipziger Buchmesse	Leipzig, Germany	運営者
11	2016/3/19	Leipziger Buchmesse	Leipzig, Germany	出展者
12	2016/3/24	Japan Expo	東京，日本	JPC 専門家
13	2016/6/30	Anime Expo	LA, USA	出展者，ボランティア／理事
14	2016/7/1	Anime Expo	LA, USA	JETRO
15	2016/7/2	Anime Expo	LA, USA	出展者
16	2016/8/13	Comiket 90	東京，日本	元出展者
17	2016/9/15	コスプレ	東京，日本	元コスプレイヤー
18	2017/3/7	マンガ	東京，日本	JPC 専門家
19	2017/3/16	世界コスプレサミット	東京，日本	運営者
20	2017/4/4	マンガ	東京，日本	JPC 専門家
21	2017/6/8	Japan Expo	東京，日本	JPC 専門家
22	2017/8/29	観光関連	Frankfurt, Germany	政府観光局現地事務所
23	2017/11/27	観光関連	London, U.K.	政府観光局現地事務所
24	2018/3/14	Japan-tag	Düsseldorf, Germany	日本国総領事館副領事
25	2018/3/19	観光関連	Paris, France	政府観光局現地事務所
26	2018/8/8	世界コスプレサミット	名古屋，日本	名古屋市役所
27	2018/8/8	世界コスプレサミット	名古屋，日本	大須商店街
28	2018/8/31	Japan Expo	Paris, France	国際交流基金
29	2018/8/31	Japan Expo	Paris, France	元出展者
30	2018/9/3	Japan Expo	Paris, France	JPC 専門家
31	2018/11/1	Manga Barcelona	Barcelona, Spain	運営者
32	2020/9/10	Japan-tag	東京，日本	ドイツ駐在経験者

■執筆者紹介

川又　啓子（かわまた　けいこ）　　　執筆担当／序章，第5章
青山学院大学総合文化政策学部教授
　青山学院大学文学部卒業。Medill School of Journalism, Northwestern University
修了。早稲田大学大学院商学研究科修士課程修了。慶應義塾大学大学院経営管理研
究科後期博士課程単位取得退学。京都産業大学，亜細亜大学を経て 2017年から現
職。研究テーマは文化とマーケティングで，海外市場におけるジャパニーズ・ポッ
プカルチャー・イベントの形成発展のメカニズムに関する研究，スティグマ製品
（eスポーツ／ゲーム）の社会的受容に関する研究に従事。
　著書に『eスポーツ社会論』（共著，同友館，2023年），*Managing Cultural Festivals
between Tradition and Innovation*（共著，Routledge，2020年），『市場の空気の読
み方』（共著，同友館，2020年），『eスポーツ産業論』（共著，同友館，2020年），
『なぜ，あの会社は顧客満足が高いのか』（共著，同友館，2012年），『OQ（オー
ナーシップ指数)』（共訳，同友館，2010年），『マーケティング科学の方法論』（共
著，白桃書房，2009年），など。
　https://researchmap.jp/kawamata2020

三浦　俊彦（みうら　としひこ）　　　執筆担当／第1章，第8章，第9章，第10章
中央大学商学部教授
　1982年慶應義塾大学商学部卒業。1986年同大学院博士課程中退。博士（商学）。
1999年から現職。95年コロビア大学ビジネススクール客員研究員，96年ESCP（パ
リ高等商科大学）客員教授，2007年イリノイ州立大学客員教授。専門は，マーケ
ティング戦略，消費者行動論。特にブランド，グローバル，デジタルのマーケティ
ング戦略と消費者情報処理，消費文化。
　著書に『マーケティング戦略（第6版)』（共著，有斐閣，2022年），『文化を競争力
とするマーケティング』（共編著，中央経済社，2020年），『グローバル・マーケ
ティング戦略』（共著，有斐閣，2017年），『日本の消費者はなぜタフなのか』（単
著，有斐閣，2013年），『地域ブランドのコンテクストデザイン』（共編著，同文舘
出版，2011年），『グローバル・マーケティング入門』（共著，日本経済新聞出版社，
2009年），『スロースタイル』（共編著，新評論，2007年），など多数。
　https://researchmap.jp/read0084831

田嶋　規雄（たじま　のりお）　　執筆担当／第4章，第7章，終章
拓殖大学商学部教授

専門：マーケティング，消費者行動。1994年慶應義塾大学商学部卒業。同大学大学院商学研究科修士課程，同大学院経営管理研究科博士課程修了。博士（経営学）。2016年より現職。2006年カナダ・コンコーディア大学ジョンモルソンビジネススクール訪問研究員。イノベーションの普及や消費者行動，ジャパニーズポップカルチャーの消費者行動に関する研究に従事。

主な著書：*Managing Cultural Festivals between Tradition and Innovation*（共著，Routledge，2022年），『ポストコロナのマーケティング・ケーススタディ』（共著，碩学舎，2021年），『文化を競争力とするマーケティング』（共著，中央経済社，2020年），『マーケティング・ショートケース』（共著，中央経済社，2020年），『マーケティング理論の焦点』（共著，中央経済社，2017年），『戦略的マーケティングの構図』（共著，同文舘出版，2014年），『日本型マーケティングの新展開』（共著，有斐閣，2010年），『ネット・コミュニティのマーケティング戦略』（共著，有斐閣，2003年）など。

https://researchmap.jp/read0064845

黒岩　健一郎（くろいわ　けんいちろう）　　執筆担当／第3章
青山学院大学大学院国際マネジメント研究科教授

早稲田大学理工学部建築学科卒業。住友商事株式会社勤務。慶應義塾大学大学院経営管理研究科修士課程修了。同大学院後期博士課程単位取得退学。博士（経営学）。武蔵大学を経て，2014年より現職。UCLA Anderson School of Management訪問研究員。慶應義塾大学ビジネススクール認定ケースメソッド・インストラクター。専門分野は，サービス・マーケティング。特にサービス・リカバリーとサービス・デザイン。経営への演劇の応用。

主な著書に，『サービス・マーケティング』（共著，有斐閣，2021年），『マーケティングをつかむ（新版）』（共著，有斐閣，2018年），『1からの戦略論（第2版）』（共編著，碩学舎，2016年），『顧客ロイヤルティ戦略：ケースブック』（共編著，同文舘出版，2015年）など。

https://researchmap.jp/KenKuroiwa

中川　正悦郎（なかがわ　しょうえつろう）　　執筆担当／第6章
成城大学経済学部准教授

慶應義塾大学大学院経営管理研究科後期博士課程単位取得退学。博士（経営学）。専門はマーケティング，消費者行動。主な研究テーマはデジタルプラットフォームにおける消費者行動やマーケティング。特に消費者が特定のプラットフォーム型サービスに対してロイヤルティを形成する要因を明らかにすることに取り組んでいる。

著書に『ポストコロナのマーケティング・ケーススタディ』（共著，碩学舎，2021年），『流通論の基礎（第3版）』（共著，中央経済社，2019年），『現代の小売流通（第2版）』（共著，中央経済社，2016年）。

https://researchmap.jp/7000023467

石川ルジラット（いしかわ　るじらっと）　　**執筆担当／第 2 章**
青山学院大学総合文化政策学部助教

青山学院大学総合プロジェクト研究所「知財と社会問題研究所」所員。

青山学院大学総合文化政策学部助教。愛称は「ギフト」。タイのチュラロンコン大学コミュニケーション・アーツ学部マスコミュニケーション学科首席卒業。2006年より国費留学生として来日。東京大学大学院情報学環・学際情報学府で修士号（2010年）・博士号（2020年）取得。研究関心は，日本のポップカルチャー，創作文化，ファン研究，インターネット文化，ソーシャルメディア研究。これまでの研究は，同人誌即売会やニコニコ動画の歌い手を研修対象として行ってきた。これからはゲーム実況やYouTuber等に対象を拡大する。

https://researchmap.jp/rujirat

主要事項索引

ジャパニーズ・ポップカルチャーのマーケティング戦略
世界を制した日本アニメ・マンガ・コスプレの強さの秘密

2022 年 3 月 18 日　初版第 1 刷
2023 年 10 月 18 日　　　第 2 刷

編　著　川又啓子／三浦俊彦／田嶋規雄
発行者　千倉成示
発行所　株式会社 千倉書房

〒 104-0031　東京都中央区京橋 3-7-1
TEL 03-3528-6901 ／ FAX 03-3528-6905
https://www.chikura.co.jp/

印刷・製本　藤原印刷株式会社
装丁デザイン　冨澤　崇
© Keiko Kawamata, Toshihiko Miura, Norio Tajima, 2022
Printed in Japan
ISBN 978-4-8051-1254-0　C3063